失控的群体如何助长
个体的不当行为

How Groups
Encourage
Misbehavior

———

[美] 凯文·R. 墨菲　著
Kevin R. Murphy

姜昊骞　译

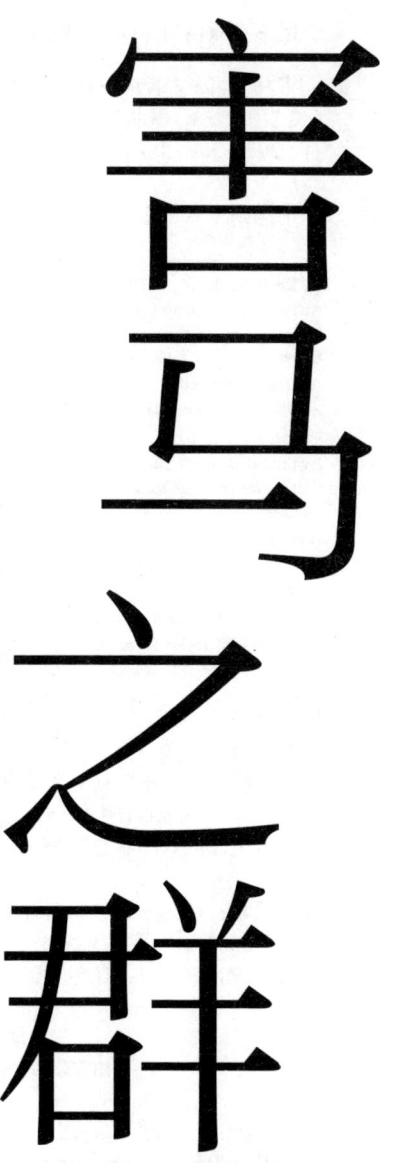

新华出版社

图书在版编目（CIP）数据

害马之群：失控的群体如何助长个体的不当行为 / (美) 凯文·R. 墨菲著；姜昊骞译. -- 北京：新华出版社, 2025.3. -- ISBN 978-7-5166-7709-4

I. C936

中国国家版本馆 CIP 数据核字第 2024Z2Y383 号

How Groups Encourage Misbehavior, 1st Edition
By Kevin R. Murphy/ISBN: 9780367340292
Authorized translation from the English language edition published by Routledge, a member of the Taylor & Francis Group, LLC

Copyright © 2021 Taylor & Francis

All Rights Reserved.

本书原版由 Taylor & Francis 出版集团旗下 Routledge 出版公司出版，并经其授权翻译出版。版权所有，侵权必究。

East Babel(Beijing)Culture Media CO,.Ltd is authorized to publish and distribute exclusively the Chinese (Simplified Characters) language edition. This edition is authorized for sale throughout Mainland of China. No part of the publication may be reproduced or distributed by any means, or stored in a database or retrieval system, without the prior written permission of the publisher.

本书中文简体翻译版授权由东方巴别塔(北京)文化传媒有限公司独家出版并仅限在中国大陆地区销售。未经出版者书面许可，不得以任何方式复制或发行本书的任何部分。

Copies of this book sold without a Taylor & Francis sticker on the cover are unauthorized and illegal.

本书封面贴有 Taylor & Francis 公司防伪标签，无标签者不得销售。

北京市版权局著作权合同登记号：01-2025-1070

害马之群

作　者：[美] 凯文·R. 墨菲	译　者：姜昊骞

出版发行： 新华出版社有限责任公司
　　　　　（北京市石景山区京原路 8 号　邮编：100040）
印　刷： 天津鸿景印刷有限公司

成品尺寸：145mm × 210mm 1/32	印张：15.5　　字数：292 千字
版　次：2025 年 4 月第 1 版	印次：2025 年 4 月第 1 次印刷
书　号：ISBN 978-7-5166-7709-4	定价：88.00 元

版权所有·侵权必究
如有印刷、装订问题，本公司负责调换。

微店

视频号小店

抖店

京东旗舰店

扫码添加专属客服

微信公众号

喜马拉雅

小红书

淘宝旗舰店

目　录
CONTENTS

序　言 　　　　　　　　　　　　　　　　　　　　　01

/ 第一部分 /

恶行心理学

第一章　恶行：个体因素与场景因素的作用　　　002
　　恶行是什么　　　　　　　　　　　　　　　　004
　　产生恶行的个体因素与场景因素　　　　　　　006
　　行为产生的社会情境　　　　　　　　　　　　023
　　总　结　　　　　　　　　　　　　　　　　　029

第二章　群体与社会场景中的恶行　　　　　　　030
　　恶行的类型　　　　　　　　　　　　　　　　031
　　促进恶行的社会过程与心理过程：八类经典案例研究　　035

I

了解群体如何鼓励恶行的框架：社会影响与社会认知　　054
　　总　　结　　058

第三章　造成或促进恶行的社会过程　　060
　　社会规范　　061
　　他人在场与榜样人物对行为的影响　　078
　　总　　结　　091

第四章　造成或促进恶行的认知过程　　093
　　社会学习　　094
　　自我保护性认知　　103
　　不假思索：造成恶行的自动过程　　126
　　总　　结　　129

第五章　非正式群体　　131
　　群体的四个特征　　134
　　非正式群体如何造成恶行　　155
　　总　　结　　161

第六章　正式群体、党派与协会　　162
　　正式群体的权力问题、心理契约与团队　　164
　　具有混合结构的正式群体：政党与协会　　182
　　正式群体如何造成恶行　　192
　　总　　结　　195

第七章　个体与群体的关系：依附、认同与承诺　　197
　　我们为什么被群体吸引　　197
　　为什么有人不受群体吸引　　200
　　个体与群体的关联　　205
　　个体与群体建立强关联的结果　　215
　　总　结　　226

/ 第二部分 /

聚焦职场中的恶行

第八章　组织中的恶行　　230
　　为什么是组织　　231
　　恶行的类型、发生率和严重程度　　240
　　组织中恶行的种类　　248
　　总　结　　263

第九章　鼓励恶行的情境、社会与组织过程　　265
　　影响恶行的情境因素　　266
　　文化价值观如何影响行为　　269
　　社会与组织因素　　276
　　共事：团队与工作群组　　281
　　总　结　　301

第十章　组织何以入歧途　　　303
　　腐败的演化过程　　　313
　　配合恶行：忠诚陷阱　　　330
　　总　结　　　341

第十一章　病态组织　　　343
　　病态文化　　　344
　　病态文化的类型　　　346
　　总　结　　　376

第十二章　组织腐败　　　378
　　腐败组织　　　380
　　腐化组织　　　385
　　腐化组织的文化　　　392
　　谁腐蚀了谁　　　403
　　总　结　　　405

/ 第三部分 /

组织中的积极行为

第十三章　组织中的亲社会行为　　　410
　　角色内亲社会行为　　　411

角色外亲社会行为：组织公民身份	415
组织公民身份的阴暗面	430
亲社会行为与恶行的异同	439
总　结	441

第十四章　创造更好的组织　　444

组织革新与进步	444
治理腐败	464
企业社会责任	468
总　结	474

尾　声　　477

序　言

长期以来，我对理解恶行很感兴趣。部分是因为我在纽约州奥尔巴尼市长大，那里当时是美国仅存的民主党政治机关所在地。这意味着，小贪小腐是生活的常态，要做成任何事情，基本要求都是认识某个人，那个人又认识某个能帮忙"走后门"的人。腐败通常都是鸡毛蒜皮的小事，但如果你是一个酒吧老板，却不想购进本地政客喜欢的啤酒牌子；或者你是一个想填平门口坑洼的穷房主，却被人知道给共和党投了票，那情况可能就不好了。

我是一名组织心理学家，本书大部分内容讲组织内的恶行。

■ 害马之群：失控的群体如何助长个体的不当行为

但我认为放宽视野是有价值的。工作组织的若干特征（比如逐利动机、正式职权范围）会让某些类型的恶行特别容易发生，大部分人还都属于多个正式和非正式群体，这些群体也是催生恶行的一大因素。

本书的主题是：从群体规范到组织的结构特征，存在多种鼓励或容忍恶行的社会因素。实际上，个人因素（例如人格、经济需求）是理解恶行的重要因素。违背公认规范且可能有害于个体或制度的行为常常是个人选择的结果，但这些选择常常是在社会背景下做出的，理解影响这些行为的社会力量尤为重要。

本书分为三个部分。第一部分（第一章至第七章）考察恶行心理学，借鉴社会心理学、组织心理学和认知心理学的知识，解释人为什么会做出违背公认规则、规范和法律的行为。第二部分（第八章至第十二章）聚焦于理解职场中的恶行。这里介绍了适用于多种类型组织的原则与发现，但基础研究与理论往往发轫于职场情境。本书的最后一部分（第十三章和第十四章）考察组织中的积极行为，表明用于理解恶行的许多观点同样适用于考察积极行为。

每章都会在补充板块中加入一种或多种讨论，拓展章内探讨的观点或进行举例说明（例如第一章中的"用五个 W 描述场景"、第八章中的"电话通灵师的一天"），应用这些观念（例如

第十一章中的"想阻止偷窃？让它变无聊吧"），或者探讨与书中关键观点相关的新闻（例如第九章中的"宾夕法尼亚州丑闻"）。我希望本书正文和补充板块的讨论中介绍的观点和例子有助于理解人为什么有时会做出违背规则、法律和规范的行为，书中的分析也能帮助你理解群体组织在促成和容忍恶行中发挥的关键作用。

我加入了对若干历史事件（例如南京大屠杀中的强奸）和组织丑闻（安然破产）的讨论，我相信这能够说明正文中讨论的特定观点或原则。大众尾气丑闻在多个章节中得到了考察，涉及历时多年、横跨多个大洲的串通尾气测试造假，目的是让大众柴油引擎显得性能出色，省油无污染。我在这件丑闻上花费的时间也许是最多的，部分原因是，它表明了过分认同组织的危害，但我之所以强调这件事，至少有一部分是个人原因。丑闻爆出前夕，我刚好准备订购一辆大众"清洁柴油"轿车，这件事也显著促进了我对理解群体组织恶行的兴趣。

最后，我要感谢众多提供帮助、建议和洞见的同事与学者，他们在本书成书过程中发挥了重要的影响。撰写本书之初，本书希望涵盖的多个领域的学者给我提供了复印本，我征求关于哪些话题需要包含、哪些文献需要梳理的建议，这些学者包括：莫琳·安布罗斯（Maureen Ambrose）、布莱克·阿什福斯

■ 害马之群：失控的群体如何助长个体的不当行为

（Blake Ashforth）、朱利安·巴林（Julian Barling）、鲍勃·巴伦（Bob Baron）、耶胡达·巴鲁赫（Yehuda Baruch）、阿特·布里夫（Art Brief）、朱迪斯·科林斯（Judith Collins）、杰森·科尔基特（Jason Colquitt）、萨曼莎·康罗伊（Samantha Conroy）、利利亚·科尔蒂纳（Lillia Cortina）、米歇尔·杜菲（Michelle Duffy）、路易丝·菲茨杰拉德（Louise Fitzgerald）、米夏埃尔·弗罗内（Michael Frone）、米歇尔·盖尔芬德（Michele Gelfand）、弗兰切斯卡·吉诺（Francesca Gino）、丹尼斯·吉奥（Dennis Gioa）、特蕾莎·格隆布（Teresa Glomb）、里奇·格里芬（Ricky Griffin）、戴夫·哈里森（Dave Harrison）、鲍勃·霍根（Bob Hogan）、巴里·利茨基（Barrie Litzky）、维基·马格利（Vicky Magley）、马克·马丁科（Mark Martinko）、珍妮特·尼尔（Janet Near）、安妮·奥利里-凯利（Anne O'Leary-Kelly）、桑德拉·罗宾逊（Sandra Robinson）、保罗·萨基特（Paul Sackett）、本·施耐德（Ben Schneider）、丹·斯卡利基（Dan Skarlicki）、保罗·斯佩克特（Paul Spector）、本尼特·泰珀（Bennet Tepper）、琳达·特雷维尼奥（Linda Treviño）、汤姆·泰勒（Tom Tyler）、约阿夫·瓦尔迪（Yoav Vardi）、盖里·韦弗（Gary Weaver）、埃利·魏茨（Ely Weitz）。众多学者对本书的完成与完善慷慨地提供帮助，这提醒着我们，"科学共同体"是一个恰如其分的描述，无论本书

序　言

对读者理解恶行有何帮助，很大程度上都要归功于一个涵盖众多领域、众多学者的共同体的成果。数年以来，我都在阅读和思考群体组织何以有时会引发成员身上最坏的一面，而本书就是这段经历的成果。希望你读有所乐，正如我写有所乐一样。

第一部分

恶行心理学

▼

THE PSYCHOLOGY OF MISBEHAVIOR

第一章
恶行：个体因素与场景因素的作用

1863年7月，纽约市

纽约市新一轮征兵的第二天，愤怒的人群聚集在宪兵办公室门前。内战在纽约很不受欢迎，尤其是对于涌入城中的移民群体而言。他们对战争深恶痛绝，部分原因是他们正与黑人争抢工作岗位，如果释奴再加入进来，竞争就更激烈了。征兵范围包括移民而不包括黑人的事实（北方军对于接收黑人士兵都是不情不愿，黑人不会被征召入伍）更是火上浇油。

人们群情激愤，不久人们就将铺路石扔进了窗户。反征兵抗议很快就演变成大规模的种族暴乱。在之后的三天时间里，愤怒的暴徒杀害了100多名黑人男女和儿童，对许多黑人动用私刑，还有一些黑人被活活烧死。黑人的住宅和店铺被毁坏，损失达2000万美元（以美元现价计算）。第五大道上的有色人种孤儿院

第一章 恶行：个体因素与场景因素的作用

被烧为平地，这是暴乱中最恶劣的罪行之一。4000多名参加葛底斯堡会战的北方军部队被调去镇压暴乱。

一场反征兵抗议为什么会变成一场针对纽约黑人男女和儿童的为期三天的暴行？为什么平时根本不会袭击黑人公民，也不会破坏黑人住宅店铺的人们，会变成一群啸聚街道、调兵才能镇压的暴徒？一个答案是，多种社会力量释放出了人性中最恶的一面。本书的主题是：群体和组织在多个方面能够助长、放大、维持有害的行为模式。这种行为模式包括有害的行为，违背规则、规范与法律的行为，以及撕裂社会肌理的行为，而社会肌理恰恰是群体、社会运动、组织本应创造和保护的东西。

有时，恶行只反映个体品德败坏、不能或不愿行善。事实上，一些最严重的恶行是由独自行动的个体犯下的（比如，连环案杀人犯几乎总是单独犯案）。甚至在有其他人在场的情况下，一个人的行为仍然可能由个体信念、态度、偏好和人格特质驱动。然而，当我们广泛探究对他人造成伤害，或者违背规则和规范的不同行为的起因时，社会力量常常是重要的解释。比如，一些破坏力最大的恶行，比如战争罪行、聚众施暴等，几乎总是发生在群体之内并由群体实施的。有几种不那么极端的恶行常常是社会—心理力量的直接产物，从刻板印象到误判他人意图和行为，再到有害群体规范的形成与传播，这种规范会让人做出伤害他人、破坏社会制度的行为。

恶行是什么

本书聚焦于促进恶行、支持恶行或导致人们容忍恶行的社会—心理力量。因此，界定什么是恶行是重要的。第一，本书关注的是行为，也就是个体做出的事情。因此，持有颠覆性思想信念或者不寻常的观点偏好都不是恶行，尽管某些情况下按照这种信念行事或者试图说服他人接受这些信念会构成恶行。第二，这里的恶行涉及违背公认的法律、规范与社会价值观的行为。这里的重点是"公认"。有一些法律或社会规范高度专业化，或者范围很局限，违反它们的行为通常既不会遭到反对，也不会被认为是错误的。例如，运输水葫芦属于联邦犯罪。这种植物在部分地区是入侵物种，可能会堵塞水道。制定这条联邦法律有其道理，但很少有人会觉得，一个运输这种植物的人（尤其是不了解水葫芦在特定环境中的潜在生态危害的人）犯下了罪行。第三，恶行具有潜在的破坏性或伤害性，有时直接伤害他人，有时破坏社会制度从而造成了伤害。恶行的范围很广，从单纯的不文明行为、不严重的霸凌，到帮派暴力和战争罪行。

上述三个特征中，"恶行违背公认法律、规则和规范"这一

第一章 恶行：个体因素与场景因素的作用

条最重要，在许多方面也最矛盾。社会与各种社会单位（例如家庭、社会群体、机构、司法组织）的一个主要功能就是**界定规则、规范和期望**，也就是说，给出可接受事项与期望事项的定义。一方面，恶行打破了这些规则与法律，违背了这些规范；另一方面，恶行往往是由社会和规范过程直接造成的。要理解这个表面上的矛盾，关键要明白一点，社会影响几乎总是涉及信息，也就是说，社会群体的关键功能之一是帮助成员理解实然与应然。通过提供能够减少不确定性的信息和指明行为之可否的信息（应然），社会群体影响着个体的行为。这些信息常常会让人相信他们的行为（包括恶行）是可以接受的，且符合规范与预期。

在访谈作恶被发现的人时，有一个情况反复出现，那就是他们当时很少相信自己在做错事。更确切地说，恶行常常是一组社会与认知过程的产物，这些过程让人相信，看似违背法律、规则和规范的行为其实是可以接受的，甚至是值得赞扬的。例如，对战犯的访谈常常会表明他们认为自己什么错都没有犯，而是服务于某个更高的事业，这一事业证明了他们自己的行动是正确的。类似的是，对犯罪团伙成员的访谈常常会强调家庭、兄弟、忠诚等主题，也表明犯罪行为常常会变成维护这些价值观的过程的一部分。同理，做出性骚扰、霸凌或职场不端行为的人很少对自己有负面看法。本书的核心挑战之一就是要理解社会群体、组织、

005

社会运动等如何影响个体的感知与信念，从而允许乃至助长个体做出违背公认法律、规则和规范的行为。

产生恶行的个体因素与场景因素

大多数行为都是由个体属性（例如能力、人格特质、信念、感知）和场景中令特定行为更可能或更不可能出现的方面共同造成的。例如，环境有时强烈暗示人们应该如何行动、可接受行为的范围是什么。红灯亮的时候，人们通常会停下。在葬礼上，人们很少会恶作剧或者唱搞笑歌曲。另一些场景对要求或期望行为的提示可能会很弱，比如黄灯亮的时候，人常常会不确定自己到底该做什么。场景可能会决定特定行为的可能性，比如你想烤蛋糕，但家里的糖没了，你就烤不成了。场景或许会带来一些方便的机会，让你做出平常不会做的事。如果你减肥的时候走进面包房，就会明白诱惑你破戒的环境线索有多么强大了。多种动机与行为理论的初始假设是，为了理解人的行为，同时思考可能造成或影响行为的个体与环境因素是有益的。

与大部分其他行为一样，恶行既受到个体特征的影响，也受到场景特征的影响。本书主要关注一种场景效应，即社会对恶行的影响。这并没有否认环境的非社会方面也可能会助长恶行。比如，如果老板说，"你能把这一大袋子红宝石放进保险柜吗？我没时间清点，也不清楚到底有多少颗"，那么你自己想拿几颗的诱惑或许足以让你做出偷窃行为。然而，社会影响确实带来了恶行研究中的一些特殊难题，因为社会影响发挥作用的方式往往是让你相信，平常会遭到反对的行为其实是可接受的，甚至是可取的。

在着手详细考察群体与组织影响恶行的方式之前，我要先概述几种个体特征与属性是如何促成恶行的，这样做是有意义的。

从个体角度解释恶行

关于个体恶行的解释有广泛的研究与争论。例如，许多针对职场恶行（例如员工偷窃、违反机构规则或规范）的研究都特别关注员工的人格特质、态度和信念。职场恶行常常是用员工可靠度、偷窃倾向、社会化、尽责性与正直性等构念来进行解释。这种研究往往有直接的实际应用。例如，旨在测量尽责性与正直性的纸笔量表在减少员工偷窃、违规行为、药品滥用和其他职场恶行中取得了可观的成绩。四种个体差异构念（尽责性、刺激寻求性、精神病态、嫉妒与情绪）被广泛用于预测和解释恶行。

尽责性

尽责性是广泛用于描述正常人格的五个构念中的一个。五因素模型认为，人格可以用五大属性来描述，这五种属性是尽责性、宜人性、情绪稳定性（常用代表低稳定性一端的词语来描述，也就是"神经质"）、外倾性和经验开放性。尽责性有时会被描述为认真严谨的人格特质。尽责性得分低的人做出多种恶行的风险更高。

对尽责度的分析表明，这一人格特质反映了六种不同但相关的行为——胜任、守序、履职、追求成就、自律、慎思。尽责性强的人更可能遵守规则、认真履行分配给的职责与角色，难怪尽责者会在众多不同岗位上被评为优秀员工。事实上，与几乎所有岗位上的绩效都相关的个体差异变量很少，尽责性就是其中之一，另一个是一般认知能力。

弗纳姆（Adrian Furnham）指出，尽责性虽然通常是一个正面属性，但也有阴暗面。尽责性强的人也可能很死板、完美主义、抗拒变化。他们墨守成规、缺乏想象力，这对职业官僚可能是有益的，但若是领导者，或者在需要创造力的场景中，就不太可能成功了。与其他人相比，尽责者可能更难适应失业或撤职。在规则明确、勤奋能直接转化为成功的情况下，尽责者最有可能成功，但在需要创造性反应的模糊场景中，他们可能会过得更艰难。

第一章 恶行：个体因素与场景因素的作用

刺激寻求性

刺激寻求性是感官寻求性这个更宽泛的人格特质下的一个子集，与多种恶行相关。感官寻求性的表现是不断寻求多样、新奇、复杂、强烈的体验与感受。感官寻求性高的人往往愿意为获取这些体验而承担各种风险（包括身体、社会、法律等）。刺激寻求性是感官寻求性的一种特殊形式，专注于兴奋感，常常涉及承担高于寻常的风险。

心理学家弗兰克·法利（Frank Farley）开发了一套研究"大T"人格的理论，这种人极其注重兴奋、有趣、刺激的生活。拥有"大T"人格的人比其他人更愿意承担风险、尝试新鲜体验，因此更可能成为成功的创业者与发明家。但另一方面，这种人格也有其阴暗面。处于"大T"光谱消极一端的人可能会走向犯罪、暴力或恐怖主义。

刺激寻求性（以及更宽泛的感官寻求性）中有两个方面与恶行特别相关。第一，有些人通过打破规则和规范来寻求和体验兴奋感。于是，对感官寻求性或刺激寻求性得分高的人来说，某一行为被禁止或至少被反感本身可能就有吸引力。第二，这些人比大多数人更愿意承担各种风险。有时，这会体现在一些让某些人觉得害怕而让另一些人觉得刺激的活动上面（比如跳伞、极端刺激的过山车）。在其他时候，这会体现在更愿意扭曲规则或者做

009

不符合通常社会规范的事情上。由此说来，恶行之所以会吸引刺激寻求性（或感官寻求性）得分高的人，未必是因为行为本身（他们也许并不能从伤害他人中获得特殊的快乐），而是因为做禁忌的事带来的刺激。

精神病态

精神病态是一种人格障碍，特征是持续做出反社会行为，同理心与悔悟心缺失，以及无畏、脱抑制、自我中心。精神病态不是单一的障碍，而是代表了一类彼此相关、会让个体特别容易做出恶行的障碍。"精神病态"这个词通常会让人想到摆布人的企业高管、诈骗犯、连环杀人犯或者惯犯的形象；精神病态也经常（错误地）与暴力、精神疾病、反社会人格障碍关联起来。关于精神病态的最新理论呈现出一幅没有那么夸张但更加复杂的图景。精神病态者似乎会表现出三种关键行为模式：（1）脱抑制——冲动、难以计划或控制行为；（2）无畏——能够在危险场景中保持冷静和专注、自信心强、对陌生和危险事物的忍受力高；（3）刻薄——同理心低、蔑视人际关系、待人冷酷无情。尽管许多人可能会表现出上述特质的一部分，但具备代表精神病态的全部特质和行为的人相对少见，人口中精神病态的比例约为1%。

第一章 恶行：个体因素与场景因素的作用

心理学家发现了"黑暗三件套"，也就是三种让某些人特别擅长操纵他人并促成恶行的人格特质，即精神病态、自恋（追求崇拜和赞扬的倾向）和马基雅维利主义（善于操纵他人）。多部专著和多篇文章表示，精神病态行为在企业高管中常见得出奇。如前所述，这种障碍在总体人口中的诊断率大约是1%，但在高管群体中的发生率**可能**要高得多。我之后会讲到，有人对"高管精神病态倾向高"的信念提出了有力的挑战。

有证据表明，"黑暗三件套"特质其实与职业晋升有关，由此引发了许多高管是精神病态的信念。对于精神病态、自恋和马基雅维利主义盛行于高管行列的现象，一种解释是，正是这些特质让他们取得了成功，至少是短期成功。"黑暗三件套"得分高的人往往有魅力、高度自信、无情、强烈追求成功、愿意承担极端风险、擅长抓住对手的弱点，而且完全愿意做取得成功所需要的事情。这些人往往会被权力所吸引，他们精于绕过社会规范与规则，以便掌握权力。这些性格缺陷能帮助经理和下级高管爬到组织的上层。有些类型的组织似乎对精神病态者特别有吸引力，尤其是金融行业的组织，但政府、军队和医疗领域从业者的精神病态比例也比较高。

最近一份荟萃分析综述对"企业高管多精神病态"的一些传统观念提出了挑战。这篇论文考察了来自92份独立样本的发现，样本数据包括精神病态倾向、是否成为领导者、领导者对自己表现的评价或他人对其表现的评价。结果表明，有精神病态倾向的人成为领导者的可能性只是略高一点点，而被评为高效领导者的可能性更低，在下属评价领导的情况下尤其如此。后续分析揭示了上述结果中的一项重大性别差异。有精神病态倾向的男性成为领导者、被评为高效领导者的可能性普遍更高。然而表现出精神病态倾向的女性更不可能被选为领导者，领导效果的评价也更低。

总体来看，研究结果并不完全支持这一观念：企业领导者的精神病态倾向显著偏高。尽管高精神病态倾向可能会为取得领导岗位带来少许优势，但研究者并未发现一致的证据表明大部分企业高管都是精神病态，连很多都谈不上。性别差异的潜在意义更大，这是符合刻板印象的。采取精神病态式的行为似乎有利于男性而不利于女性。

嫉　妒

对他人的态度与感知会触发恶行。比如，对嫉妒的研究已经表明了这一点。嫉妒通常被定义为想要拥有另一个人拥有的某件物品或某种属性（例如音乐才华）的欲望。嫉妒往往伴随着不公平意识，也就是觉得你和你嫉妒的人同样配得上某样东西，甚至你比对方更配得上。有证据表明，欺诈和不诚实等不道德行为的动机有时正是嫉妒。例如，吉诺（Francesca Gino）与皮尔斯（Lamar Pierce）多次研究了不平等（例如报酬不均）触发嫉妒感的效果，并表明嫉妒与后续不道德行为相关。他们甚至表明，有物质性物品在场（比如房间里有一沓钞票）可能会影响人的嫉妒体验，并诱发作弊行为。

对谈判的研究也提供了嫉妒与恶行存在关联的证据。在议价或谈判时，嫉妒对方的人更可能会有欺诈行为。这类研究表明，嫉妒会通过提高欺诈行为的心理收益，降低欺诈行为的心理成本，促发欺诈行为。

嫉妒和妒忌并不总是破坏性的。瓦尔迪（Yoav Vardi）和韦茨（Ely Weitz）探讨了组织利用嫉妒感来促进竞争、提高绩效的方式。尽管如此，嫉妒还是引发恶行的潜在重要起因，因为人们面对或适应嫉妒感的最常见途径是敌意与愤怒。用这种方式应对嫉妒的人更可能做出恶行。

情绪与心境

哈克尼（Kaylee J. Hackney）和佩尔韦（Pamela L. Perrewé）主张，环境事件，比如感觉遭到了不公平的评价，得到的报酬不公平，或者看到他人作恶得到了奖赏，或许不会**直接**让人决定作恶。这些经验能发挥效应，个体对事件的感知或反应可能是一个调节因素。具体来说，他们的模型提出，情绪反应是决定某个事件或某次体验能否触发恶行的关键因素之一。矛盾的是，在经历可能会触发恶行的事件时仍然保持积极心境的人，或许**更**可能对事件做出不良反应，部分原因是那些事件毁了他们的好心情。

引发强烈情绪反应的事件是恶行特别重要的起因。后面几章里，我会讨论聚众施暴等话题。将一群先前并无恶行的人转化为私刑暴徒的机制之一，似乎就是情绪唤起与情绪感染。然而，哪怕将范围局限在一个人的情绪反应上，消极情绪与攻击性行为也有明确的关联。

情绪与行为的关系有许多争论，尤其是到底是情绪直接导致行为（比如，因为你感到害怕，所以你逃离一个场景），还是情绪是行为的产物（比如，因为你被吓跑了，所以你觉得一个场景危险而可怕）。两种立场都得到了不少支持，两者很可能至少都包含一部分真理。然而，若要最充分地解释情绪与各种行为（包括恶行）的关联，很可能要涉及认知与情绪的关系。情绪，尤其是强烈情绪会影响你解读和理解场景的方式。例如，强烈的消极情绪或许会让你更可能将一个消极事件（比如有人把饮料洒到了你身上）解读为蓄意伤害。情绪甚至可以是反馈的一个来源。如果你正在经历羞耻或悔恨等情绪，你可能会消极地解读自己的行为，而更加积极的心境可能会让你更积极地评判自己的行为。

从场景角度解释恶行

相对于从个体角度出发解释恶行，场景角度解释强调行为发生的环境是恶行的重要起因。界定场景变量的方式有很多，不同学者关注的作为理解行为之基础的场景种类也不同。例如，在对组织内绩效评估与绩效管理系统的研究进行综述时，墨菲（Kevin R. Murphy）、克利夫兰（Jeanette N. Cleveland）与汉斯科姆（Madison E. Hanscom）考察了组织运作中总体文化、法律、经济、技术、物理情境所扮演的角色，并表明了不同的情境会如何鼓励开发不同的方法来进行员工绩效评估。除了这些远端情境外，墨菲等人还讨论了多种近端情境变量（例如，更直接影响雇员与组织行为的环境变量），比如组织氛围、组织文化、组织战略，还有工作群组的特征和上下级关系等。

本书将聚焦于狭义场景的特征，而非广义情境（例如，组织运作中的法律与经济情境）的特征。后者是墨菲等人提出和发展的多种理论的关注点。我会尤其关注社会场景，在这种场景中，他人的态度、偏好、信念、鼓励与阻拦，或者你对他人的态度、偏好等的感知确实或可能会影响你的行为。不过，我们先要讨论

■ 害马之群：失控的群体如何助长个体的不当行为

社会心理学研究是如何界定"场景"的，又是如何描述场景的一些关键特征的。

拉特曼（John F. Rauthmann）、谢尔曼（Ryne A. Sherman）等人提出了界定"场景"的三条原则。第一，对场景的心理体验是重要的。他们的"加工原则"（processing principle）认为，场景并非完全地独立于或外在于人，个体感知、体验和理解场景的方式是决定场景对行为有何种影响的重要因素。第二，场景基于现实。这就是说，虽然人对场景的心理体验是重要的，但是场景并不只是个体的凭空想象，而是反映了外在现实。一个场景的某些方面可能有普遍共识，也有些方面的感知可能因人而异，但在某种方式上，场景的存在是独立于人的。第三，循环原则认为，单纯用感知界定场景会造成循环定义，那样就不可能明确区分个体与场景了。

场景影响行为的方式很多，但其中有两条连接场景与行为的通路似乎十分重要。第一，场景（尤其是社会场景）常常会提供关于行为预期与赞成与否的信息。第二，场景会限制某些行为（有时也会提供参与的机会）。例如，假如你是一名经理，你想给表现最好的员工发绩效奖金，结果组织并没有足够多的钱来发奖金，那么这就限制了你通过将收入与绩效挂钩从而激励员工的能力。

第一章 恶行：个体因素与场景因素的作用

讨论 1.1
用五个 W 描述场景

影响行为的场景类型通常可以用五个基本要素来描述：(1) 人、人际关系、社会交互；(2) 物；(3) 事件、活动；(4) 位置；(5) 时间。在写报道的时候，记者要学会问五个"W"——Who（何人）、What（何事）、Where（何地）、When（何时）与 Why（为何）——这是描述场景的一个绝佳框架。为了展示这种方法，拉特曼等人举了一个例子：在聚会（何地）中与朋友（何人）跳舞（何事）。这五个问题中，"为何"可能是最重要的，因为它区分了本书中讨论的两大类社会场景——非正式与正式社会场景。非正式场景可能并没有明确界定的"为何"，而有正式架构的目标导向型场景中（比如上班、参加政治会议）存在正式架构、正式目标和多种控制个体行为的制度（例如明确的岗位角色、奖赏和处罚）。明确界定"为何"的场景往往会创造出更广泛的行为控制指示机制与机会，我们在后续章节中将详细考察这种场景。

■ 害马之群：失控的群体如何助长个体的不当行为

场景为行动提供指引信息

场景影响行为的第一种方式是提供信息，即说明了哪些类型的行为是合理的、哪些是首选的、哪些是可以容忍的、哪些是不鼓励的、哪些是要受罚的。不同信息的数量和细致程度差别很大，这取决于涉及的场景类型。比如在其他人表现出愤怒且做出威胁性手势的场景中，哪怕你不清楚别人是不是对你发火、是不是在威胁你，场景也可能会触发"战争或逃跑"的反应；而在其他人哈哈大笑且看上去其乐融融的场景中，则可能会促使你对场景做出积极的解读。电视喜剧节目的罐头笑声之所以用了几十年，部分正是基于笑会传染的理论。罐头笑声表示其他人觉得笑话好笑，于是你也更可能产生同感。

有些场景，尤其是社会场景（即涉及他人的场景）会提供一份明晰的"脚本"，说明在某一类场景中的正常预期行为、事件与反应。例如，去一家餐厅，从落座、服务员点单、上菜到结账，你预期会遇到一整套、一连串行为与事件，你对类似场景的了解和经验会告诉你预计会发生什么，你又要怎样做。如果来到一家违反这些预期的餐厅，比如无人迎接、搞不清楚坐在哪里、菜点了却没有上，你就会感到挫败和恼火。类似地，如果你没有做出预期行为，比如拒不付款，那也会造成麻烦。

场景可以用强度来描述，也就是对行为的影响与指示程度。

第一章　恶行：个体因素与场景因素的作用

这里的核心思想是，有时候，场景为预期与可接受的行为给出了明晰且有力的线索；但在另一些情况下，场景对行为可能只起到很小的作用。例如一方面，人们对葬礼上的得体和预期行为有广泛共识。在葬礼上与异性调情或者做傻事会遭到强烈反对。葬礼是一个强场景的例子。另一方面，弱场景给出的关于预期或可容忍行为的信息有限，对行为的影响也有限。例如，交通指示灯变黄产生了一个相对弱的场景。黄灯告诉你必须快点停下，但到底多快并不十分清楚，因而许多人直接无视黄灯。

要理解如何评估场景、场景又如何影响行为，"场景强度"表示的构念就非常重要了。场景强度模型的起点是这样一个命题：场景或情境变量为可取行为或偏好行为提供了内隐与外显两种线索。这些理论主要是想确定场景或情境变量的影响是强还是弱。在强场景中，场景线索会清晰地指示人或组织应该做出怎样的行为；而在弱场景中，线索、场景或情境对行为与行动的影响是间接的，而且可能很小。

一个场景的强度主要取决于场景线索的明晰性与一致性，还取决于情境或场景对个体或组织行为的约束程度。多名作者指出，情境可以从多个层次进行界定，不同层次的情境效应可能会有相当大的差别。但一般而言，情境在多大程度上提供了清晰且一致的关于行为或行动可否接受的线索，又在多大程度上对可行行为或行动制造了直接或间接约束，这两个方面决定了情境效应的强度。

盖尔芬德（Michele J. Gelfand）等人利用从场景强度理论中得出的概念，按照紧密度对不同文化进行了分类，这种分类基于社会规范的强度以及对异常行为的容忍程度。他们提出，紧文化的场景约束更强，从而限制了各种日常场景中被视为得体的行为的范围；而松文化的场景结构弱得多，日常场景中允许的行为也更广泛。

场景既能带来机会，又是一种约束

场景既能给出机会，也能施加约束。在施加约束的一方面，比如在职场，你可能欠缺完成任务所需的信息、工具、设备、材料和物资，也可能欠缺完成工作任务所需的预算支持及他人协助。另一方面，场景因素可以增强人做好工作的能力。与能力和努力程度相当，但场景机会不太丰裕的劳动者相比，具备充足资源和他人协助等条件、时间压力较小的劳动者很可能会表现得更好。

职场中有要完成的明确任务和要达到的明确目标时，场景机会或场景约束在那里的效应大概最明显，但场景的约束效应绝不仅限于职场。比如，你计划与另一半度过浪漫的一晚，可到了餐厅一看，里面又热又吵，服务员慢吞吞的，服务水平参差不齐。

第一章 恶行：个体因素与场景因素的作用

又比如，你希望陪孩子在动物园度过美好的一天，意外发现动物园在搞新活动，开放了新展览、游乐设施、特别体验区，于是那成为你和孩子今后好几年都会记住的一天。场景中有的方面会帮助你达到目标和期望，有的方面则会妨碍你，这些方面都会影响你的行为、态度和心境。

场景能够，也确实会约束人的许多行为。有些时候，有他人在场本身就能阻止违反规则和规范的行为，尽管我在后面几章中会表明，他人在场也可以**鼓励**恶行。监视与执法能约束多种严重恶行，甚至有些场景约束与职场中的约束不相上下。比如你决定偷一辆车，却发现自己没有合适的工具撬开车窗，避开钥匙问题。

社会化

社会化是个人掌握正常社会生活所需的价值观、行为标准、态度和技能的发展过程。这一发展过程（以及预先使个体有特定行为倾向的遗传影响）也塑造了我们的人格。例如，高度社会化的人接受并认可社会预期的价值观、规则与标准，他们表现出的尽责性水平可能会高于社会化程度较低的人。

社会化可以理解为一个连续统。有些人的社会化非常彻底，他们对所处社会的一切规范、价值观都认可。社会化程度高的人不太可能作恶，除非他们相信自己的社会体系想要他们作恶。我

021

■ 害马之群：失控的群体如何助长个体的不当行为

前面讲过，罪犯或犯下战争罪行乃至滔天暴行的人很少觉得自己在做坏事、错事，反而更有可能相信自己的破坏行为有助于推进社会的某些重要目标，不仅不应被惩罚，反而会得到赞许。社会化的另一端是失范。19世纪90年代，法国社会学家涂尔干提出了用"失范"（anomie）一词来描述正常伦理或社会标准的缺失。在涂尔干的原著中，他认为失范代表一种社会状况——在变革或人们无所适从的时代，社会没有为个体提供关于行为预期或价值的充分指导。我们也可以将"失范"这个词用于个体，指代那些出于某种原因未习得或不认可所处社会的规范、价值观和标准的人。如前所述，有些精神病态者可能知道社会规范与价值观，比如知道偷窃或伤害他人是错误的，但未必认可这些标准。高失范水平可能会提高作恶的风险。

生活在不认可正常规则与标准的社群中的人更可能作恶。例如，迪辞（Joerg Dietz）、罗宾逊（Sandra L. Robinson）、福尔杰（Robert Folger）、巴伦（Robert Baron）和舒尔茨（Martin Schulz）给出证据表明，位于暴力横行社群的组织成员不仅可能会通过观察学习、象征模仿、模仿社群内暴力行为的方式习得虐待行为，也比其他人更可能将这种习得行为带到职场。从小生活在重视服从、守序的社群中的人长大后可能会更尽责，违反法律或规则的可能性也更低。

"社会化"一词通常用于描述人习得和接受社会规范、标准和价值观的过程，但亦可用于描述人习得和接受所属群体的规范的过程。例如，组织社会化过程是一个活跃的研究领域，指的是人们习得所属组织的期望与绩效标准、目标和历史的过程。如果组织的规范和标准不健康，组织鼓励或容忍虐待、霸凌、不诚实或其他恶行，那么对所属组织社会化程度高的个体可能就越来越容易作恶。我们既要理解一个人对所处环境的社会化程度有多高，**又要**理解环境所提倡的规范与标准是什么。两者很可能都是重要的，这就是说，仅仅知道一个人社会化程度高未必足以预测恶行，你可能还需要知道此人是在何种环境中社会化的。

行为产生的社会情境

本书关注社会场景对行为的影响。这就是说，我会聚焦于各种社会影响会如何支持、维系或允许恶行。接下来我要界定社会场景的构成。至少从20世纪40年代开始，就有人努力给社会场景下一个简明扼要的定义了。心理学家一般会聚焦于行为发生的环境，提出"是否有他人在场"或者"行为是否涉及与他人的互动"之类的问题。社会学家下的定义一般会更宽泛，涵盖人、文化期望和特质，以及社会控制或社会互动等动态过程。

■ 害马之群：失控的群体如何助长个体的不当行为

在本书中，我将社会场景定义为"个体（行为主体）出于下列任何一个因素而受到社会影响的场景"。

1. 有他人在场，或者行为主体相信有他人在场，或者行为主体相信自己的行为被告知他人。
2. 行为与社会规范、期望、价值观相关。
3. 行为可能会受到他人的评判。
4. 他人提供了关于场景的信息，或者给出了恰当的反应。

让我们考虑一下第八章至第十二章会重点讨论的社会场景——职场。本书对这一场景的关注多于其他场景，原因有以下几点。第一，职场人通常有界定明确的角色，一般通过职位描述加以说明，且他们通常会朝着个人、工作群组和组织层面的多个目标努力。第二，职场恶行涵盖范围极其广，从长期不文明行为、霸凌、员工偷窃到白领犯罪，因而职场成了某种研究和理解这些因素对行为之影响的实验室。不过，我们现在还是来想一想如何将社会场景的定义应用于职场。第一，除了有限的例外情形，一般情况下，职场要么有他人在场，要么我们的行为可能会被告知他人。这里的"他人"可能包括同事、下属、上司、顾客和客户等，他们的感知、信念和行动可以影响我们的行为。第二，职场行为有界定明确的规范、期望和价值观，有些写在组织制度里，有些在个人职位描述里。不过也有一些相当重要的非正式规范。比如，有些工作场所随意且放松，而另一些则会对着装与行为要求进行详细的规定。第三，他人评判是重要的。上司或经理很可能负责评价你的工作绩效，他的评判会直接影响你的加薪或升职。第四，职场中其他人的观点和意见能够帮助你理解当前公司的状况，形成前景预期。

在后续章节中，这里给出的社会场景定义中有几个要素会成为反复出现的主题，包括：（1）信息；（2）规范、期望与价值观；（3）他人评判。下一节里，我会说明上述社会场景要素会如何影响个体行为。

社会场景如何影响行为

与所有场景一样，社会场景有时会为特定行为提供机会或施加约束。但是，社会场景主要有两条影响行为的通路，分别是场景提供的信息，以及场景施加给不同行为的赏罚。

社会群体既给予信息，也控制信息

社会群体会给予信息。将你和其他人（例如同一群体的成员、朋友、伴侣）联系起来的群体和互相认同与互动的群体有助

■ 害马之群：失控的群体如何助长个体的不当行为

于人们确定这两个问题：（1）**实际**是怎样的，以及（2）**应该**是怎样的。这就是说，群体提供的信息有助于减少"正在发生什么""有什么意义"和"未来预计会发生什么"的模糊性。这些信息并不总是正确的，群体可能分享错误的观念与感知，但大多数人都讨厌模糊性，这样，有助于解决或减少模糊性的群体对个体就十分重要了。你交往的群体和个体常常会提供大量信息，它们有助于你确定对事件、活动及其情境的感知。在后续几章中，我会讨论群体何以不仅会给予信息，还会设法控制成员的感知、信念与态度。

你交往的群体和个体还会提供关于"**应该是怎样的**"的重要信息。这就是说，他们会传递规范、标准和预期，以界定哪些行动和结果是有价值的、首选的，哪些行动和结果被认为是有问题的或者被禁止的，等等。首先，社会通常会界定人们首选的和有价值的一般行为模式。例如，在对待权力的问题上，不同国家的文化有显著差别，也就是说，是否相信等级制度是重要且有价值的，权力结构中的上位者是否应该有权力做出影响下位者的决定。日本和多个阿拉伯国家的权力距离大，美国、英国、荷兰的权力距离小。社会内的单元（法院、学校、教会、家庭）往往会更具体规定哪些行为被认为是好的、有价值的，而哪些行为违背了规范、法律和规则。这些规范、标准和期望有助于个体界定对与错、允许与禁止和有益与有害的问题。

恶行的一个重要决定因素是，同一个社会内部各不同群体遵守和支持不同规范、价值观和期望的倾向。有时，这些区别显而易见且极端，犯罪集团形成的规范、标准和期望与教会群体大不相同。不同群体规范之间的差异常常更微妙。于是，有一些行为通常不受整个社会认可（比如偷税漏税），却被社会内的一些群体视为正常，或者"**实际操作**"。事实上，后面各章的一大主题就是，似乎适用于整个社会的规范（比如，偷税漏税是错误的）往往不同于"真正"适用于某些群体或社会阶层的规范。

社会群体会做出赏罚

社会群体会奖赏符合自身规范、偏好和期望的行为，惩罚违反自身规范、偏好与期望的行为。赏罚有时是明确具体的，在职场中，绩效优秀的员工会升职加薪，违反重大规则与政策的员工则会被开除。然而，奖赏更多不是奖金或实际物质奖励，而是赞许和支持。尽管如此，他人的赞赏与认可也是非常强大的激励，社会群体既可以给予赞许和支持，也可以拒绝给予赞许和支持。这种高效的机制可以影响成员的行为乃至感知。社会群体还可以回避或孤立不受群体认可的人，以此惩罚成员或警示想要加入的人。开除是一种有力的惩罚措施与社会控制形式，也常常是霸凌的一个关键的组成部分。社会群体分配赏罚的能力，是其倡导与推行成员遵从群体偏好、规范与标准的重要决定因素之一。

群体为什么会趋恶

从非正式的朋友圈到正式的组织，社会群体常常是向善的力量。虽然企业也常常会为社会公益切实投入时间、精力和资源，但是新闻中仍然充斥着大公司贪污欺诈的报道。许多企业似乎真心认同企业应该承担社会责任的理念并努力让世界更美好，然而社会群体也常常是一股让人趋恶的重要力量。这个现象需要得到解释。

社会群体是传递、推行社会规范、标准的首要载体。社会群体也是传递、推行违法乱纪的异常规范、标准的重要载体，这又要如何解释呢？一般来说，对于群体有时会接受和推行反社会规范，也就是违背社会整体规范的现象的解释与许多其他行为的解释是相似的，个体因素和场景因素都可能有作用。例如，相信自己在与其他群体争夺资源的群体（比如本地人与移民），可能会对竞争群体产生不切合现实的负面感知。群体间冲突或竞争，乃至冲突可能会发生的信念，都会提高对竞争群体成员形成负面态度的可能性或采取负面行为的可能性。

群体规范的性质与内容常常反映了群体早期成员的性格、偏好和态度,然而,哪怕早期成员早已离开,加入其他群体,群体早期确立下来的规范也会继续影响群体行为。比如,有一个群体的早期成员对某些群体(比如少数族裔或性少数群体)怀有偏见,那么群体形成的规范可能就会鼓励或至少纵容对这些群体成员的负面评价或行动。如果一个群体的创始人与早期成员持有强烈的反社会观念和态度(比如他们是黑社会),那么该群体形成的规范可能就会与孕育它的大社会的规范背道而驰。

总　结

行为是由个人属性(如人格特质)与行为的发生场景的特征所决定的。本书关注的是场景因素,尤其是社会场景。群体、组织和制度以多种手段影响个体行为,但有两种手段最为重要。第一,群体提供、控制、帮助你理解信息,有助于界定你对**实际是怎样的**(发生的事情及其意义)和**应该是怎样的**(什么是有价值的,什么是善好?)的感知。第二,群体给出各种影响行为的赏罚。本书其余部分将一直举例阐述这两个主题。群体、组织和制度可以是,也常常是向善的力量,但也能创造出让恶行(例如,恶行违背了关于哪些行为是善、哪些行为是恶的公认信念和规范,而且具有潜在的伤害性)更可能发生的条件。

第二章
群体与社会场景中的恶行

社会群体、社会组织、社会运动等常常是向善的力量。比如,从英国与外国反奴隶制协会(1838—1956年)、玛利诺会、国际红十字与红新月会到无国界医生,这些群体都为推进具有社会意义的目标付出了时间与努力,群体成员也常常历经艰险。然而,即便是总体使命值得赞赏的群体,有时也会做出破坏性与毁灭性的行为。比如,在19世纪50年代和60年代,部分废奴群体曾分发"比彻的圣经"夏普斯卡宾枪与来复枪。"比彻的圣经"得名于废奴主义者亨利·沃德·比彻(Henry Ward Beecher)的言论与活动。比彻是新英格兰外来移民援助协会成员,他认为在反对奴隶制的问题上,枪的道义力量比100本《圣经》还要大。据说,这些枪装在标着"书籍"或"圣经"的箱子里运进了堪萨斯州和内布拉斯加州。在内战前夕的动荡时期,"比彻的圣经"对暴力起了推波助澜的作用。

本书的核心目标是说明社会群体何以能造成、提倡和奖励那些违背社会公认规范、规则和法律的行为。在本章中,我会运用一系列案例研究,呈现群体造成或促进恶行时的多个心理过程与社会过程,第三章至第十二章还会更详细地考察这些过程。在进入案例研究并从中得到教训之前,我首先要更详细地说明"恶行"这个大概念下的各种行为,以及不同类型恶行的不同根源。

恶行的类型

在第一章中,我将恶行定义为违背公认法律、规范和社会价值观,且具有潜在危害性或破坏性的行为(而非思想或观点)。因此,不是只要违反了某个社会规范或期望的事情就是恶行。比如,穿着不符合某个场合的预期不一定是恶行。有些办公场所有非常严格、确切的着装规范,哪怕没有写在书面上。如果单位要求穿黑色细条纹长裤,而一名初级银行业务员穿着蓝色正装来上班,这不属于恶行。他或许做出了一个糟糕的选择,甚至可能因为着装不统一而受罚,但行为本身没有危害。但是,假如今天有一个大客户要来访,结果这位初级银行业务员穿了一件花里胡

■ 害马之群：失控的群体如何助长个体的不当行为

哨、不合身且颜色怪异的正装，就连落魄的二手车推销员这样穿都不得体。这个选择可能会伤害银行与客户的关系，让客户怀疑自己选择的银行。由于潜在的伤害，这种行为可能就从选择不当变成了恶行。

对恶行进行描述和归类的尝试以前有过多次。许多研究考察的是特定情境中的恶行，比如医疗领域或科研领域的不端行为。研究职场中各类恶行的文献尤其多，其中一部分是职场特有的（比如员工盗窃），另一些的适用场合则多得多（比如霸凌）。

罗宾逊（Sandra L. Robinson）与贝内特（Rebecca J. Bennett）提出可以从两个维度来归类和描述众多情境中的恶行，也就是恶行的对象与恶行的严重程度，尤其是造成潜在伤害的程度。第一，恶行的对象可以是自身。一个人可能会酗酒，或者滥用各种有损身心健康的、合法或非法的药物，这可能会影响与他人（比如朋友、家人、同事）正常交往。恶行的对象也可以是其他个体（比如霸凌）、群体（比如系统性性骚扰）或更大的组织（比如盗窃公物）。第二，行为造成的实际或潜在损害可能比较小（比如偶发的不文明现象），也可能有致命后果（比如私刑）。重要的是，相对温和的恶行也可能会随着时间的推移造成严重后果，尤其是在反复频繁发生的情况下。职场中反复出现的轻微侮辱和轻视（有时被称作"微歧视"）可能会严重降低工作效率，导致更多压力、睡眠问题和焦虑。表 2.1 给出了上述所有恶行种类的例子。

表 2.1 恶行分类表

对象 \ 严重程度	轻微	严重	极严重
自身	长期不健康行为	药物滥用	自残、自杀
另一个人	不文明行为	社会攻击性行为、霸凌	袭击
群体	回避、轻视	歧视	对群体的攻击性行为、种族灭绝
组织	减少参与	偷懒、网上闲逛	员工偷窃、职场暴力

首先，一些行为属于自我伤害，包括轻微偏离社会规范（比如饮食明显不健康）。尽管这些轻微偏离在当时不一定有多大的害处，但长此以往可能会造成实质性的伤害。这一类自我伤害行为还包括能造成实质性短期伤害的行为（药物滥用），以及长期反复可能会造成更严重伤害的行为。最后，还有一些行为可能立即会对自身造成严重伤害，最严重的情形是自杀与自杀未遂。这些行为都符合本书给出的恶行定义，因为它们违反了公认的社会规范，而且至少有潜在危害性。

其次，恶行的对象可能针对一个人，也可能针对一群人。这些恶行包括轻微偏离社会规范行为（比如不文明），在没有他人的情况下可能伤害小一些，但也可能造成很大伤害，因为这代表着一种长期的行为习惯。有可能升级成大恶行的小恶行包括社会攻击性行为（目的是损害他人的社会形象、友谊或地位）和霸凌。针对一个或一群人的最严重恶行包括施暴与袭击。

恶行的对象可能是特定群体。这种恶行可能一开始是回避、轻视某群体（比如基于生理性别、社会性别、种族或族裔分类的群体）的成员，但如果发展成区别对待的形式（比如拒绝聘用女性），那问题就更严重了。针对群体的恶行可能会升级成攻击性行为并袭击群体成员，甚至可能通过大规模驱逐的方式或种族灭绝这样有组织有计划的方式，试图将该群体从社会中清除。

最后，恶行的对象还可能是更大、更多元的社会单元，比如组织。这种恶行的温和形式包括减少参与，即虽然还留在组织中，但只是例行公事，没有任何实质性的投入和参与。系统性违反群体规范可能有多种形式，比如有大量文献研究偷懒，也就是说，你有能力，或者被期望、被要求多干活，而你故意少干。对偷懒的研究原本主要关注工人故意干活慢的现象，但如今关注点已经转向了另一种信息密集型工作中的偷懒——网上闲逛，或者把电脑当成浪费上班时间的工具。针对组织的恶行还可能有更严重的形式，比如有员工有计划有步骤地偷窃，或者对同事施加暴力。

如表 2.1 所示，"恶行"这个词适用于多种对象和严重程度各异的行为。这些行为的具体起因也可能不同。比如，引发对某社会群体成员的暴力袭击的因素，可能不同于让人有时粗鲁对待同一群体成员的因素。尽管如此，有一组核心的社会过程与心理过程会导致一大类恶行。在下一节中，我会用一系列案例研究来介绍这几种过程，第三章至第十二章还会做更详细的讨论。

促进恶行的社会过程与心理过程：八类经典案例研究

有多种社会过程与心理过程会引发恶行，可以通过讨论一系列著名的恶行案例来说明，这些案例既有单纯由他人在场导致的行为（比如责任扩散效应），也有由扭曲的规范与信念所合理化和维持的行为，让原本正常和正直的人有可能参与大规模屠杀与反人类罪行。

■ 害马之群：失控的群体如何助长个体的不当行为

基蒂·杰诺韦塞凶杀案——责任扩散效应

基蒂·杰诺韦塞（Kitty Genovese）惨遭奸杀，举国皆惊，这也促成了一项旨在理解旁观者行为的研究。1964年3月13日清晨，温斯顿·莫斯利（Winston Moseley）在纽约市邱园街区杀害了基蒂·杰诺韦塞。凶手作案时间长，手段残忍。莫斯利先用猎刀从后面捅了基蒂·杰诺韦塞。基蒂尽管身受重伤，还是爬回了自己住的楼。10分钟后，莫斯利回来寻找基蒂，在楼道里找到了她，接着强奸和抢劫了她，而后再次捅了她。基蒂·杰诺韦塞在被送往医院的途中去世。

这场凶案之所以尤其令人震撼，是因为《纽约时报》于案发两周后刊登的一篇报道，文中写道：

> 在半个多小时里，皇后区有38名守法的体面公民看着凶手跟踪一名女子，并分别在三处用刀捅她……案发期间，没有一人打电话报警。一名目击者在女子死后才报警。

据称，一位匿名邻居至少目睹了一部分袭击过程，但决定不报警，声称"我不想卷进去"。对许多人来说，基蒂·杰诺韦塞的故事象征着美国大城市生活的冷漠无情。

讨论 2.1
恶行发生时是否真有 38 名目击者

人们知道或自以为知道的许多关于基蒂·杰诺韦塞案的情况要么是夸大其词，要么干脆是假的，尤其是没有证据表明凶案有 38 名目击者。只有三四名目击者看到杰诺韦塞和莫斯利短暂地在一起，且并没有看到致命的捅刺。尝试干预的证据也是有的，包括打电话报警，还有让莫斯利撤退的惊呼。那么，为什么"38 名目击者无动于衷"的故事成了定论呢？

首先，37 名（后来说是 38 名）目击者无动于衷的说法出自《纽约时报》的一篇封面报道。《纽约时报》名声很大，甚至在当时就以调查报道的水平和追求真实享有很高的声誉。但更重要的是，这篇报道符合人们对纽约市的刻板印象。我当时 11 岁，住在纽约市北边大约 3 小时车程的奥尔巴尼，那时纽约市的主流形象就是危险、残酷和无情。这篇报道不仅三垒全中，而且强化了人们关于纽约市

> 的既有信念。"无情"的刻板印象在当时特别强大，关于基蒂·杰诺韦塞的报道恰恰完美地展现了纽约人对同胞的冷漠。因为这种刻板印象在全美许多地方都是一种广泛且强烈的观念（事实上，在纽约州内的许多地方也是如此），所以那篇报道很容易就取得人们的信赖，进而成为纽约市堕落的另一条证据。

基蒂·杰诺韦塞案催生了大量关于目击者与旁观者如何应对紧急事态的研究。有一个重要概念从多份此类研究中浮现出来，那就是"责任扩散效应"。当一群人都目睹了一个似乎需要回应的紧急事态或事件时（比如一名老人在人行道上摔倒了），个体常常不清楚谁应该回应，或者是否已经有人回应（也许救护车已经在路上了）。当人群庞大、旁观者不认识受害人或与受害人没有关系的时候，个体旁观者做出回应的可能性尤其低。每个人可能都意识到应该**做点什么**，也意识到应该**有什么人**要回应，但他不确定到底**谁**应该回应，或者应该**怎样**回应。看到别人没有反应的旁观者尤其不太可能自己承担责任。

我们不一定要将基蒂·杰诺韦塞遇袭时的无人干预视为恶行。莫斯利拿着猎刀捅人，旁人积极干预未必能帮到基蒂·杰诺韦塞，反而可能让自己遇险。不过，不报警确实是一种恶行，最起码是一种无视行为。社会通常鼓励成员关心他人，而每一个没有报警的目击者大概都有过觉得自己**应该**报警的时刻，然而，第一次袭击发生在一个或许有许多目击者的地方，这很可能让每名目击者更加不确定自己应该做什么了。

责任扩散效应可以发生在各种群体中（比如朋友圈和工作群）。扩散在名义上的群体中发生的可能性尤其高，比如由所有看到一名老者摔倒的人组成的群体。在这些名义上的群体中，个体的角色没有被明确界定；没有领导者，也没有特定的个体被认为应该处理特定的问题。因此，名义上的群体成员常常不知道自己应该做什么，于是就觉得肯定有别人负责回应。

大众汽车丑闻事件——员工忠诚与认同感的黑暗面

2005年前后，大众发起了一项大胆的计划，他们立志成为全球第一大汽车厂商，而计划的关键一环就是大幅提升在美国市场的汽车销量。大众战略的一个重要组成部分是其他汽车厂商从未做到的一件事——开发出高性能、省油、无污染的柴油车。不过，大众的工程师很快意识到完全实现三个目标是不可能的。于是，公司在2006年采取了唯一可行的战略——安装作弊软件。

■ 害马之群：失控的群体如何助长个体的不当行为

大众决定在车上安装作弊软件，作弊软件可以检测到尾气排放测试进行的时间，并在那时把污染控制（对性能和里程都有影响）打开，等车上路了再把污染控制关掉。于是，新一代高性能、低油耗的柴油车诞生了，但这不符合排放规定。如果没有西弗吉尼亚大学的一个研究团队的努力，大众的作弊行为也许不会被揭露。

大众围绕"清洁柴油"主题推出了一场极其成功的营销活动，但在2015年毁于一旦，当时大众被迫向美国环境保护署承认违规。大众及其联合公司支付了数十亿美元的罚金，多名高管入狱。

与许多其他组织的丑闻一样，一开始有人企图将大众丑闻归罪于几个不守规矩的工程师（"坏苹果"），但这种做法很快就失败了。大众丑闻历时多年、横跨多个大洲，还牵连（或者说揭发）了其他多家汽车厂商。这是一场时间长、范围大的阴谋，有大量员工、经理和高管参与。

多个因素促成了大众丑闻，其中最重要的一个因素就是员工中普遍存在的强烈的认同感与忠诚。大众是一家声名卓著的公司，德国经济的顶梁柱之一。大众员工常常对组织有着强烈的认同感。认同组织常常有实实在在的好处，但也有黑暗面。组织认同感强的人更可能会认可这种堕落行径，相信它服务于更大的善行，即组织的福祉。

欧洲足球赛场中的种族主义——社会感染效应

足球是世界上最流行的运动之一，尤其在南美洲和拥有众多老牌足球俱乐部的欧洲。欧洲足球比赛观众人数众多，气氛热烈，但也常常会有一个问题，那就是表现出赤裸裸的、大规模的种族主义。拉希姆·斯特林（Raheem Stirling）是英格兰队队长，也是英格兰最优秀的球员之一。他最近在保加利亚的首都索菲亚遭到了球迷的种族主义谩骂，以至于比赛不得不两次中断，观众还遭到警告说如果他们继续辱骂的话，比赛将会被取消。所谓的球迷不仅敬纳粹礼，还学猴子叫。

一定程度上，球迷的种族主义口号与歧视性口号要归咎于欧洲右翼民族主义的兴起。尽管这可能只是一个因素，但黑人和南亚球员遭到种族主义谩骂是一个普遍现象，甚至在极端右翼势力相对较弱的地区也是一样。为了控制这种行为，目前已通过多项法律 [英国国会通过了《2000年足球[无序现象]法案》（The Football [Disorder] Act 2000）]，欧洲足球协会联盟等多个主管组织也发起了联合行动，与赛场上的种族主义做斗争。尽管如此，恶性种族主义问题仍然困扰着这项运动。

社会感染效应与足球赛场上的种族主义有什么关系呢？显然，欧洲体育馆中的一部分种族主义行为是有预谋的，一边朝黑

■ 害马之群：失控的群体如何助长个体的不当行为

人选手扔香蕉、一边学猴子叫的球迷可不是把香蕉当作零食带进去的。然而，这种种族主义行为扩大到这样的程度（有时，体育馆中好几个区域内的全体观众喊种族主义口号，唱种族主义歌曲，进行种族主义挑衅），这大概是恶劣行为传播的结果。有一小批人从进场时就打算进行种族主义挑衅，后来他们的行为传播给了其他来看比赛时本无这种打算的人。这就是说，一部分球迷做好了喊种族主义口号和辱骂球员的准备，他们发挥了"榜样"效应，于是馆内大量观众也做出了同样的行为。

社会或行为感染效应指的是，一个或一群人的行为被其他人复制。体育赛事创造出的环境提高了感染发生的可能性，也让平常遭到强烈社会反对的行为得以散播。首先，体育馆很拥挤，球迷密度是社会感染已知的有利因素之一。其次，球迷往往情绪激动，既可能是因为比赛本身刺激，也可能是因为主场球队输得很惨（保加利亚球迷就是这种情况）。激动情绪是促进社会感染的一个因素，尤其在伴有攻击性行为的情况下。最后，体育赛事制造出了强大的顺从社会压力，客场球队球迷常常遭到批判和故意避开，尤其是在主场球队球迷居多的区域。顺从的压力已知会提高社会感染的可能性。

行为的社会感染与情绪感染密切相关，后者指的是情绪状态的人际传播。体育赛事会引发强烈情绪，而表现出强烈情绪反应的人常常会让其他人感受到同样的情绪。有证据表明，看到别人表现出某一种情绪（比如表示愉悦的微笑）会引发对行为的模仿（微笑），进而人们感受到与原初情绪传递者相同的情绪。行为与情绪感染可以带来多种积极的结果（比如群体凝聚感增强）。然而，在聚众私刑等骇人暴力或虐待发生的场合中，往往也可能发生了同样的过程。在某些场景下，恶劣行为与消极情绪都有极强的感染力。不幸的是，体育赛事常常会创造出适合恶行感染的状况。

普华诉霍普金斯案——职场中的性别刻板印象

安·霍普金斯（Ann Hopkins）是全球最大的专业服务事务所之一——普华（今普华永道）的一名成功经理。1982年，她是88名候选合伙人中唯一的女性，她的履历资质明显优于绝大部分男性竞争者。她承认自己可能有些盛气凌人、咄咄逼人乃至低俗，但她成功为普华拿下多个大单，本应是一名有力候选人。然而，她的合伙人申请两次被驳回，上司告诉她，她的着装、举止和言谈都需要更女性化一些，还说她需要上礼仪课。她的行为与男性同事类似，而且常常有效得多，但因为她不符合资深合伙人对女性高管的刻板印象，所以没能升职。

■ 害马之群：失控的群体如何助长个体的不当行为

安·霍普金斯提起就业歧视诉讼，她的案子最后打到了美国最高法院。最高法院在裁决书《普华诉霍普金斯案》中裁定安·霍普金斯遭到了普华的歧视，为证明就业性别歧视（以及被告自辩）确立了明确的标准。法院裁决的本质是，在评价同一工种员工的绩效表现时对男性和女性采用不同标准是非法歧视行为。具体到这个案件，一面奖励盛气凌人、咄咄逼人的男性，一面又惩罚做出同样行为的女性，这侵犯了女性的公民权利。

最简单的刻板印象指的是关于某个群体的，不加批判地运用于该群体所有成员的信念。比如，你可能相信斯堪的纳维亚人非常注重社会平等。因此，如果你发现刚刚搬来的邻居是挪威人，你可能就会假定周围邻居非常注重社会平等。刻板印象不一定是负面的（就像在这个例子中看到的一样），也不一定会造成伤害。然而，如果你倾向于将某个群体的特点，或者说你以为的该群体的特点，不加批判地加诸该群体的所有成员 [例如，乔（Joe）是意大利裔，所有意大利人都……]，那也会造成许多问题。首先，刻板印象可能让你对个体行为产生无根据的假定。群体的同质化程度很少能达到**所有**成员行为一致的地步，而且即便你关于某个群体的信念是正确的（比如，荷兰人和瑞典人的平均身高大于大部分其他欧洲国家的人），这种信念也不太可能适用于群体的所有成员。其次，人们可能会因为关于他们实际与**应有**行为方式的假定而被恶劣对待。在安·霍普金斯的案例中，她的行为不符合女性合伙人的主流刻板印象，也不符合上司对女性经理和高管应有举止的假定，所以她受到了惩罚。她的歧视诉讼之所以能取胜，是因为她能够证明同样的做法为男性同事带来了升职和奖金，却让她遭到了惩罚。

刻板印象并不总是负面的，但负面刻板印象似乎确实能部分解释针对女性、老年人、残障人士、少数族裔成员和少数教派信徒的歧视。为保护这些群体的成员在就业、教育、住房和公共服务方面免于受到歧视，美国通过了多个联邦民权法案，但我们尚不确定这些法律是否切实减少了歧视。有人主张，它们或许依然无力改变那些促成歧视的态度、信念与假定。

性骚扰和#MeToo运动——客体化与社会支持

在我们的社会中，性骚扰和性侵犯常见得让人郁闷。超过45%的女性在工作中经历过某种性骚扰。这种骚扰常常是逐渐进行的，一开始是轻微的非言语行为，后来会升级成言语和身体行为，造成了不友好的工作环境。性侵犯发生的频率比我们通常所认为的更高，比如，超过三分之一的男性表示性侵过女性。这种侵犯常常涉及伴侣、朋友和亲属，而非陌生人。类似地，强

■ 害马之群：失控的群体如何助长个体的不当行为

奸更常见于双方已有关系的情境下（比如熟人、临时伴侣和情侣），而非陌生人之间，而且强奸常常发生于私人空间，而非公共场所。

多种心理过程促成了性骚扰和性侵犯。以职场性骚扰为例，其更适合理解为职场权力与支配关系的体现，而不是满足性欲。甚至男下属也可能用性骚扰女经理和女上司的方式来削弱她们的正式权力。此外，性侵犯可以概念化为客体化的一种形式，"女性的身体被侵犯者单纯当作工具或物品来对待"。客体化是意义更宽泛的非人化的一部分，将人当作客体或者物品对待。客体化是理解男女性关系中诸多丑陋侧面的一个关键概念。"性客体"一词抓住了社会对女性（有时也包括男性）常有的不良感知方式中的这个方面。允许乃至鼓励将另一个人当作客体对待的态度和信念特别危险，因为客体是没有权利的，人没有义务公正或仁慈地对待客体。

关于性骚扰的争论还有另一面，那就是它体现了社会支持的正向力量。2017年，好莱坞制片人哈维·温斯坦（Harvey Weinstein）被指控性骚扰和性侵多名女性，证据确凿。2017年10月15日，女演员艾莉莎·米兰诺（Alyssa Milano）写道："如果你遭受过性骚扰或性侵犯，请在这条推特下面回复'Me Too'（意为'我也是'）。"在一位朋友的建议下，她还转发了"如果所

第二章 群体与社会场景中的恶行

有遭受过性骚扰或性侵犯的女性都把状态设为'Me Too',人们或许就能明白这个问题有多大了"这条信息,以此引发人们对性骚扰与性侵犯频发的关注。24小时内,这条信息被转发超过50万次。发了这条推特之后,艾莉莎·米兰诺发现塔拉纳·伯克(Tarana Burke)早在2006年就发起过一场#MeToo运动,旨在帮助遭受性暴力的有色人种女性。艾莉莎赞赏这场运动,认为它帮助人们唤醒了男性和女性对社会中性剥削、性暴力的严重程度与频发程度的认识。

#MeToo运动体现了信息分享与社会支持的力量。最早发出消息描述遭受性骚扰的亲身经历的几位女性冒了很大风险,尤其在骚扰者有权有势的情况下(2017年之前,哈维·温斯坦是好莱坞最有权势、最成功的制片人之一)。随着站出来讲述性骚扰和性侵经历的女性越来越多,形势有了显著变化。最早几名女性发的#MeToo帖子让其他女性分享亲身经历的危险逐渐降低。或许更值得注意的是,#MeToo运动扭转了对抗性骚扰斗争的重心,可靠的女性受虐指控让许多有权势的男人倒台了。

南京大屠杀中的强奸行为——非人化

第二次中日战争(1937—1945年)期间,南京是国民政府

■ 害马之群：失控的群体如何助长个体的不当行为

的首都。日军于 1937 年攻打南京，本以为会轻松取胜，结果伤亡惨重，遂大为吃惊。南京直到当年年底才陷落。占领南京变成了一场持续的血战。

日军从 1937 年 12 月开始大肆残杀奸淫，在六周的兽行中造成超过 20 万平民和被缴械士兵死亡，至少两万名妇女被强奸。城区三分之一被纵火焚毁，偷窃行为广泛存在。在一次恶名昭彰的事件中，多家报纸报道了两名日本军官比试谁能只用一把刀先杀 100 个人。[1]

在华日军经常接到杀害全部俘虏的命令，这反映了日本人的一种观念，即认为投降是懦夫的做法，且完全违背军人守则。因此，日军士兵一般会蔑视被俘敌军，在南京和其他地方都一样。他们枪杀绝大部分俘虏，而后又转向了南京的平民。至少在一开始，攻击平民是按照军官命令执行的，但暴力行为随后蔓延开来，似乎脱离了军官的直接掌控。[2]

南京城中的强奸似乎遵循了多种形式的大规模暴力（从美国的聚众私刑到纳粹的犹太大屠杀）的共通模式——升级（暴力和虐待逐渐变得越来越严重）和非人化（将受害者当作低于人的存

---

[1] 部分日本历史学家主张，这个故事并非真实。事实上，日本历史学界一直有一批人试图淡化大屠杀与强奸的严重性，日本政府官员也发表了许多类似言论（如无特殊说明，本书脚注均为原书注）。
[2] 大屠杀细节仍有争议，部分日本军方人士和历史学家的通力合作，掩盖了日军各部队的行为及其最终结果。

在)。于是，暴力的规模与凶残程度与日俱增，一开始针对被俘官兵的暴力行动蔓延到平民身上。研究家庭关系中暴力升级现象的文献有很多，在这种情境下，暴力升级常常是一个长期发展的过程。这种缓慢的升级尤其麻烦，因为暴力受害者往往会适应每一次新的升级，从而将暴力行为视为正常。在战争条件下，升级速度可以快得多，南京似乎就是如此。

日军在南京表现出的残暴与邪恶，显示了非人化过程能够造成的危害。非人化指的是否认某些个人或某群体的成员作为人类的地位，并把他们当作低于人的存在对待的一类过程。非人化被认为是极端种族主义的要素之一，在前面的案例中，我讨论了种族主义球迷何以有时把黑人足球运动员当作猴子来对待。非人化有时涉及将极端负面属性与某群体联系起来（比如，纳粹曾利用人们对犹太人的负面刻板印象来论证他们是人类之敌，不值得受到人道的对待）。如果我们相信某个群体表现出多种非常负面的特征，那么不承认该群体是人类就更容易了。研究非人化的文献有很多，巴塔尔（Daniel Bar-Tal）提出了两个主要的形式：（1）动物化——否认个人或群体具有人类的独有特征，比如礼貌、道德敏感性、理性、逻辑等；（2）机器化——认为个体或群体是没有灵魂的机器，表现得惰性、消极、刻板等。从有关南京城中强奸的研究成果来看，目前的信息尚不足以确定当时南京出现的是哪一种非人化，但更广泛的历史资料表明，日本士兵将被俘士兵和平民一概视为动物，而非完全的人类。我前面写到，日军中有一种较高的行为标准，视投降为可耻懦夫表现，轻蔑对待被俘士兵。同样的态度也适用于平民。

不管南京大屠杀中表现出的非人化是哪一种，施暴者无疑都对自身行为毫无顾虑。在有关南京城中强奸行为的无数日记和报告中，很少有关于高级军官、士官或普通士兵反对或试图阻止暴力的记述，尽管有证据表明，指挥日本远征军的将军后来对大屠杀与强奸行为表达了悔意。

白人的脆弱——否认

迪安杰洛（Robin DiAngelo）与戴森（Michael Eric Dyson）让"白人的脆弱"这个词流行开来，它的意思是抵制公开讨论种族主义，否认有组织、有计划性的种族主义行为的存在。很少有人不知道收入、财富、住房等方面的种族差异，但有相当一部分人（主要是白人，但不全是）否认有组织、有计划性的种族主义行为的存在，主张一切收入差距都是因为一部分弱势人群做出了坏的选择，或者不努力。在某种程度上，这或许反映了对"种族主义"内涵的不同看法。

第二章 群体与社会场景中的恶行

之后的几章（如第四章、第八章、第十一章）会讲到，美国种族主义的性质是随着时间变化的。有些人相信，因为公开使用种族歧视语言不再被社会认可，也因为多种形式的种族歧视被法律禁止，所以种族歧视已经成为过去。《韦氏词典》中"种族主义"一词定义的演变向来有争议，新定义中提到了由偏见、社会性权力和制度性权力共同导致的对少数族裔的系统性压迫。

纳尔逊（Jessica C. Nelson）、亚当斯（Glenn Adams）和萨尔特（Phia S. Salter）考察了马利假说（Marley hypothesis）。该假说认为，否认种族主义有时是不了解种族主义历史的结果。研究和谈论种族主义在美国历史中的角色（例如《纽约时报》的1619计划）一贯是有争议的。为了抵制这种努力，有人提议成立"1776委员会"，它的宗旨是推动一种较少谈及种族主义的、较为传统的美国史叙事。

否认种族主义并非美国独有，世界各地的证据都表明，与种族主义针对的种族和族裔人群成员相比，优势人群成员对种族主义的感知一贯较弱。少数人群与多数人群对种族主义及种族压迫的感知差异涉及多个心理过程，但最基本的一项是保持积极自我形象的欲望。在理解为什么有那么多看似讲道德的人心甘情愿地参与犹太大屠杀时，这个过程似乎也有着中心地位。

■ 害马之群：失控的群体如何助长个体的不当行为

犹太人大屠杀中的工作者——动机性推理

第二次世界大战期间，德国对犹太人采取了有组织的、长期的种族灭绝行动，约有 600 万犹太人遇难，另有大量罗姆人（当时叫吉普赛人）、同性恋和其他被纳粹意识形态视为低等人的群体成员被杀。许多组织和协助实施这项暴行的人或是真诚信仰纳粹的事业，或是对纳粹政权足够忠诚，以至于面对愈发恐怖的行径，竟然在自己的头脑中认为继续效忠是正当的。历史学家和其他记录这一时代的人指出，参与种族灭绝工作的人中有许多虽然不是纳粹党、盖世太保或党卫军的一分子，但他们的日常工作是纳粹死亡机器的重要组成部分。这些人包括火车司机、建筑工人、制造商、医生、理发师和许多其他行业的从业者。这些人为什么要配合正在进行的屠杀？

战后，有人相信，许多德国人对犹太人被驱集杀害的情况所知甚少或一无所知，或者相信这些德国人是被迫工作的，如果拒绝服从参与屠杀犹太人的命令，真的有可能被监禁或处决。真实情况要更复杂，也更令人困扰。戈尔德哈根（Daniel Jonah Goldhagen）在《希特勒的志愿行刑者》(Hitler's Willing Executioners)一书中总结了大量证据，表明普通德国人了解且自愿参与了犹太大屠杀。他的一部分结论是有争议的，尤其是他相信根深蒂固的反犹思想让德国人接受并信奉消灭犹太人的目标,但他给出的扎实证据表明德国人没有被迫工作,拒绝参与的人也没有承受严重后果。

克劳德·朗兹曼(Claude Lanzman)的史诗级纪录片《浩劫》(Shoah)中采访了大量死亡集中营幸存者、集中营看守、旁观者,以及支持集中营运行的多个行业的从业者。他采访了参与将囚犯运往特雷布林卡集中营(Treblinka)的助理列车驾驶员亨里克·加夫科夫斯基(Henryk Gawkowski),还采访了特雷布林卡里的一位理发师。这段访谈特别有启发性,因为两人参与了集中营的日常工作。两人在工作中受强迫的程度各异(尤其是身为囚犯的理发师),他们都谈到了自己的恐惧和目睹的可怕情形,但也都谈到了日常工作本身,以及他们是如何将自己和周遭发生的可怕事件分隔开来的。抵御恐怖环境的一种策略是动机性推理,歪曲自己对所发生事件的感知,从而更容易接受自己参与了这个可怕过程的事实。

动机性推理是人们寻找与观点、信念和偏好相符的信息的认知过程。例如,亨里克·加夫科夫斯基声称,他之所以继续在运送受害者去特雷布林卡的火车上工作,是因为拒绝就会被射杀。他或许真的相信,但另一种可能性是,他真正被枪毙或监禁的可能性很小,加夫科夫斯基试图主动说服自己他的行为是被逼无奈的。动机性推理的另一面是回避或歪曲不符合这些观点、信念及偏好的倾向。《浩劫》中的许多受访者都说，他们努力将注意力集中在工作的琐碎细节上（比如火车今天运行良好），而不去思考自己的工作为什么做了贡献。

我在之后几章中会论证，人有强烈的动机去维护正面自我形象，设想自己整体上是个好人。许多通过工作为犹太大屠杀创造条件的人很可能都有这种维持正面自我形象的欲望。因此对他们来说，不要过分认真地思考自己在做什么、会产生什么后果是重要的。动机性推理使许多人得以削弱参与种族灭绝的负罪感。

了解群体如何鼓励恶行的框架：社会影响与社会认知

上一节的案例研究凸显了多个过程，它们会让个体做出违背公认规范，且具有潜在危害的行为，即恶行。这些行为中有无视身处危险或需要帮助的人（责任扩散效应），有出于对组织的忠诚而参与欺诈和白领犯罪的人，也有依据性别角色刻板印象或关于族裔群体成员的负面信念而歧视性地对待他人的人。我们讨论了性骚扰与性侵犯，也说明了来自社会的支持何以能够激励人们对施暴者做出有力的回应。在极端情况下，比如南京大屠杀中的强奸和犹太人大屠杀，非人化和动机性推理等过程会让人参与可怕的反人类犯罪。

在本章的最后一节中，我会描述一个总体框架，它可以用来整理各种让个体做出或参与轻则只是无礼，重则是种族灭绝的各种恶行的社会过程与心理过程。总体而言，群体有两种影响个体行为的方式。第一，群体、组织和制度会奖赏或惩罚特定行为，提倡或塑造榜样的力量，改变人对所处场景的感知与理解，从而直接影响行为。这是社会影响的过程。第二，群体、组织和制度可以影响人对特定行为的想法，从而间接影响行为。例如，一个群体传播的规范可能会让其成员（或希望加入的人）相信，社会通常认为的负面行为（比如偷税漏税）其实是可以容忍乃至值得赞许的。这个过程涉及社会认知。社会影响和社会认知都是群体影响成员恶行的重要通路。

社会影响

群体、组织和制度常常通过插手来影响成员或与他们有来往的人的行为。凯尔曼（Herbert C. Kelman）提出了一套颇有影响力的社会影响模型，他发现个体有三种方式来回应社会影响，并调整自身行为以符合群体的偏好、要求或指示：（1）服从——个

■ 害马之群：失控的群体如何助长个体的不当行为

体接受群体的影响，采取群体暗示或要求的行为，目的是获得奖励（或赞赏），躲避惩罚（或反对）；（2）认同——个体采取群体暗示或要求的行为，目的是与他人或群体建立或维持自己想要的良好关系；（3）内化——个体采取群体暗示或要求的行为，因为这种行为符合自身（已接纳）的价值体系。本质上讲，它们分别代表：（1）遵命行事；（2）**想做群体想要的事**；（3）相信群体想要你做的事，哪怕这一直是你自己的想法。

社会影响并不总会成功。拉塔内（Bibb Latané）认为，社会影响的成功率取决于三个因素：（1）与群体的关联强度——施加影响的群体对个体的重要程度；（2）与群体的距离——施加影响的群体在试图影响个体时与个体的空间（和时间）距离；（3）群体规模——群体成员的数量。关联强度似乎是三个因素中最重要的一个，群体认同感强，相信这个群体、组织或制度对自己重要的人最容易受群体偏好和要求的影响。我将在第三章更详细地探讨社会影响的过程与决定因素。

社会认知

社会认知指的是个体处理社会信息的过程，包括信息在社会场景中编码、存储、提取和应用的方式。在本书中，社会信息指的是关于其他人或人群的信息，而社会场景涉及与个体的交互（或交互预期），包括虚拟交互，即你在相信有他人在场，或者有他人观察评估你的行为的情况下进行的交互。研究社会认知的文献范围广且多样化，有一些来自动物行为研究，有一些来自关于人类婴儿对特定刺激和场景反应的研究，还有一些来自对人类认知的观察和实验研究。

首先，我们学到的东西和我们回应的对象会塑造社会认知。人类会运用多种方式来了解自身所处的环境。在最基础的层面上，对于他人表现出的某些情绪和反应，我们似乎有与生俱来的识别与回应方式（不用教也不用学就会）。尤其是，我们马上就能识别并回应他人身上代表恐惧或厌恶的线索，这种反应很可能为我们的祖先带来了演化优势，在他们生活的环境里，立即识别危险往往是重要的。我们通过社会参照向他人学习哪些事情、行为等被认为是好的，而哪些又是坏的。我们会学习他人对刺激和场景的反应，然后常常会在重要方面上进行模仿。观察学习和教导学习能帮助我们协调自身与他人的行为和目标。

其次，处理关于人和社会事件的认知系统也会塑造社会认知。我们会观察信息，将信息储存在短期记忆和长期记忆中以备之后提取使用，还会整合信息、形成判断。在理解和思考社会场景以及我们回应社会场景时做出的行为选择方面，认知过程起到了一定的作用。

社会影响与社会认知并不总是驱使我们作恶的力量。相反，对习得社会规范与规则，以及理解哪些行为被重视，而哪些行为又被容忍和被反感来说，两者都至关重要。但在各种情景下，就像本章案例研究和后续章节中会讲解的情景那样，这两个过程都在创造恶行发生的条件中扮演着关键角色。

总　结

本书讲的是恶行，即违背公认规范，且具有潜在破坏性或危害性的行为。"恶行"一词涵盖了从不文明行为到种族灭绝的各种可能情况，但不同类型的恶行被两条线索串在一起。第一，恶行可能指向自身，比如药物滥用；指向个人，比如性骚扰；也可能指向组织或制度，比如员工偷窃。第二，恶行涉及的伤害大小各有不同，一次孤立的不文明行为可能危害比较小，但本书中记述的社会过程和心理过程可以让人自愿参与谋杀、强奸、纵火等恶行。本章的七个案例研究生动展现了恶行的多个类型，以及促成恶行的过程，比如责任扩散效应、非人化、动机性推理。

我说明了两种主要通路，它们是鼓励或容忍恶行的社会过程与心理过程最常见的作用方式——社会影响与社会认知。第一，

第二章 群体与社会场景中的恶行

群体、组织和制度会利用各种赏罚手段，以图影响成员和其他与他们交互的人的行为。第二，人习得特定行为的方式各不相同。通过习得，人有时可能会相信，看似违反公认规范的行为其实受到期待和赞许。第三章和第四章会考察这两个过程，后续几章会考察这两个过程何以有时会引发恶行。

第三章
造成或促进恶行的社会过程

在本章和下一章中,我会讨论允许或支持恶行的社会过程与认知过程。本章的重点是社会过程,我们首先讨论规范,尤其是社会规范。在本书中,规范指关于他人何所作为的信念(描述性规范),也指关于他人何所赞同的信念(指令性规范)。我会探究社会群体在规范形成与传播中的作用,然后介绍社会认同,尤其是社会认同影响自我感知与自我形象的方式,后两者又是行为的强大动机因素。

我接下来会讨论角色。在正式群体和非正式群体中,个体通常有界定明确的角色。在组织中,人们有具体职位,比如经理和主管。在非正式群体中,个体常常也有界定明确且稳定的角色,一些人是非正式领导者,另一些人是"走卒",还有一些人是"军师"。群体在做特定的事情时会咨询其意见，比如选餐厅、办聚会。规范、社会认同、自我形象和角色都可以让人做出各种恶行。

我们从一开始就应该明白，社会过程与认知过程并不是泾渭分明的，许多社会过程会影响人对自身行为的看法。但我们是可以做出区分的，涉及他人的是社会过程。社会过程可能涉及对他人行动的直接影响，也可能涉及关于他人期望或偏好的感知或信念，但这里讲述的所有过程都涉及他人，有时是其他个人，有时是其他群体。

社会规范

规范的最简单定义是典型或标准。规范就是正常的东西。社会规范就是适用于社会场合中的行为规范。它有时会被描述为支配社会场合下行为的不成文规则。社会规范有如下特点：（1）由群体成员共有；（2）与行为和信念都相关；（3）表述**实际是怎样的**与**应该是怎样的**；（4）与所有群体成员都有关。[1] 规范可以是描述性的，它告诉你人们在某个场景中通常是怎样做的，但更常

---

[1] 不过，规范与所有群体成员的相关程度未必都相同。地位高的群体成员在守不守规矩方面的自由度往往会更大。

> 害马之群：失控的群体如何助长个体的不当行为

见的看法是，规范告诉我们应该做什么和不应该做什么。

描述性规范与指令性规范

区分描述性规范与指令性规范是有益的。描述性规范指的是人们通常的做法，但不一定带有价值判断。与之相对，指令性规范告诉人们应该做什么或者不应该做什么。比如，在一间大部分员工的年龄是30多岁的办公室里，你可能会发现大多数男性员工在不规定着装的日子里会穿卡其裤和马球衬衫。假设你穿着卡其裤和短袖纽扣衬衫来上班，这身打扮可能与规范略有差别，但如果你的着装没有引起太大注意，更没有遭到反对的话，那我们就会认为"卡其裤配马球衬衫"是描述性规范。

违反描述性规范或许意味着你在做一件不寻常的事，而违反指令性规范意味着你在做错事。指令性规范可以是规定性的（告诉你应该做什么），也可以是禁止性的（告诉你不应该做什么）。规定性规范与禁止性规范是社会控制过程的一个关键部分，尤其是在规范强硬或严密的情况下。特罗克尔（Mickey Trockel）、威廉姆斯（Sunyna S. Williams）和雷斯（Janet Reis）指出，指令性规范（部分是因为它与惩罚有关联）比描述性规范更能用来预测人们在亲社会与反社会行为之间的选择。拉宾斯基（Maria

Knight Lapinski）和里马尔（Rajiv N. Rimal）认为，指令性规范与描述性规范可以通过相应社会惩罚的多少来区分。如果违反某个规范会带来某种社会惩罚，那它就可以归为指令性。如果因违反规范而承担的社会成本很低或没有，那它的描述性就更强。

规范影响行为，但不一定会直接控制行为。如前所述，还有接下来会讲到的回报潜力模型（Return Potential Model），规范的强度（例如关于行为偏好或禁忌的信息传播力度）和效力各有不同。比如，一些群体的规范非常清晰、普及度高、界定明确，而且最重要的是，大部分团体成员都遵守规范，盖尔芬德等人将这种衡量称为规范严密度。一些群体拥有更严密的、更密切控制成员行为的规范，这种想法并不新鲜，盖尔芬德、哈林顿（Jesse R. Harrington）和杰克逊（Joshua Conrad Jackson）指出，古代历史学家希罗多德品评过波斯人与埃及人的差别。波斯人在规范问题上非常灵活，乐于接纳来自其他国家的观念和习俗，而埃及人遵循一套刻板的规范，人们从个人卫生到君臣关系的一切都有所规定。

盖尔芬德等人提出一些了严格的文化严密—宽松（cultural tightness-looseness）理论，并研究了30多个国家的规范严密度。在此基础上，他们进一步考察了国家内部的规范严密度差异，例如他们考察了美国各州的规范严密度差异。他们不仅表明一些州

■ 害马之群：失控的群体如何助长个体的不当行为

的规范比其他州更严密，还记录了严密与宽松规范控制的相关因素（以及可能的结果）。他们提出：

> 与规范宽松的州相比，规范严密的州的社会组织度更高，比如人口流动性和离婚率更低；人们的自制力更强，比如药物滥用和酗酒的情况更少；但歧视也更多，比如向就业机会平等委员会的申诉更多，女性和少数群体所有企业更少；创新性更差，比如实用专利更少，艺术家比例更低。

规范控制的严密性不仅在群体之间有所不同，而且在群体之内也经常有所不同。也就是说，人们早就知道，社会规范不一定平等地与所有群体成员相关，群体中的高地位成员有时在违反规范方面有更大的灵活性。然而，违反规范仍可能是一个危险的行动，拥有高地位的个体（例如团队领导）通常不会因为违反小的或不重要的规范而受到惩罚，但是如果这个规范和与之相关的行为对团队来说很重要，高地位的个人通常会被要求树立一个好榜样，违反重要规范甚至会威胁到哪怕是团队最高地位成员的地位。

讨论 3.1
对规范的描述——回报潜力模型

得到公认且针对重大议题（例如群体或社会成员深度关切的问题）的规范有着最强的效力。杰克逊（Jay M. Jackson）提出了回报潜力模型，适用于评价规范的强度与共识度。模型考察了针对某一行为或行动方式（例如攻击性行为）的反应的范围和强度，图 3.1 中展示了该模型。

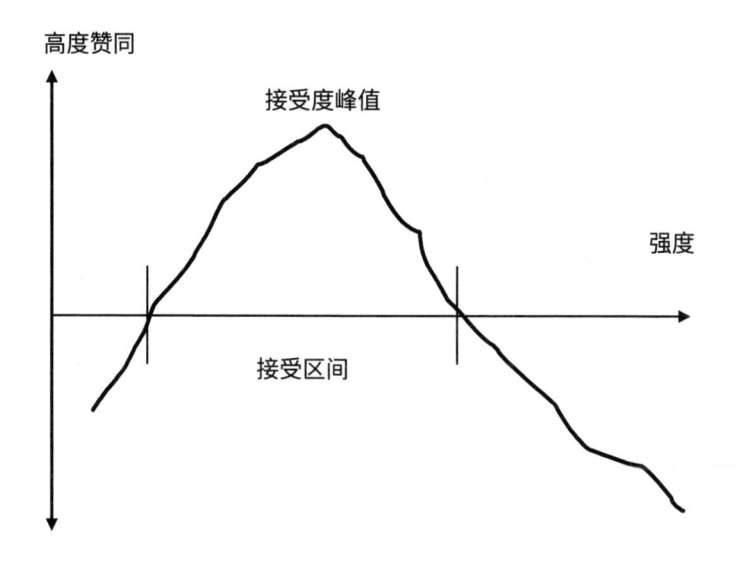

图 3.1 回报潜力模型

回报潜力模型有两个维度，一个是参照群体（你认同或重视的社会群体）对某行为方式的赞同程度，一个是这种行为的强度。比如，图 3.1 中表现了对篮球比赛中身体攻击性的赞同程度。如图所示，参照群体不赞同消极比赛，赞同一定范围内的攻击性行为（比如防守卡位），但也不赞同过强的攻击性（比如殴打球员）。回报潜力模型图中通常会有一个接受度峰值，代表群体最赞同的行为，因此往往也是你最可能做的行为。此外，图中还有一定范围内的行为是群体可以接受的接受区间。最后，模型图是不对称的。这就是说，高度攻击性行为会受到强烈反对，消极行为会受到一定反对，但与攻击性不足的行为相比，规范在攻击性过高的违规行为方面力度更大。图 3.1 展示了这一模型。

图 3.1 的两个特征适用于描述和诊断规范。第一，有些行为在图中的峰值不大，也就是说，参照群体对这些行为并无强烈感受。峰值大小是规范强度的一个指标，也许更重要的是峰值与谷值之差。第二，接受区间的宽度是规范严密度的一个指标。有的时候，受到赞同的行为范围很狭窄，但另一些行为的接受区间可能就很宽。

从投票到垃圾回收，杰克逊的回报潜力模型被用于分析多种情境中的规范及其对行为的影响。它被证明既是一种优秀的描述工具（回报潜力模型图传达了关于规范强度和严密度的大量信息），也是一种预测规范对行为影响的实用工具。

何事之规范

群体很少会有针对所有行为的规范，许多行为在规范之外。菲尔德曼提出了几个决定哪些行为会有规范，哪些不会有规范的原则。第一，如果一种行为对群体存亡是至关重要的，那几乎肯定会有规范形成和执行。例如，一个工作群组可能会有严禁讨论工资的规范，因为薪酬不平等会造成内部关系紧张，进而让工作群组分崩离析。第二，如果规范有助于群体成员了解哪些行为是期望他们做的，则规范有可能形成。这些规范有助于减少不确定性，让群体成员的生活更轻松，更容易预见。第三，如果规范能帮助群体成员避免冲突或尴尬场面，则规范有可能形成。比如，朋友和家人有时会形成不讨论政治的规范，因为他们想要避免这种讨论常常引发的冲突。最后，也是最重要的一点，如果规范体现了群体的核心价值观，或者与群体特征相关的话，则规范有可能形成。例如，许多组织有严格的着装要求，哪怕只是非正式要求，并没有被正式制定和执行过。2014年，奥巴马总统身穿浅黄色正装参加了一场关于叙利亚内战的新闻发布会直播。这身衣服严重偏离了总统应该穿黑色或细条纹正装的规范，以至于引发了媒体乃至国会的激烈批评。

何人之规范

我在本章前面提到过，规范是群体成员共有的。这种表述引发了一个问题：规范是由哪一个或哪些群体界定的？这没有简单的答案。在最宽泛的层面上，是你生活的社会界定了规范。例如，霍夫施泰德（Geert H. Hofstede）等人近40年来都在研究各国文化，他们主张，用少数几个维度就能理解与工作相关的价值观与偏好的国家间差异：（1）权力距离——人们关于社会不平等的信念，或者组织或群体内不同层级人员的分隔程度；（2）个人主义—集体主义——个人导向还是群体导向；（3）男性气质—女性气质——倾向于成就与果断自信，还是倾向于合作与关照；（4）对于不确定性的规避——对模糊与失控是容忍还是回避；（5）长期规范导向与短期规范导向——关注眼前的还是更遥远的结果；（6）放纵—克制——倾向于自由表达和满足欲望，还是压抑欲望。例如，他们的研究表明拉丁美洲和亚洲国家的权力距离一般比较高，而英国和其他许多欧洲国家以及美国则比较低。上述文化价值观可以被认为是指令性规范。拉丁美洲和亚洲人被教导要服从权威人物，不遵守这种文化偏好的人会遭到反对。当然，在国家层面界定的规范不止这些。在美国，许多职业橄榄球运动员会因为听到国歌不起立（目的是抗议少数族裔的待遇）而遭到批评，甚至有些人被球队开除。在其他许多国家，在体育赛事中放国歌看起来很奇怪，放国歌时拒绝起立也不会引起注意。

在研究规范对行为的效力时，"参照群体"是一个重要概念。在社会心理学中，参照群体通常的定义是一个人属于、向往或欣赏的群体，也就是一个人重视的群体。一个人认同某个参照群体的关键特征之一就是它会给这个人对世界的感知戴上有色眼镜。例如，认同某一个群体的人对群内个体的评价通常要优于群外个体。人特别有动机去理解和遵守这些参照群体的规范。这种动机是如此强大和一以贯之，以至于改变行为的最有效策略之一就是改变对相关社会规范的感知。

在任何一个时刻，一个人的行为都可能会受到多个不同参照群体规范的影响。首先有社会整体的规范，比如"不可偷盗"。其次，可能有针对广泛人口群体的规范，最显著的是性别角色规范。大多数社会都有说明男人和女人预期行为，以及哪些行为会

■ 害马之群：失控的群体如何助长个体的不当行为

得到赞同，哪些行为会受到反对的规范。例如，小男孩玩洋娃娃可能会让家长感到担忧，这种行为会遭到严厉反对。类似地，富有攻击性、果断、雄心勃勃的女经理也可能招来很负面的看法，比如没有女人味，而同样的行为却可能让男经理获得奖赏。再次，可能有针对你所属的职业群体的规范。例如，一名律师帮客户设立空壳公司以隐瞒收入，他可能不认为自己做的有什么不对，同时又赞同"不可偷盗"的原则。每一个人都属于多个群体，比如同事、朋友、保龄球队、家庭，这些群体的规范可能会强烈地影响他的行为，尤其来自他特别重视的群体。最后，人可能会渴望加入某些群体。如果一个人特别想赚大钱，他可能就会接受和模仿他心目中富人（或者至少是宽裕的人）的规范。

多个参照群体的存在有助于解释关于规范影响的研究中一个看似矛盾的地方：在群体的影响下，个体常常会做出违反社会整体规范的行为，比如性骚扰、偷窃、种族歧视。许多行为虽然不受整个社会赞同，比如偷税漏税，却在某些社会亚群体（比如公司同事）中被认为是正常和可以接受的。在关于做出各种恶行的人的研究中，一个惊人的发现是，作恶者很少认为自己做了错事。就算总体社会规范认为偷窃是错的，如果你的参照群体中有重要成员相信你**其实**没有偷窃，或者你的偷窃行为是合理的（比如偷老板的东西没关系，因为老板在坑你，克扣你的工资），那么你不仅更有可能进行偷窃，而且偷的时候心安理得。理解恶行的一大关键，正是理解一个人最认同的某一个群体或多个群体的规范。

规范的形成与传播

规范有多种形成方式。第一，群体成员，尤其是高地位群体成员的公开言论可以创造规范。菲尔德曼（Daniel C. Feldman）以一名主管为例，主管要求工作群组不能在午餐时段喝酒，免得回去上班时还受酒精影响。第二，群体历史中的重大事件可以创造规范。比如，一群朋友尝试了一项新活动（例如跳伞），结果感觉很不好，这可能就会造成让群体成员回避新事物的规范。如果一名新律师上学时得到的教导是，客户的利益**并不**总是第一位的（比如，律师不应该帮助客户实施犯罪），那么他可能就会将这种态度带进新入职的事务所，甚至可能影响所内其他律师的信念与规范。

群体规范是随着时间的推移逐渐形成的，主要来自各种共同经历。通过观察他人行为，群体成员能够了解某种社会情境中，或者某个社群内的社会规范。他们会逐渐学习参照群体的规范，并在与所属群体交往过程中，或者从其他渠道了解所属群体的过

■ 害马之群：失控的群体如何助长个体的不当行为

程中更新自己的印象。假设你发现所属参照群体的成员每天上班迟到10—15分钟。你可能就会相信这种行为是正常的，**实际**上班时间就是9点15分，而不是9点整。如果你看到其他成员因为准时上班而受罚（比如有人说他们让同事没面子），那你可能就会形成一种双重印象，这既是一种描述性规范，即大家上班迟到，也是一种指令性规范，即大家**应该**上班迟到。

上一段描述的场景令人产生不确定性与模糊性。公司的正式规章说你应该9点上班，但工作群组的行为表明有另一种规范。大多数人不喜欢模糊与不确定，组织的正式规则与工作群组的非正式规则之间的冲突会让人更强烈地认同工作群组。认同一个群体有助于减少不确定性，群体成为说明实际是怎样与应该是怎样的信息源。

有一些个体对其他人的规范感知影响特别大，他们被叫作"社会参照人"。例如，群体的领导者通常对群体规范有强大影响，尤其是被视为合法、公正、具有群体代表性的领导者。然而，即使在没有规定领导者的非正式群体中，一些群体成员的地位也可能会高于其他成员（可能因为他们有吸引力，有克里斯玛，或者能获得珍贵资源），这些高地位个体往往在设定群体调性中扮演着重要的角色。

规范是通过多种社会过程得以延续和传播的。首先是社会化,也就是人习得在各种场景中应该如何处事的过程。其次是更重要的内化,也就是我们吸纳了规范,以至于不再需要有意识地参照规范,便可确定特定的行为是否被期待和被视为正确。一旦一个人将规范内化,执行规范就不再需要参照群体了。最后,规范还可以制度化,嵌入社会制度中(比如执法机关、宗教、学校)。正式制度和非正式制度都会创造社会认同,参与界定一个人是谁,被期待做什么事情。"社会规范"一词有时被用于描述这种制度化规范。社会一旦制度化,就可以演变为政策、法律乃至诫命。

破坏性规范

一个社会内的亚群体常常会形成与社会整体规范大相径庭的规范,从而引发危害社会秩序的恶行。研究者发现,违背法律、公认规范、通行规则的破坏性或危害性行为模式有两种主要的形成和维持通路。"并行越轨"(Parallel deviance),指的是个体遵循、效仿违反法律或通行社会规范之人的规范与行为("入乡随俗")。当位高权重者创立了鼓励社会越轨行为的规范时,并行越轨的效力尤其强大。例如,在众议院预定的弹劾投票日前夕,理查德·尼克松黯然辞去了总统职务。他曾鼓励助手用违法手段掩

■ 害马之群：失控的群体如何助长个体的不当行为

盖"水门事件"，有几名助手自愿配合。多名助手最后入狱，尽管有人后来表示出悔意，但他们似乎主要还是相信自己的违法行为是可以接受的，因为那是为了支持自己的总统。

第二个导致越轨规范形成的过程叫作"交叉越轨"（reciprocal deviance）。交叉越轨的起因是个体觉得社会虐待自己，于是与社会的纽带削弱了。在这种场景下，个体用越轨来回应虐待（"以眼还眼"）。例如，社会往往倡导"遵规守法"一类的规范。那些相信自身权利被剥夺，或者受到不公正对待的群体可能会形成规范，鼓励其成员质疑规则、法律和法规执行者（也就是警察）。例如，有证据表明少数族裔社群成员常常对报警心存犹豫，尤其是在之前发生过警察执法带有种族偏见的场景下。在美国，黑人家长普遍觉得有必要让子女做好准备应对可能致死的警民交涉，以至于出现了"The Talk"（黑人家长教育子女如何应付警察）这个词语。

规范对行为有很强的影响，支持或允许恶行的规范会大大提高恶行的发生率。群体界定了道德规范，告诉群体成员什么行为是对的，什么是错的。因此，同侪对（不）道德行为有强大的潜在影响。通过作为或不作为，同侪有助于建立道德行为的标准。共同的群体身份会引发道德感染，也就是群体成员，尤其是高地位成员将道德信念传播给其他人。例如，许多工作单位对是否允

第三章　造成或促进恶行的社会过程

许请病事假、允许请假的情况都有明确的规范。如果群体规范说申请周末连休四天，或者可以在适合钓鱼的日子请假，个体就会倾向于遵守关于翘班的群体规范。工作群组规范可以造成比翘班更严重的后果。越轨的工作群组规范会鼓励员工偷雇主和顾客的东西，或者在公司搞破坏。

我们一般会将犯罪理解成犯了暴力重刑罪，如谋杀、强奸、人身侵犯，但绝大部分罪行并非暴力，而且是由原本诚实正直的公民犯下的。相当一部分违法行为涉及诈骗、违反法律规定（比如酒驾）、软件和网络侵权、逃税等，而做这些事的人往往相信自己没有做错。加博尔（Thomas Gabor）通过区分**理想规范**与**实操规范**（**实际处理方式**）来解释这一矛盾。我认为更好的解释是，社会总体的规范（理想规范）常常与影响力最大的特定参照群体的规范（实操规范）存在重大区别。当重要参照群体确立了一种描述性规范，认为某一类恶行其实是常见或正常现象，那么人就更可能遵从这种规范。当重要参照群体确立了一种指令性规范，认为某一类恶行不仅是正常的，而且是受到群体赞同的，那么顺从这种破坏性规范的可能性就会显著提高。比如，你的朋友和家人有力地传递出执法人员不可信任的观念（如果有人偷了你的东西，你不应该找警察，而应该去找本地黑帮老大谈）。社会规范可能是信任和依赖警察，但如果重要参照群体鼓励你走另一

075

条路，那么你可能就会很不愿意配合警察或其他执法部门了。

社会认同

规范为什么重要？我们为什么关心参照群体的观点、信念和偏好？一个答案是，社会群体是身份的重要组成部分，我们并不仅仅把自己理解为个体，也把自己理解为许多不同群体的成员，而其中一些群体是我们看待和理解自身方式的一个很重要的部分。社会认同理论和自我归类理论都强调群体在形成和确定个人身份中的角色。两种理论都认为，当某个群体代表着一个人表述或看待自身的方式的重要部分时，群体规范的力量最为强大。

塔菲尔（Henri Tajfel）将社会认同定义为"个体自我观念的一部分，源于个体知道自己是某一个或多个群体的成员，且为成员身份赋予了价值与情感意义"。社会认同理论认为，群体成员一般会利用所属群体来维持或强化正面社会认同与自尊心，因此有动机顺从那些能为自己提供内群体认同（in-group identity，即对参照群体成员身份的认同）的，而非外群体认同（out-group identity）的。

社会认同理论与自我归类（self-categorization）理论认为，我们将自己理解为一个或多个群体的一部分，我们的自我评价

（对自己的正面或负面感受的程度）在很大程度上取决于我们与群体的关系，以及我们对群体的评价。这就是说，对某个群体有正面感受且强烈认同该群体的人很可能有正面的自我形象。然而，你可能把自己与地位高、表现好的群体成员进行对比，对此，不同理论给出了不同的预测。社会认同理论认为，想到群体中的高地位成员会提高你的内群体认同，依据是你会崇拜地位高的群体成员，渴望效仿他们。自我评价维护（Self-evaluation Maintenance）理论恰恰相反。内群体成员的向上比较带有威胁性，会减弱群体认同感。施密特（Michael T. Schmitt）、布兰斯科姆（Nyla R. Branscombe）、席尔瓦（Paul J. Silvia）、加西亚（Donna M. Garcia）和斯佩尔斯（Russell Spears）试图用自我归类理论来解决不同预测间差异的问题，主张自我评价维护理论适用于凸显个人身份的情境，而社会认同理论适用于凸显集体认同的情境。换言之，这种理论认为，人的自我归类可能因情境而异。

社会认同理论为理解恶行提供了重要的洞见。例如，强有力的证据表明，群体规范对组织中的不诚信行为有强大影响。如果越过道德边界有助于融入群体，或者有利于事业发展或组织内晋升的话，个体就会更愿意这样做。类似地，对于人为什么会加入恐怖主义团体的研究表明，这些成员（移民、失业者、学生）常

■ 害马之群：失控的群体如何助长个体的不当行为

常处于过渡期，缺乏有力的群体认同，而恐怖主义团体恰恰提供了这种认同。少年黑帮的盛行也是通过同样的方式——招揽没有其他好的前途，或者缺乏强有力的群体认同的人。在这两个例子中，许多人似乎都认为被群体接纳比遵守正式规章更重要。

他人在场与榜样人物对行为的影响

对一个人重要的群体之所以会影响他的行为，很大程度上是通过界定什么行为是正常的，什么行为会受到赞赏来实现的。然而，这并不是通往群体影响的唯一路径。单纯他人在场就能显著影响一个人的行为，不管他们是否属于你认同或渴望加入的群体。研究能够影响行为的社会力量的文献有很多，在下一节中，我会讨论对四种社会过程的研究。在适当的条件下，这些过程都会让人更可能做出有破坏性或危害性，且违背公认社会规范的行为。它们分别是：（1）社会影响；（2）社会扩散与感染；（3）责任扩散与旁观者效应；（4）升级。我在第二章中讨论了几个著名恶行的例子，从基蒂·杰诺韦塞案到大众丑闻，再到南京大屠杀中的强奸。我还指出，某个或多个上述过程似乎解释了这些事件的重要方面。

第三章　造成或促进恶行的社会过程

社会影响

他人的观点、偏好和信念能够影响一个人的行为，哪怕这些人并不是重要参照群体的成员。拉塔内提出了一种非常宽泛的社会冲击理论。在这一理论中，他人影响某人行为的企图所造成的冲击是一个社会力量强度、直接性和数量的乘性函数。强度指的是赋予一个人影响力的因素，比如地位、财富、权力或者属于同一群体。直接性指的是影响企图的远近。该理论认为，社会影响企图有多种方式可以达成。例如，一个权力很大或地位很高的人或许能影响你的行为，但如果同时有足够多的人试图影响你，哪怕这些人没有特殊地位，他们也可能会成功。

拉塔内对理论做了拓展，解释群体形成、演变的过程和社会影响对群体发展的影响。他的动态社会冲击理论提出了多个影响群体发展的过程，尤其是少数亚群体与多数亚群体之间的互动（比如观点或路线不同的亚群体），这种互动会影响群体最终做出的选择。他提出的过程包括：（1）固结——随着群体成员之间的交往，他们的态度、观点和信念愈发趋同；（2）集聚——关系最近或交往最频繁的群体成员对信念、态度和观点的影响力最大；（3）持续分化——亚群体可以变得同质化，与群体其余部分疏离，形成群体内的独立少数派。该理论不仅说明了社会影响是如

■ 害马之群：失控的群体如何助长个体的不当行为

何随时间传播的，还阐述了作为少数的亚群体如何通过集聚、抱团、隔绝与群体其他成员的频繁接触来抵制社会影响。

麦克唐纳（Geoff MacDonald）、纳伊（Paul R. Nail）和列维（David A. Levy）提出的社会影响模型旨在预测人对社会影响企图的反应。比如，一个群体表示你应该伪造开支报告。为了预测你会怎样做，该模型将考虑以下因素：（1）你受到影响前对这种行为的立场；（2）行为是私下的还是公开的；（3）你受到影响后的立场。模型的出发点是：如果社会影响要你做你本来就可能做的事，或者至少是你不反感的事，那影响的成功率就会更高。此外，模型还预测，如果你已经公开承诺要做另一件事（比如据实提交开支报告），或者别人会知道你的行为的结果，那你的行为就更难改变。

这里讨论的所有理论都在解决同一个基本问题——影响会不会发生，以及如何发生。一些研究考察的是一个或多个人有意识地试图影响其他人，比如普拉特卡尼斯（Anthony R. Pratkanis）综述的社会影响策略，另一些则考察影响自发产生的过程（比如固结）。不管是自发影响，还是某个人或群体有意识地决定影响一个人的行为，这些过程都既可以让人做出符合社会规范、规则与法律的行为，也可以让人做出有危害性或破坏性，违反社会规范的行为。此处介绍的理论给出了一份路线图，体现了影响何以显现和发挥作用。

讨论 3.2
影响他人的策略

有大量文献研究影响他人行为的不同策略。普拉特卡尼斯全面梳理并列举了这些策略。例如，在一个负有决策义务的群体中，你可以通过下列手段影响决策。

- 限制备选项。
- 效价表述——用得失来表述决策。人是厌恶损失的，因此将重点放在风险而非潜在收益上可以阻止人们选择特定的选项。
- 丢出诱饵——给出一个没有人会选的低劣选项。通过让人们聚焦于这个诱饵选项并一致拒绝它，你可以将他们引向你偏好的另一个选项。
- 提出诱导性（误导性）问题——提出有意组织信息、隐含特定答案或解决方案的问题。
- 与支持者结成同盟，组建委员会。

- 制造木已成舟的印象——营造出某个结果不可避免的感觉。

- 成为可靠信息源——做一个受人尊敬的人，或者与一个这样的人联合。

- 强调你与其他群体成员的共同特征。

- 利用从众效应（乐队花车效应）——强调某个立场是广泛的社会共识。

- 使用引起注意法——提出一个奇特或不寻常的要求，以引起某人的注意。比如，一个乞丐可以问"你能给我17分钱吗"，而不是"你能给我一毛钱吗"。

这些只是普拉特卡尼斯讨论过的一部分技巧，但可以让我们一窥影响他人行为的众多可用方法。

社会扩散与社会感染

人有分享信息的动机，哪怕在信息是假的或者接收者没有完全信服的情况下。对理解恶行来说，这种信息扩散的过程具有潜在的重要意义。首先，信息的客观真实性是重要的，但真假并不总是决定信息是否会传播的最重要因素。相反,人们对符合先入之见的信息的接受度要高得多。我在第四章中会更详细地讨论这个过程,但这种偏好肯定原有观点与信念的倾向有一个结果,符合正常预期观念(即描述性规范)的信息更可能被接受并在人与人之间传播。当然,规范信息并不总是真的,但因为人们能理解它,它也符合人们的既有观念,所以它更容易被接受和传播。

多个学科的研究者都对人群信息扩散感兴趣。例如,有多份研究提出了流言传播的数学模型。类似地,社会网络与社交媒体中的信息扩散也有人研究。这些论文中的数学模型常常令人印象深刻,但这些模型很少考虑能够增强或减弱人对新信息的接受度的心理因素(比如既有的知识、肯定偏误、与规范保持一致的倾向)。传播学与相关领域发展出的分析性与描述性模型运用了精深的数学知识,心理学家则对那些让人更愿意或更不愿意传递和接纳信息的因素,颇有洞见,如果两者能结合起来的话,研究必将取得更快的发展,得出更实用的洞见。

人们不仅会传播信息,也会传播情绪状态。在早期对群众行为尤其是暴徒行为的理论研究中,"群众心理"、心境感染、个体性丧失等观念占据突出地位。关于"群众心理"的早期思想在20世纪80年代开始失去影响力,部分原因在于,这些观念是描述性的,而非解释性的。这就是说,它们描述了一种现象,却很

■ 害马之群：失控的群体如何助长个体的不当行为

少去解释它。

对情绪感染（情绪状态的人际传播）的研究吸收了众多领域的理论，例如演化理论、认知心理学。这一研究试图解释一个人的情绪状态何以会影响另一个与自己接触的人的情绪感受。哈特菲尔德（Elaine Hatfield）、卡乔波（John T. Cacioppo）和拉普森（Richard L. Rapson）指出：

> 情绪感染也是一种多层次的现象：诱发性刺激在一个人身上出现，作用于其他一个或多个人（即被感知和解读），并在这些人身上产生相应情绪或相应/互补情绪。于是，情绪感染的一个重要结果就是一种注意力、情绪和行为上的同步，这种同步对社会实体（两人或群体）的适应性益处（以及害处）等同于情绪对任何个体的适应性益处（以及害处）。

关于情绪感染的现代观点提出，感染可能是通过一条特定的生理或情绪通路发生的。首先，人倾向于模仿他人的面部表情、说话方式、手势、肢体动作和情绪表现（比如大笑、呼喊）。这些文献中的一个关键概念被称作原始性情绪感染，也就是模仿另一个人的面部表情、语言表达、身体姿态和动作，与之保持同步，因而在情绪上趋近。原始性情绪感染相对自动，非蓄意且不可控，很大程度上是无意识的。模仿他人表情、姿势和动作的人进而可能会体验到与这些表情、姿势或动作相关联的情绪。这就是说，行为模仿倾向于导致共同的情绪体验。例如，观看带有情绪的面部表情会引发观看者的面部表情的变化，面部表情的变化进而会引发情绪状态的变化。

情绪感染被认为是暴徒行为的一个关键决定因素。关于聚众私刑行为的报告中有个一以贯之的主题：人群情绪高涨和情绪的人际传播。你其实可以说，情绪高涨几乎是许多种聚众暴力的先决条件。如果人独自处于能够冷静思考自身行为的合理性与后果的状态中，那他不太可能会砸开监狱大门，把尖叫的受害者吊到树上，然后将其绞死或活活烧死。

情绪会感染，行为模式也会。我们通过观察和模仿他人来学习行为，而模仿有时会带来恶行。例如，让人犯罪、违规或作恶的一个因素就是感染性不诚实，这是人的一种倾向，当一个人看到与自己相似的人做出不诚实行为时，他就更可能做出同样的行为。参照群体常常是塑造个体行为的强大力量，但甚至单纯他人在场（不是重要参照群体的成员）也能引发强大的行为观察与模仿过程，让信息、情绪和行为从一个人传给另一个人。

■ 害马之群：失控的群体如何助长个体的不当行为

责任扩散与旁观者效应

某些类型的恶行不是作为，而是不作为。你可能看见一个背着沉重包裹的人倒在你面前的人行道上，而你直接走了过去，没有伸出援手；你可能目击了一场犯罪，因为不想卷进去，所以没有报警。这些结果可以由多种社会和心理过程引发。本节讨论其中的两个过程：（1）责任扩散；（2）旁观者效应。当一群人在场且责任人不完全明确的时候，这两种彼此关联的效应就会发生。

我在第二章讨论了基蒂·杰诺韦塞案。基蒂惨遭谋杀，最初的媒体报道中说案件有许多目击者，无一人干预或报警。这起令人震惊的谋杀案激发了大量关于"旁观者效应"的研究，也就是他人在场的情况下，个体不对受害者伸出援手的倾向。这些研究发现了能够导致或减弱旁观者效应的因素。例如，旁观者效应通常会随着袖手旁观者的人数增多而变强。如果受害人求救，尤其是受害者向某一个人求救，而不是泛泛呼救，又或者现场发生了严重的紧急状况而不是小矛盾，那么旁观者伸出援手的可能性都更大。因此，如果你不是掉了一本书或一个包，而是身受重伤，旁观者更有可能做出回应。

关于旁观者效应的研究有很多，对相关研究的荟萃分析肯定了这种效应的强度与普遍性，以及若干能缓解旁观者效应的因素，比如紧急事态、做出回应的危险程度。此类研究有许多应用，包括对战争罪行和种族灭绝的反应（或无反应）的研究。有两组研究聚焦于让外部旁观者更不愿支持对种族灭绝受害者实施干预和援助的因素。一个因素是将受害者遭遇归咎于命运的倾向。一系列在英国学生中开展的研究表明，与达尔富尔种族灭绝的受害者相比，人们更可能为2004年亚洲海啸的受害者捐款，因为种族灭绝受害者比自然灾害受害者更被认为是咎由自取。另一系列研究表明，人在面对种族灭绝造成的巨大苦难时出现了"同情心崩塌"。

拉塔内和达利（John M. Darley）指出，在旁观场景中做出回应的第一步是注意到有问题或紧急状况可能需要回应。注意到潜在问题的人还必须承认其为问题。一种对基蒂·杰诺韦塞案早期报道的批评意见是，许多所谓的目击者可能并未实际看到或听到任何东西，或者没有将所见所闻解读为需要回应的紧急状况。另一方面，人对自己所见所闻的报告不总是可靠的。有一种可能是，一些没有回应的人是后来才相信或说服自己相信，他们当初**其实**什么都没看见，或者什么都没听见。我会在第四章探究这一类动机性推理。

一个人就算承认有需要提供帮助或积极回应的场景，如果不

■ 害马之群：失控的群体如何助长个体的不当行为

清楚应该帮助**谁**的话，他仍然可能不作为。比如，他可能相信自己没有能力帮忙，比如没有医学知识，不能有效应对受伤者。更常见的情况是，一群旁观者里可能每个人都承认应该有**某个人**出手相助，但都不确定**自己**是否应该帮忙。责任扩散到群体成员之间是一个普遍的过程，并不仅限于旁观事件。

通常认为，旁观者效应发生在名义群体中，也就是一群人偶然在某时聚集在某地，而并无共同的认同或目的。但是，责任扩散发生在许多类型的群体中，在具备明确结构、成员角色责任界定清晰的群体中可能还要更明显，尤其是在正式领导掌握（或看上去掌握）决策责任的群体中。"责任转移"一词指的是，将自身行动的责任推给权威人物。权威人物可能是行动的默许者或直接指挥者。在责任扩散与转移的研究中有一个反复出现的主题：群体成员后来相信自己没有责任做出场景要求的回应。他们可能相信群体里有别人负责回应，或者谁应该回应确实是一个模糊的问题。在后续章节讨论正式群体和组织中的恶行时，我会探讨多个引发责任扩散或转移的结构性特征。

冲突升级

个体间冲突可能会经过一个凶险的过程演变为群体间冲突。

冲突甚至可以为一大群人分裂为目标相互对立的小群体的过程奠定基础，从而创造群体。冲突萌生、恶化、解决的过程有许多不同的模型，但这些模型有许多共同的要素。具体来说，冲突升级（冲突规模与烈度增大）的过程是大多数个体间或群体间冲突模型的核心要素，而升级的一个关键方面是，参与冲突的人倾向于寻找盟友和支持者，从而将个体间的冲突转化为群体间的冲突。

本章中讨论的社会过程中有几个可以引发群体间冲突升级，也就是起初的小冲突可以逐渐变得愈发激烈和严重。冲突常常通过一连串反馈循环升级。首先，群体间冲突一般会让群体更加团结。这会开启一连串事件，柯林斯（Randall Collins）对人类面对冲突时的交互建模，详细阐述了这些事件。根据这一模型：

- 冲突促使人发生交互，这种线下交互提供了一种传递情绪与群体认同标志的方式。
- 关注冲突会让群体成员将注意力聚焦到敌方的行动和我方的行动上。
- 对敌方的愤怒与恐惧会激化每个群体内的情绪。
- 前三个过程会让群体成员更能感知到群体的团结，也更愿意为了群体利益而牺牲自身利益。

- 这些过程还会让群体边界更加鲜明，尤其是善（我方）与恶（敌方）的边界。关于敌方行动的信念会变得越来越极端（人在战争中常常会相信敌人犯下暴行），从而加强群体极化。
- 这些过程还会产生高度的情绪能量以及我方必胜的信心。

柯林斯的模型与其他多个冲突升级模型都有一个共同的重要特征，那就是结合了认知过程与情绪过程。冲突会将人的感知与注意力转向敌我群体的行动上。关注度的提高会凸显敌我的行动，但这本身大概还不足以引发实质性的冲突。冲突是随着情绪投入而升级的。我之前讨论过情绪感染的过程，也说过它可以引起丑恶的极端行为，比如私刑暴徒的形成。甚至在情绪没有或直接或间接地传递给其他群体成员时，冲突也会引发情绪，反过来让冲突更加激烈。

柯林斯指出冲突不会永远持续，并列出了冲突降级的过程。他认为群体成员可能因为冲突本身（或者因为冲突的解决，比如战争中一方击败了另一方的情况）而开始避免群体内交互，而且到了某个点，情绪的高度激动也可能会导致精力耗竭，从而降低冲突的情绪强度。

第三章 造成或促进恶行的社会过程

总　结

　　许多社会过程都可能导致恶行，其中最重要的大概是规范。群体既会形成描述性规范（对于典型或正常行为的预期），也会形成指令性规范（关于人应该做什么、不应该做什么的信念），这些规范对行为有强大的影响。尤其是，如果重要群体（参照群体）的规范与社会总体的规范相违背，恶行就很有可能发生。大多数人都属于多个群体，不同群体的规范可能会有差异，这个事实是理解多种恶行的社会根源的关键。采取具有危害性或破坏性，且违背社会整体规范的行为模式的人常常会相信，自己其实在做正确的事，因为他们相信自身行为符合其属于或认同的特定群体的规范。

　　你所属的各个群体的规范之所以重要，恰恰是因为群体身份是个人认同的重要组成部分。人都有维护正面自我形象的强烈动机，而这种努力的一部分就是遵守你最认同的参照群体的规范，如果群体说某个行为是好的，那么做出这种行为就能带来正面的自我形象。

　　重要参照群体的偏好、信念和规范是决定个体是否会做出某些恶行的关键因素，但并不是唯一因素。其他人也能影响你的行为，哪怕他们不是你属于或渴望加入的群体的成员。例如，你每

091

■ 害马之群：失控的群体如何助长个体的不当行为

天都受到社会影响的轰炸，例如电视广告、政治宣传、社区外联，而其中可能就包括负面或破坏性的影响。信息和情绪状态都可以在人与人之间传播，这种感染可以将原本平和、守法的个体变成游荡的暴徒团伙。他人在场可能会削弱你对回应某个需要帮助的人的责任感，也可能让你不确定到底应该由谁做出反应。最后，他人在场有时会引发冲突，而冲突常常会引发循环升级，冲突传播给其他人且变得更加激烈。理解引发冲突升级和降级的过程是避免冲突失控的关键。

第四章
造成或促进恶行的认知过程

本章讨论认知过程,更具体地说,是影响人们如何看待自身与他人行为的过程。我将回顾记录多种过程的研究,这些过程扭曲或调整人们对于社会场合中的行为的感知、记忆和结论,从而毫无不安或毫无悔恨地作恶。若要理解一边做出恶劣行为,一边仍然自认为是好人的不同认知过程之间的联系,一种方法就是思考人为什么会有动机以这种方式思考自己的行为(恶行)。

人的行为有多种动机因素,但在回顾影响人们如何看待自身与他人行为的认知过程时,有两个因素不断出现。第一,人有维护正面自我形象的强烈动机。许多心理学家相信,维护自尊心或自我价值感属于最有力、最持久的人类目标之一。第二,不确定性会让人不适,人有设法减少不确定性和模糊性的强烈动机。在

■ 害马之群：失控的群体如何助长个体的不当行为

提供信息和提供理解信息的语境方面，社会群体常常发挥着重要作用。第三章提到，群体有助于界定人对什么是正常和典型行为的理解，自身社会环境中正在发生什么，什么行为是受准许和受赞同的。一个人对群体的认同度越高，就越可能做出与群体信念、规范和价值观一致的行为，以及更一般意义上的"群体典型"行为，他对如何理解环境、如何行动的不确定感也会越少。

在本章中，我会讨论对一些认知过程的研究，这些过程让人在做出违背公认规范的行为的同时，用一种能免除罪恶感或不安感的方式来看待自己的行为。不过，我首先要讨论人们如何通过学习自己在不同场景下**应该**怎样做，从而解决不确定性。

社会学习

人在一生中都会通过各种各样的经验和来源来学习自己应该做什么、不应该做什么。家长、学校、教会和其他机构都会使人们知道他们被期望做什么。社会形成了强大的描述性规范与规定性规范，一是让人得以理解世界（描述性规范），二是告诉人应该做什么（规定性规范）。对于似乎违背了公认社会规范的行为（比如说谎、伤害他人），一种解释是，人们习得的规范常常是复杂的，内部并不总是一致。比如，人可以既同意不可说谎的普遍

第四章　造成或促进恶行的认知过程

社会规范，但也接受了所属社会群体、工作单位、职位等的特殊社会规范，这些规范告诉他们某一种行为（比如把朋友聚餐的费用拿去做营业税抵扣）**其实**没有错，因为人人都这样做，或者这**其实**不是说谎。对违背整体社会规范的行为的一种解释是，人习得了其他得到允许的规范，有时他们甚至被鼓励去做虽然得不到社会总体赞同，但能得到重要参照群体认可的行为。

社会学习理论描述了人们如何通过观察和模仿他人行为，看到他人行为受到奖赏的正面强化和受到惩罚的负面强化，从而习得行为的过程。这就是说，人们通过观察所处环境中其他人的行为，获取关于价值观、规范、期望和行为结果的信息。这些社会规范指导人的行为。如果这些规范同意或鼓励与总体社会规范相悖的行为，那么个体打破总体规范的可能性就会提高。正如戈尔茨坦（Noah J. Goldstein）和恰尔迪尼（Robert B. Cialdini）所说，"我们关于道德行为的个人信念，在一定程度上是由对我们重要的社会群体的规范、惯例和实践所塑造的"。

根据社会信息加工理论，个体对周围环境的态度与规范性群体行为及其典型后果一致。如果一个员工看到经理或同事做出不诚信行为，比如把办公用品带回家或者报销私人开支，而公司既没有通报，也没有惩处，那么他可能就会得出这种行为是可以接受的结论，自己也可能开始做同样的行为。社会学习理论与社会信息加工理论都被研究者用于解释越轨和反社会行为。两种理论都认为，如果一个场景允许人们做出违背总体社会规范的行为，那就应该预计到人会遵从这些违规行为。

社会比较理论提出了另一种我们可能采纳特定参照群体规范的过程。具体来讲，该理论提出，我们可能会将自己与上级或地位更高者的行为进行对比并对其进行模仿，从而接受我们渴望加入的群体的规范。和前面讲的一样，如果这些群体的规范与社会总体规范背道而驰，那么做出恶行的可能性就会提高。

对现实的社会建构

描述性与指令性规范提供了许多关于实际状况是什么，以及应该如何解读的信息。在更广泛的意义上，重要参照群体成员的信念、态度和感知有助于塑造你对世界的感知和行为，哪怕这些感知、态度和信念不涉及规范性问题（既不是常态、习俗或期望行为，也不涉及好与坏、赞同与惩戒）。解读这一类研究的一种方式就是要认识到，借鉴他人的感知和信念有助于减少不确定性。

认同不同参照群体的个体对现实的感知与信念可能会有根本的差异。例如，至少从20世纪90年代开始，美国的政治极化倾

第四章 造成或促进恶行的认知过程

向就愈发严重。极化的一个表现是，有人坚决信奉不同新闻媒体（比如福克斯新闻或微软全国广播公司）的特定政治观点，并且对什么是重要议题、现实状况是怎样的、社会由什么力量驱动等问题形成了一以贯之的不同信念。

人们早已意识到由社会界定的现实感知的重要性。将近一个世纪前，W. I. 托马斯（William Isaac Thomas）和 D. S. 托马斯（Dorothy Swaine Thomas）提出了所谓的"托马斯定理"——如果人将情境界定为真实，那么它们在结果上也就是真实的。在下列条件下，他人感知、信念与态度对你的感知的界定效力应该是最强的：（1）涉及重要规范；（2）参照群体对你而言是重要的；且（3）这些群体的高地位成员持有这些态度、信念与感知。他人的信念、态度和感知不仅会塑造我们对现实的**感知**，也可以塑造现实本身。比如，我根据同事们的态度和信念，误以为你心怀敌意，于是我对你的行为更可能带有攻击性和戒备性，而这反过来又会增强你的敌意。我们对他人持有的信念之所以常常得到确证，是因为我们的行为提高了确证发生的可能性，这对恶行有着明确的意义。斯奈德（Mark Snyder）和斯旺（William B. Swann）写道，"一旦被贴上了越轨的标签，人可以选择的行为范围就会受限，最终逼得人不得不越轨"。如果你相信一些人值得信任，而另一些人需要被紧紧地盯着，那么你对这些人的行为就会有区别，

097

你一开始信以为真的东西可能因此就成真了，哪怕你最初的信念是没有根据的或者错误的。

初级社会化理论

初级社会化理论（Primary Socialization Theory）的提出是为了整合未成年人越轨成因研究中个人特征与社会影响这两个方面。对于解释个体何以习得可能存在冲突的多种规范，比如整体社会规范"诚实是重要的"与群体规范"人人都会虚报开支"就存在冲突，该理论给出了有益的洞见。初级社会化理论的根本前提是，许多（如果不是所有的话）社会行为都是习得的，包括越轨。人习得社会行为的方式是，在一个由不同社会化来源组成的网络中交互，行为受到这些来源的界定、监督和惩戒。归根结底是个体与初级社会化力量的交互决定了亲社会行为与越轨行为。换言之，越轨并不仅仅来自亲社会力量的缺失，也是在与关键社会化来源的反复交互中主动习得的。

初级社会化来源指的是对态度、信念、价值观和行为有最强社会影响的实体。如图 4.1 所示，这些社会化主体监督并塑造行为，通过它们，关于可接受与不可接受社会行为的重要信息被传导给个体。虽然说任何个体的发展历程中都有许多潜在的社会化力量，但初级社会化来源的特点是直接影响个体。初级社会化来源与个体有直接的纽带，直接传递规范与标准，通过赏罚的权力直接监督和塑造行为。所有其他（即次级）社会化效应都要经过初级社会化过程的传导。这就是说，除非同事、熟人、媒体等与通过初级社会化来源影响到你的社会化过程相一致，或者就是初级社会化过程的一部分，否则它们不会产生重大的效果。

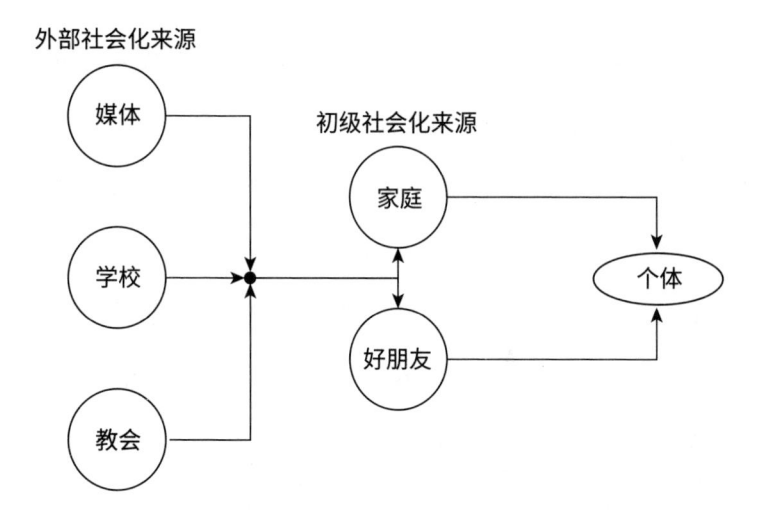

图 4.1 初级社会化模型

在初级社会化过程内部，有两股关键力量共同塑造了个体行为：社会化来源的规范性氛围（社会化来源强烈支持的规范是什么），个体与社会化来源之间纽带联结的强度（社会化来源对个体有多重要）。一般而言，初级社会化来源推行社会规范的方式是鼓励、奖赏诚实行为或亲社会行为。不过，初级社会化来源鼓励或赞赏越轨行为的情况也不罕见。初级社会化理论认为，"接触亲社会信息与越轨信息的差别……决定了越轨态度与越轨行为的习得"。例如，如果一个初级社会化来源认为偷雇主的东西是合理的，你就更可能去偷。类似于萨瑟兰（Edwin H. Sutherland）的差异接触理论，初级社会化理论认为，鼓励越轨的规范性力量大于反对越轨的规范性力量时，越轨发生的可能性更大。如果有多个初级社会化来源告诉你偷窃有理，只有少数来源告诉你偷窃不对，你就更可能遵从多数意见。然而，单纯接触越轨规范还不足以影响个体行为。

初级社会化理论认为，个体与社会化来源之间纽带的强度与性质会调整规范对个体行为的影响。强纽带反映个体高度认同社会化来源，也意味着社会化来源可能对个体行为有较大的奖惩权。例如，强烈认同父母的孩子更可能遵从父母的规范和建议。因此，强纽带会提高顺从特定规范的可能性。由此可得，与亲社会或正直的社会化来源之间的强纽带有助于遏制越轨行为，而与越轨来源之间的强纽带会创造出滋生越轨行为的情境。

初级社会化理论还提出，人格有两种方式通过社会化过程对越轨施加影响，既可以阻止或干扰个体与亲社会/正直的社会化来源建立纽带，也可以强化个体与越轨来源的纽带。例如，在各种人格特质中，尽责性与职场越轨有着最可靠的关联，尽责性的个体差异可能会影响与社会化来源的纽带。例如，尽责性低的员工倾向于回避加班、质疑权威、违反规则和标准，而这些行为都倾向于干扰或阻止个体建立与亲社会的社会化来源的纽带。此外，（由尽责度或诚信度低导致的）工作绩效低下或不稳定都可能会引发与管理层和同事之间的冲突，从而削弱与组织或工作群组的纽带。

人格也可能强化与越轨社会化来源的纽带。个体更容易与兴趣、态度、能力相近的人建立纽带。在越轨领域，有人认为有越轨倾向的人会主动寻找其他同类，从而营造出越轨的氛围或文化。另外，人是会自我选择的，倾向于加入与自身偏好、人格、态度相容的工作场景，离开与自身偏好等相冲突的工作场景。这表明，正直度或尽责度低的个体可能会寻找其他同类，或者倾向于符合自身看法的工作场景。

道德认同与自我调节

社会化过程教导我们什么是对、什么是错，这有助于形成所谓的道德认同。道德认同强的人很看重做一个有道德的人，

■ 害马之群：失控的群体如何助长个体的不当行为

强调遵守社会规则与规范。道德认同根植于社会认同理论以及社会认知理论的自我调节假设。阿奎诺（Karl Aquino）与里德（Americus Reed）将道德认同描述为"围绕一组道德特质组织起来的自我概念"。

道德认同通常与自我调节或自我控制的概念密切相连，道德认同强的个体被认为更擅长控制自身行为，避免做出恶行。对自我调整与恶行之间关系的研究认为，自我控制（或者说自我调节）是一种容易耗尽的有限资源。这就是说，自我调节资源在使用时会有消耗，大大提高之后自我控制的难度。当人们调节自身行为时（比如不买一种自己不需要的诱人产品），自我调节资源确实会消耗，之后任务中可用的资源就所剩无几了。与没有必要调节自身行为的人相比，刚刚这样做的人更容易暴饮暴食、拖延或强迫性购物。吉诺、施魏策尔（Maurice E. Schweitzer）、米德（Nicole L. Mead）和艾瑞里（Dan Ariely）提出，当一个人的自制力耗尽时，他做出不道德行为的可能性就会提高。从这个角度看，强道德认同或许可以认为是自制力资源更多，从而降低了自我控制失败（比如作恶）的可能性。

初级社会化理论认为，对道德认同的研究掩盖了一个关键点。我在前面几章讲过，打破规则或规范的人（比如从单位偷东西的员工）很少认为自己做错了。道德认同理论强调个体无力抵

第四章　造成或促进恶行的认知过程

抗作恶，但初级社会化理论认为，许多作恶者相信自身行为完全是可以接受的，是通过最重要参照群体对其施加的社会化过程。因此，一个道德认同非常强的人也可能做出许多种恶行而不会耗尽自制力，只因为他觉得自己的行为根本没有错。这就是说，在人们并未有意识地知道自己做了错事或不道德之事的情况下，一些不道德行为也可能会发生。

通往恶行的路可能有三条：第一，重要参照群体的规范可能不同于社会整体的规范，于是让认同这些群体的人相信，一些行为尽管不被社会接受，但被他们最认同的群体接受。在后面几章里，我会考察群体形成越轨规范（允许或鼓励不被社会整体认可的规范）的方式。第二，一些恶行可能是自我调节失败的结果，人虽然知道错，但还是抵挡不住作恶的冲动或压力。第三，人可能会做出平常知道或懂得是错的事，但设法说服自己相信，在这个具体情况下，这样做是可以接受的。接下来的几节会讨论第三种解释。

自我保护性认知

维护正面自我形象的动机能够解释社会心理学中的多种现象。例如，保持正面自我形象的动机有助于解释自我评价中广泛

■ 害马之群：失控的群体如何助长个体的不当行为

而强大的"优于平均"效应，即在几乎所有好的人类特质上，从和善到值得信任，再到人际交往能力，人们的平均自我评分一贯高于平均得分。施伦克尔（Barry R. Schlenker）和塔菲尔等社会认同理论家主张，人想要自我感觉良好和维持正面自我形象，哪怕需要一定程度的自我欺骗、伪装、使用诡计。恶行产生了对正面自我概念的威胁，人对这种威胁的典型应对方式有两种：（1）约束自己的不道德行为；或（2）改变自己对不道德行为的看法。本章提出的一个主要问题是，选择作恶的人如何处理自身行为与自称尊重的法律规范之间的冲突。

比如，人们通常很重视诚实的品质，且强烈相信自己是道德的，哪怕自身行为违背了公认的规范、规则或法律。有多种自利机制让人保持正面的道德认同，哪怕他在做通常会被视为不道德的行为。例如，一些人采取包含道德推脱与道德自证的策略，他们推理道，"因为我是一个道德的人，所以我在做的事必然是道德的"。科恩（Stanley Cohen）记述了许多种不同的让人能够在作恶的同时维持正面自我形象的机制与话术，从脱敏到蓄意无视。

在考察人们用来洗白自身恶行的各种策略之前，我们首先应该来看一种普遍存在于社会认知中的非常宽泛的过程——动机性推理。我们乐于将自己视为理性主体，认为自己能够先收集信息，然后利用信息得出符合逻辑的可靠结论。但在许多情况下，我们似乎采取了一种大不相同的模式，也就是从我们想要得出的结论出发（比如，不管我做了什么，我都是一个讲道德的好人），然后去寻找相应的信息，做出相应的推理，以便得出那个我们想要的结论。动机性思考与理解恶行尤其相关，因为人维护正面自我形象的动机太强了。恶行威胁到了这种自我形象，于是人们常常会努力扭曲自己的感知、记忆和结论，以便调和自己有害的、破坏性的行为与正面看待自身的原始需求。

动机性推理

社会认知研究最可靠的发现之一是人寻找和解读信息时存在强大且可预测的偏误。人会寻找并重视那些肯定现有感知与观点的信息，还会扭曲对不符合或不太符合先入之见的信息的感知，以便提高符合度。人也有动机去相信和接受与所属群体主流观点和态度相一致的信息。尤其是当某个信念（比如气候变化是骗局）被认为对群体有重要意义的时候，个体会主动寻找符合这一信念的信息，拒斥不符合的信息。动机性推理似乎涉及多个不同过程。

第一，人会主动寻找与现有信念或期望结论相一致的信息，也会主动回避可能会否定其信念或期望结论的信息。心理学研究发现，甚至在人们没有主动回避信息的时候，相比于支持他们希望为假的结论的证据，他们也更容易支持自己希望为真的结论的证据。

第二，人在遇到可能会否定自身信念或期望结论的信息时，一般会有选择地相信或怀疑证据，以减少对自身信念或期望结论的威胁性。卡汉（Dan M. Kahan）写道，这种认同保护性认知有助于解释人为什么愿意接受错误的或误导性的信息，因为有助于维护正面自我形象的误导性信息要更容易被接受。

第三，即便在个体具有的信息可能使其改变想法或修正结论时，他们也会更看重支持其原有信念或偏好结论的信息，而非反驳这些信念与结论的证据。人会寻求肯定现有信念或偏好结论的信息，贬低不支持自身看法的信息，重视肯定性信息甚于否定性信息，这就造成了一种偏误，这种偏误能够让接触相同信息的个体得出大相径庭的结论。

动机性推理对不道德行为研究有着明确的意义。人有维护正面自我形象的强烈动机，更愿意在认知层面扭曲违背正面形象的信息。为了让自己不道德或反社会的行为看起来好一些，人可能会采取多种多样的认知策略。能够顺利将不道德行为重构成社会赞同行为的人，更可能做出不道德的行为。

讨论 4.1
如何将坏行为合理化

赛克斯（Gresham M. Sykes）和马察（David Matza）列出了人们用来合理化或正当化自己的坏行为的多种策略，包括：

- 否认责任——不是我的错，我不是有意的。
- 否认伤害——根本没有人受伤，或伤害小到无关紧要。
- 否认受害者——他们活该。
- 批判提出批判的人——大家都这样做，社会是腐朽的。
- 诉诸更高级的忠诚——我所做的一切都是实现某个崇高目标的一部分。

这篇广为引用的论文是理解不同合理化策略的一个有益出发点，但有人批评它不够全面。卡普坦（Muel Kaptein）和范海尔福特（Martien van Helvoort）给出了一个更复杂的模型，它是围绕四个总体策略组织起来的：

■ 害马之群:失控的群体如何助长个体的不当行为

1. 扭曲事实

    a. 模糊事实——"其实没有人知道发生了什么。"

    b. 否认事实——"我不认为/我不知道……"

    c. 发明事实——"因为他可能做了某件坏事,所以他活该。"

2. 商榷规范

    a. 将规范贬低为具体情形——"这只是你的观点,没有人知道在这里应该做什么。"

    b. 诉诸另一种规范——"我这样做是为了更高的善。"

3. 归咎于环境

    a. 归咎于选择受限——"我别无选择。"

    b. 归咎于身份受限——"那不归我负责。"

    c. 归咎于令选择受限的因素——"我只是奉命行事。"

4. 躲在自己后面

    a. 躲在知识不完备后面——"我只是不知道而已。"

    b. 躲在能力不充分后面——"我什么都做不了。"

    c. 躲在意图不完善后面——"我不是故意的,我当时脑子坏掉了。"

与赛克斯和马察一样,这个模型的用处在于,展示了

> 明知自己做了错事,但还是想维护无比重要的正面自我形象的人的丰富可用策略。

道德推脱

根据社会认知理论,在自我调节能力正常作用的情况下,人在做与内化了的道德标准相冲突的行为时应该会感到不舒服,有时甚至会感到痛苦。那么在理论上,作恶的人应该感到羞愧和后悔,至少应该有不适感,但他们常常设法推脱自身行为的道德责任。道德推脱理论考察的是,自我调节过程何以因道德推脱机制而失效,这种机制如何使越轨行为与本应阻止越轨的恶行感知之间的认知关联失效。

班杜拉(Albert Bandura)提出,在正常情况下,违反自身道德标准会伴随着自我惩罚和负罪感,而道德推脱让人免除这些感受。他提出了三类道德推脱机制,每一类都有多种表现方式:(1)将行为进行认知重构(道德理由、委婉化表达、利己比较);(2)弱化自己在有害行为中的角色(责任转移、责任扩散、不计后果或扭曲后果);(3)关注对象的不良行为(非人化,过失归因)。这三类机制都代表着更广泛的中性化过程的一部分,掩盖或无视了非道德行为中的道德内容。

辩　护

我们可以将动机性推理理解成一种信息加工过程，它有助于调和关于行为的信息与行为者偏好的信念或结论。其他过程可以理解为一种后期加工，在人已经认识到自身行为与维护正面自我形象的愿望相冲突之后才会发生。道德辩护、委婉标签、有利比较是三种道德推脱机制，作用是在认知层面重构不道德行为，使其看起来无害。

道德辩护在认知上将不道德的行为重新定义为更大的善服务。这是一个将不道德行为合理化的过程，在这个过程中，不道德行为之所以是合理的，是因为它服务于一个更重要的目标。委婉标签是用"净化"的语言来重新命名有害的行为，使其看上去更美好。例如，美国曾长期使用"强化审讯"来描述换作几乎所有国家，都会被当作酷刑的囚犯审讯手段。使用净化了的语言让人们更容易做出不道德行为。有利比较是将涉事行为与一个更可憎的行为作对比，于是前者就显得不严重了。这种策略让你做的事看起来没那么糟，因为还有其他更坏的选项。

辩护的核心是，人会主动寻找让自己的恶行显得更正面的原因（既是给自己看的，也是给别人看的）。沙尔维

（Shaul Shalvi）、达纳（Jason Dana）、汉德格拉夫（Michel J. J. Handgraaf）和迪德鲁（Carsten K. W. De Dreu）讨论了"道德操纵"概念，即人有针对自身行为来修改道德标准的倾向。研究发现，人受制于"有限道德"，也就是说，人的道德受到自利、先入之见的系统性约束。正常情况下不符合公认道德标准的行为可以被重新解读，以显得更加正面，而这种重新解读也会让不道德行为更可能复发。

创造力强的人似乎特别擅长为自己的不道德行为辩护。莫南（Benoît Monin）和米勒（Dale T. Miller）发现，强化人的道德自尊心会使其更放肆地做出不道德的行为。这可能是因为他们确信自己是道德的人，于是更可能将自己的行为贴上道德的标签，哪怕行为违背了公认的规则。类似地，马扎尔（Nina Mazar）和钟晨波（Chen-Bo Zhong）发现，相比于购买传统产品，人在购买环保产品后更可能作弊和偷窃。研究甚至发现，在没有外部惩戒者的情况下，践行内心的对错观念对个人来说也是重要的。如果一个人的自我形象不可避免地要受到冒犯或潜在冒犯，那他就会启动一整套维护自尊心的程序。

责任转移

海特（Jonathan Haidt）主张，道德思维是复杂且多面的，而

■ 害马之群：失控的群体如何助长个体的不当行为

且在外部观察者看来是不道德的行为，在作恶者看来并非不道德。为了避免违背社会规范的行为遭到谴责（和自责），人们有一种方法，就是撇清自己对所作所为的责任。那些明知自己的行为违背了公认规范、规则或法律的人常会采取转移责任的策略，他们宣称自己无法做出选择，或者没有其他选项，只好做出正常情况下会被认为是错的行为。例如，几乎每一名在纽伦堡受审的纳粹战犯都宣称，他们只是奉命行事，别无选择。一些学者认为，参与犹太大屠杀的人其实是在服从权威人物，另一些学者则主张，由于战争条件与战前时期的权威崩溃，德国人得以做出他们过去就想做，但在旧社会秩序下遭到阻止的行为。

区分责任扩散（第三章讨论过）与责任转移是有必要的。当一群人目睹一场紧急状况时（比如行人被车撞倒），他们可能不确定谁应该回应，或者自己是否应该回应，而且他们对自己只会帮倒忙的担忧也可能是合理的。转移是另一种现象，是人已经做出了违反社会整体规范、规则或法律的行为，或即将做出这种行为（比如一队士兵被命令烧毁教堂），而在事后相信自己对所作所为不负责任，或者自己别无选择，只能遵从别人的命令。

在社会心理学领域最著名的系列实验之一中，斯坦利·米尔格拉姆（Stanley Milgram）研究了对权威的服从。米尔格拉姆总结了实验成果。他让受试者扮演"教师"，只要"学生"（其实是实验人员雇来的一名演员）在一个简单学习任务中犯了错,"教师"就要对"学生"施加一连串逐步加强的"电击"。实验人员告知"教师"可以在任何时候退出研究,但也用简单的话催促"教师"电击"学生"（"请继续""你没有选择,只能继续"）。研究目标是确定人是否会,以及在什么情况下会服从权威,施加看上去越来越痛苦的电击。结果让米尔格拉姆和读者大吃一惊。在第一组实验中,**所有**受试者都施加了看上去就很疼的电击,将近三分之二的人施加了最大可能的电击。后续实验表明,稍微改动流程就可以影响受试者施加电击的意愿,比如,如果现场有权威的标志,如实验人员身穿白大褂或者实验在大学内进行,那么受试者被施加电击的可能性和强度都会更高。但总体而言,米尔格拉姆实验和众多后续重复实验发现,哪怕在权威人物缺少实际权力或影响力的情况下,人也特别愿意顺从权威。

过失归因

最后,一个违反了社会规范、伤害了某个人或某种制度的人总能找到谴责受害者的方法,也就是制造一个让受害者或受害制度罪有应得的心理情境。例如,员工偷窃的一种常见合理化方式是相信组织对待员工不公平,偷窃只是一种找平衡的方法。有证据表明,受到虐待的经历可以引发通常认为不可取的报复行

■ 害马之群：失控的群体如何助长个体的不当行为

为。例如，黄（Yu-Shan Sandy Huang）、戈林鲍姆（Rebecca L. Greenbaum）、邦纳（Julena M. Bonner）和王（Cynthia S. Wang）描述了顾客轻率而粗暴地对待店员会引发敌意升级、贬低顾客和报复性行为的过程。对于容易产生敌意的人来说，这种负面循环尤其值得担忧。

许多人表现出了敌意归因偏误，即倾向于将他人行为解读为带有敌意的，哪怕行为敌我难辨甚至是友善的。在发展过程中一直表现出强敌意归因偏误的人，对他人做出攻击性行为（比如打架斗殴、暴力反应、言语或关系攻击性行为）的可能性要高得多。这种攻击性行为不会触发后悔或羞耻的感受，作恶者也不会在意社会惩罚，因为行为被归因于受害者做过的事。从多个方面来看，这种归因转向是责任转移的镜像，因为这归根结底是将自己恶行的责任加于他人，要么是命令或指挥行为的人（责任转移），要么是行为的受害者（谴责受害者）。因此，在施暴者眼中，最终应该受谴责的可能是性侵受害者，因为受害者身穿挑逗性的衣服或者在聚会上喝了太多酒，从而招致侵犯行为。社群可能也会这样认为。

第四章　造成或促进恶行的认知过程

思考他人的认知过程

在相当程度上，我们思考他人的方式和相关的认知过程取决于我们对他人了解的程度。当你想到亲弟弟时，你或许有大量记忆和信息可利用。而当你想到很少接触的人（比如神经外科医师或克罗地亚人）时，你可能就要依赖大不相同的种类的信息了，尤其是刻板印象。

刻板印象

刻板印象是社会心理学中研究得最广泛的课题之一。刻板印象代表着一种思考他人的认知策略，它既保证了思维的一致性与效率，从而有助于我们理解世界，同时也为不当行为的辩护和激励提供了平台。最简单地说，刻板印象的起点是关于一类人的信息或信念。比如，我可能相信美国职业橄榄球大联盟选手一般比大多数人更高、更壮、更重、更快（这很可能是正确的）。在这个意义上，信念变成了一种知识，在适当的情况下，它会让我们更高效地思考他人。因此，如果你告诉我沃尔特（Walter Payton）是一名美国职业橄榄球大联盟选手，你心中马上就会浮现出一个形象，这个形象或许包含着不少信息，其中有很多可能是准确的。

115

然而，刻板印象不只是信念或知识。常见的刻板印象定义包含两个要素：（1）容易被不加批判地应用于群体的所有成员；（2）可能包含没有根据或不准确的"知识"。举个例子，爱尔兰人友善健谈的刻板印象可能会泛化为这样的信念：**所有爱尔兰人**，或者祖先来自爱尔兰的人都友善健谈。这种将群体一般特征泛化为全体特征的过程，被认为是刻板印象的主要特征之一。其次，刻板印象常常包括宽泛的概括，其中包含的真实信息可能多，也可能少。例如，快乐外向是对美国人常有的刻板印象，但大量调查和研究发现，从生活满意度、幸福度、与他人交往的意愿等方面来看，美国人属于中下水平。如果我列出其他几个国家的人（比如德国人、意大利人、日本人），你大概也能列出一串形容词，尽管其中可能至少部分为真（比如，至少从意大利公民和日本公民的平均社会顺从度来看），但我们自以为知道的关于社会中不同群体的情况可能源于迷思，或者源于随时间逐渐形成的社会态度。

讨论 4.2

刻板印象的两个维度：温暖和能力

我们一般将刻板印象理解为引发偏见的负面看法，但

第四章 造成或促进恶行的认知过程

许多群体获得的刻板印象并不是单一维度的敌意和偏见。相反，许多刻板印象兼有正面要素和负面要素。例如，我有一部分爱尔兰血统。爱尔兰人给人的刻板印象是友善、外向，同时也懒惰和酗酒。卡迪、菲斯克和格里克的刻板印象内容模型说明，社会感知的两个基本维度（温暖与能力）决定了社会刻板印象的许多效应。前面提到的对爱尔兰人的刻板印象就结合了温暖与无能的要素。

刻板印象内容模型提出，温暖高低与能力高低的组合会引发四种各不相同的情绪反应：敬佩、嫌弃、嫉妒、可怜。给人的刻板印象是温暖且能干的群体（比如你最认同的参照群体）会引发敬佩。给人的刻板印象是冷漠且无能的群体（比如无家可归者）会引发嫌弃。给人的刻板印象是冷漠但能干的群体（比如亚裔）会引发嫉妒。给人的刻板印象是温暖但无能的群体（比如老年人）会引发可怜。

长期以来，竞争和地位被认定为群体内关系的两个重要变量，它们能预测对温暖和能力的判断。被视为竞争者的人会被判断为缺乏温暖，而不被视为竞争者的人会被判断为温暖；被视为地位高的人会被判断为能干，而被视为地位低的人会被判断为无能。

这个模型认为，当一个群体的刻板印象是缺乏温暖或

117

> 缺乏能力时，刻板印象的潜在害处是最大的，但当目标个体被认为在一个维度上得分高的时候，刻板印象就会有现实的害处乃至引发危险。例如，对犹太人的刻板印象一直是纳粹宣传的主题，其经常强调能力，将犹太人描绘成各种金融灾难的主谋以及第三帝国的狡诈敌人。卡迪认为，被认为能干但冷漠的群体会引发嫉妒偏见，这种偏见正是反犹主义叙事中的一个因素。这个发现不仅限于反犹主义，如果一种刻板印象将某群体的全体成员都描绘成能干且冷漠的样子，该群体成员遭受虐待的风险就会大大增加。

当刻板印象（1）有现实依据且（2）没有过分泛化时，它可以切实地帮助人们理解世界。例如，对男人和女人的刻板印象有许多要素，其中一部分是有现实依据的。因此，如果我想判断电梯的承载的安全人数时，女性体重一般低于男性的事实或许会影响我的答案，但**有**的男性比**有**的女性还轻不少的事实也应该在判断中得到考虑。当刻板印象被过度应用（比如，乔"知道"意大利人爱激动，因此以为每一个有意大利血统的人都爱激动）且缺乏灵活性（比如，既然乔已经"知道"了关于意大利人的一切，

第四章 造成或促进恶行的认知过程

所以他不会改变对虽有意大利血统但看上去并不爱激动的个体的看法）时，刻板印象可能就会有问题了。

刻板印象不总是负面的，但会造成偏见和歧视。对某些群体（比如犹太人和亚裔）的刻板印象甚至可以兼有敬佩，或者至少相信这些群体在某些事情上有优势。事实上，即便我们对待另一个群体的方式整体上是负面的，但有时也会对他们有正面感受。19世纪60年代奴隶主的家长制态度就是一个典型的例子，许多奴隶主自称喜爱奴隶，而且真心相信自己的制度优于其他制度（比如北方的工资奴隶制）。另一个经典例子是性别刻板印象，一个男人会多次做出伤害女人的行为，同时对女性群体没有普遍性的敌意。例如，男人可能会将女人捧在手心里，而且怀着一种有时被描述为"善意性别歧视"（benevolent sexism）的心态去限制她们进入"不属于女性"的职业或场合。

当刻板印象的内容是负面的，或相关群体被视为竞争者的时候，刻板印象特别容易引发偏见和歧视。例如，对非裔美国人的刻板印象和偏见是漫长的种族偏见与虐待史的一部分，而且可悲的是，至今仍在续写。多韦迪奥（John F. Dovidio）、盖特纳（Samuel Gaertner）和皮尔逊（Adam R. Pearson）指出，公然的偏见在美国已经大大减少了，但往往被厌恶性种族主义（aversive racism）取而代之。厌恶性种族主义者可以同情过去遭

119

受不公的人，支持种族平等原则，并真心认为自己没有偏见，但同时又对黑人持有矛盾的、常常是无意识的、根植于基础心理过程的负面感受与信念。厌恶性种族主义者对黑人的负面感受通常不会反映为公开的敌意，他们主要会产生带有不适、焦虑或惧怕心理的回避反应。

我们在什么条件下更容易依赖刻板印象

将人们分成不同群体的过程会自动激活针对这些群体成员的刻板印象和偏见，也倾向于拉近与自身群体的认同关系。刻板印象的一大力量来源在于，它是社会群体成员共有的，而且群体对刻板印象的信念越强、情感越深，群体成员就越可能利用刻板印象来思考他人。群体常常会纵容、分享和延续刻板印象，而相信社会认可偏见，甚至可能期望成员表达偏见的人更可能会这样做。在表达偏见、评价歧视场合、对包含敌意的言论和玩笑做出回应时，尤其是在群体凝聚力强的情况下，群体成员可能会坚守社会规范。

一般认为，要想做一名好的社会成员，就必须接受群体持有的偏见，不接受群体反感的偏见。然而，在某些情况下，对群体偏见的异议有着强大的效果。例如，布兰查德（Fletcher Blanchard）、克兰德尔（Christian Crandall）、布里格姆（John

Brigham）和沃恩（Leigh Vaughn）发现，单单一名群体成员表达反种族主义观点，便能显著降低群体对种族主义行为的宽容度。这个发现的一个潜在解释是，尽管这个群体的规范可能会纵容这种偏见，但社会规范的宽容度是更低的。同理，得不到总体社会规范支持的异议观点的影响力就比较小。

人们曾长期认为，群体间接触增多会减少偏见，但数据不支持这一假说。更可能的情况是，当人将自己视为**同一**群体的成员时，偏见才会减少。有证据表明，诱导不同社会群体（比如黑人和白人）的成员将对方视为某个共同内群体（比如美国人）的成员，一般会改善群体间的态度。

当个体与刻板印象群体接触很少，或者缺乏对他们的亲自了解时，刻板印象的作用也可能会更大。例如，有证据表明，美国反对移民最厉害的地方是移民很少的地区。有证据表明，除了对方的群体身份以外一无所知时，人会依赖刻板印象，但个体化信息能够减轻或消除刻板印象带来的效应。

非人化

刻板印象思维的危险之一是，它能让人将刻板印象群体的成员视为低于人的生物，或者视为无生命的物体。非人化能够带来毁灭性的后果。比如在战争期间，各方都会组织起来，传达、提倡对敌人奸邪本性的夸大描述，通过宣传将敌人描绘成禽兽或者恶魔的帮凶。这种宣传可以是敌意螺旋式上升，乃至战争罪行的一大催化剂。早期对非人化的研究成果强调非人化在战争、族群政治冲突、种族灭绝中扮演的角色。近年来的实证文献肯定了将敌人非人化在这些情境中的真实影响。

施陶布（Ervin Staub）提出以社会状况为出发点。具体来看，施陶布认为"艰难的生活状况"（例如突然发生的经济危机或战争状况）会让人对安全感、掌控感、积极社会认同和意义的基本需求无法得到满足。这时，如果这些未满足需求以破坏性的方式（比如攻击你相信要为你的苦难负责的其他人）得到了满足，一场连续的破坏过程就会启动，种族灭绝和大规模暴行由此渐进式展开，而非突然间爆发。例如，在经济或社会困难条件下，人们常常会让少数群体当替罪羊，将社会问题归咎于这些群体。将这些群体边缘化并最终从社会中清除则被视为一种解决社会问题的方案。在这个过程中，美化内群体，贬低社会中其他群体的破坏性意识形态常常会传播开来。类似地，哈尔夫（Barbara Harff）发现了上述情况与并未导致种族灭绝或政治灭绝的情况之间的几个区别因素。除了一个例外，在哈尔夫考察过的所有案例中，种族灭绝都发生在政治动荡（定义是"政治共同体的急剧变动"，包括"战败、革命、反殖民起义、分离战争、政变和政权更替")期间或之后。

非人化研究中一直强调，亚人性是属于某些特定族群的。更细微的非人化体现在对许多群体的感知中，包括社会下层群体、患者和精神病人。关于非人化，已有多种理论提出，包括（1）低人化（infrahumanization）——莱延斯（Jacques-Philippe Leyens）等人提出，即使在群体间没有显著敌意的情况下，人也倾向于觉得外群体成员具备的人性低于内群体成员。（2）双重模型（dual model）——哈斯拉姆（Nick Haslam）认为，尽管人类和动物的区别涉及认知能力、礼貌、优雅等特质，但我们与无生命物体的区别在于，我们表现出了情绪、生命力和温暖。这种"动物化"型非人化解释了一些现象，比如大多数赤裸裸的种族灭绝都把人比作害虫。与此相比，当个体的人性遭到否定时，他们就会被视为缺乏温暖、情绪和个体性，并被比作无生命的物体。"机械化"型非人化解释了作者先前在技术和医学情境下描述的非人化现象，以及将人视为惰性或工具性的客体化。（3）刻板印象内容模型——哈里斯（Lasana T. Harris）和菲斯克（Susan T. Fiske）将非人化定义为：一些个体无法自发考虑另一个人的想法，或者他们在感知另一个人时无法进行社会认知。根据刻板印象内容模型，群体刻板印象有温暖和能力两个维度的差别。人对抱有敬佩的群体（比如内群体）的感知是两个维度都高，对感到可怜的群

■ 害马之群：失控的群体如何助长个体的不当行为

体（比如老年人）的感知是温暖但无能，对所嫉妒的群体（比如富人）的感知是冷漠但能干，对引发嫌弃的群体（比如流浪汉）的感知是两个维度都低。

克尔曼（Herbert G. Kelman）主张，在大规模暴力的情境下，非人化会削弱施暴者对暴力行为的正常约束。究其本质，在冲突已经存在的情况下，非人化会解除对暴力的抑制。班杜拉更具体地阐述了这个脱抑制过程，提出非人化会解除施暴者的道德自我惩戒，也就是负罪感与相关的道德情绪，在正常情况下，这些内在约束会给攻击性行为踩刹车。奥博陶（Susan Opotow）对道德约束的解除给出了另一种解释，她聚焦于"道德排除"过程，也就是将某个人置于"道德价值、规则和公正考量的适用范围之外"。巴塔尔又提出了一种解释，他认为通过给遭到痛恨的外群体贴上亚人性或恶魔的标签，内群体的攻击性行为就有了合法理由，从而为暴力开了绿灯。随着对受害群体的道德排除与暴力行为逐渐深入，新规范得以建立，暴力在社会中也变成了常态。随着暴力成为规范，人们在经历了最初的震惊和身体不适之后便对暴力脱敏，感到习以为常。

厌恶和嫌弃是带有怒意的强烈回避行为，其对象被认为是不纯洁的、受玷污的、令人恶心的人，比如瘾君子、流浪汉和娼妓。除了基于愤怒与仇恨的回避，还有一种基于恐惧的回避，它涉及威胁感知。多名研究者表明，威胁感知也会促进对威胁性个人或群体的非人化感知。例如，毛兹（Ifat Maoz）和麦考利（Clark McCauley）表明，那些觉得巴勒斯坦人威胁性强的以色列人更可能厌恶和嫌弃巴勒斯坦人，从而将其非人化。这种非人化感知进而又与支持强制性政策有关，比如人口迁移、宵禁、用橡皮子弹驱散示威者和行政拘留。

客体化

客体化与非人化有一定关系，指的是用把全部人性降到最低的方式看待他人，这个过程被认为在多种形式的厌女、性别歧视和性骚扰中发挥了核心作用。客体化仍然几乎每天都出现在媒体和广告中，其中常常只重视女性的外在美。在这些情境中，女性被当作性客体，唯一的功能就是吸引男人的注意和满足男人的性欲。然而，客体化不局限于广告和媒体，此外还可以造成令人担忧的后果。例如，维基（G. Tendayi Viki）和艾布拉姆斯（Dominic Abrams）发现，持有有害心态（比如敌意的性别歧视观念）的男性一般会否认女性有复杂情绪（比如思乡、后悔、爱）。持这种有害信念的男性否认女性有成为完整的人所需的情绪能力。

热尔韦（Sarah J. Gervais）主张，客体化引发性暴力是一个复杂的过程，其中涉及各种前提条件，比如关于女性的敌意信念、过往性暴力经历、过往客体化与性虐待经历、饮酒、社会认同受到威胁、权力差异、社会与组织规范、看待女性时的认知偏误、从性的角度评判女性外表的倾向。如果女性被视为客体，存在的意义是取悦男人，那么男人骚扰、贬低、侵犯女性，同时又不觉得自己在作恶就要容易多了。

对成年和未成年女性的客体化是一种世界性的现象，与性暴力的发生率、不健康身体形象、有害的性别刻板印象有关。与非人化一样，客体化会提高虐待的可能性，因为对待物体或亚人性者的道德规范不同于对待人的规范。如果人在思考女性时否认她们具有完整的人性，那么许多种有害于指向对象的行为准绳就会显著降低。

不假思索：造成恶行的自动过程

卡尼曼（Daniel Kahneman）提出人有两套不同的认知系统：（1）系统1——速度快、无意识、带有刻板印象、情绪化；（2）系统2——速度慢、更周全、遵循逻辑、有意识。有证据表明，人会对带有道德意味的场景自动做出情绪反应（比如厌恶或其他情绪），而且常常会立即形成不假思索的对错判断，之后再加以

第四章　造成或促进恶行的认知过程

合理化。快系统是许多恶行的根源，它非常依赖既有的知识结构，比如刻板印象。另外，两种知识结构同样与理解恶行有潜在关联，即图式与脚本。

图式是一种记忆中的知识结构，包含与世界某个方面相关的思想与信念。比如，我告诉你，乔过去十年一直在做会计，这会激活许多你对会计的"知识"，其中一些可能是真的（他很可能在一家事务所上班，很可能在电脑上办公），另一些则可能不是真的（他的人际交往能力差）。TV Tropes网站列举了各种媒介中常用的上百种图形、主题、形象和情节要素（比如黑帽子=坏人；海盗宝藏总是装在木箱里，藏在地下或者洞里；所有炸弹都有一个红色的计时按钮，一般会在即将归零时被按停），它们能让读者或观众一下子就知道正在发生什么，接下来可能会发生什么，而这些就代表着一类图式。人有关于社会角色（医生应该如何接待患者）、人群（比如刻板印象）和场景的图式。图式一旦激活，人就会根据图式做出预测和判断。

脚本是一类特殊的图式，应用于人在场景中的行为。脚本的定义是对于典型或期望行为模式的一般性知识。脚本描述了人在特定场景下会**做**什么，以及应该有怎样的预期。比如你在参观一家美术馆，你对于你和其他人应该做出的行为（保持肃静、专注欣赏艺术），以及严重背离预期、特别烦人的行为（比如大声争

127

■ 害马之群：失控的群体如何助长个体的不当行为

论）都有一套相当明确的预期。脚本与描述性规范和规定性规范有一些共同特点，它们都告诉你正常行为和预期行为是什么，也会帮助你理解什么行为合适，什么行为不合适。脚本不同于规范的地方在于具体性。脚本往往不仅说明你可能会期望或遇到的行为，还会说明你应该预计会发生的具体事件序列。

图式和脚本不一定会导致恶行，但却能够导致恶行。尤其是让你对个体或群体产生狭隘且死板看法的图式（即刻板印象）有相当大的潜在伤害性，因为这种图式让你更容易将负面特征加在刻板印象的对象上面，也让你更难摆脱刻板印象隐含的先入之见。类似地，如果作为脚本一部分的行为模式包含对脚本内人员形成危害的做法，那么脚本就可以引发恶行。比如，想象你去餐厅就餐的脚本中包含你以为的与漂亮的服务员开玩笑的行为，这很容易造成一种让服务员不舒服的场景，即有性别歧视的敌意工作环境。

卡尼曼的系统1之所以是一种潜在的强有力的恶行来源，恰恰是因为它速度快，基于情绪、无意识。许多恶行可能都来源于冲动，如果人能多考虑、多反思，那么做坏事的可能性或许就会降低。在激动的情绪氛围中，基于情绪的信息处理会尤其糟糕。在第三章中，我讨论了情绪感染何以会在一些情况下将平静的人群变成游荡的私刑暴徒，平常注重名誉的士兵又何以会参与暴行

第四章　造成或促进恶行的认知过程

和种族灭绝。对于许多恶行的实例来说，一个潜在的补救办法可能是帮助人们脱离基于情绪的自动思考，鼓励人们批判性地思考自身行为。

总　结

本章首先讨论了我们是如何了解哪种行为和行动是正常的，哪种是期望做出的，哪种是得到认可与赞许的，哪种又会受到消极看待。串联这些文献的主题之一是，大量社会学习都指向一个总体目标——减少我们对于在不同场景中应该如何表现的不确定性。接下来，我考察的认知过程聚焦于另一个对大部分个体都重要的目标——维护正面的自我形象。行为违反总体社会规范且可能伤害他人的人**应该**感觉自己做了错事，也**应该**感到愧疚与悔恨。我讨论了人们为维持正面形象而在内心中扭曲自身行为，给它找理由，进行辩护和再概念化的各种认知过程。

大量心理学研究考察了刻板印象对人的思维与行为的影响。刻板印象会造成破坏性与伤害性的行为，尤其是对一个群体的刻板印象是能干但冷酷的时候。在极端条件下，刻板印象会造成非人化——将特定群体的成员当作配不上人道对待的动物或物品。不过，刻板印象思维并不需要极端条件也能造成伤害。例如，成

129

■ 害马之群：失控的群体如何助长个体的不当行为

年女性和未成年女性经常被当作性客体对待，她们的价值只在于吸引力和取悦男人的能力。事实上，女性客体化是广告的支柱，而且在各类媒体中都是司空见惯，以至于几乎不会引起注意，尽管客体化造成了显著的伤害（例如性骚扰和性暴力增多，不健康的身体形象）。

最后，我简短说明了一些重要的自动过程，它们可以让个体做出违背社会规范且对他人有害的行为。我们乐于将自己理解为理性生物，但我们的许多行为是受情绪、先入之见、图式和脚本引导的，它们可以让我们做出危害社会秩序的行为。

第五章
非正式群体

本书主要关注群体和群体过程如何造成恶行。我会详细考察两类不同的群体：（1）非正式群体——群体或其活动少有或没有外界强加的结构（比如，朋友圈子、家庭和邻里，但也包括线上群体和社区）；（2）正式群体——有界定明确的，且常常是外界强加的（比如写在职位描述、章程、组织结构图中的）角色、规则、任务和目标。我们大多数人都属于或曾属于一个或多个职场正式群体，但其他场合下也存在正式群体，比如教室（例如课堂作业小组）。正式群体和非正式群体有许多共同的关键特征与过程，但在运行方式与影响成员行为的方式上也有足够多的区别，因此分开分析是合理的。本章讨论非正式群体，正式群体将在下一章中讨论。

■ 害马之群：失控的群体如何助长个体的不当行为

正式群体与非正式群体有四个共同的基本特征：（1）群体成员之间有交互；（2）部分群体成员有不同于其他成员的权利和责任，地位也更高；（3）群体有追求的目标，包括外部设定的目标（比如提高生产效率）和内部决定的目标（比如保持团结）；（4）有共同的社会认同意识。正式群体与非正式群体的一个关键区别是结构的程度与来源。正式群体有界定完善的结构，规定了权力关系、任务、权利与责任。比如工作单位中有职位描述、宗旨说明、组织结构图和成员行为要求手册，通常也有正式的流程（比如实习和培训课程），以便向新成员传授岗位要求和组织的规范、文化。在成员加入和离开时，这些结构通常会继续存在，不会有多少修改。非正式群体也有结构（不同群体成员有不同的角色和职责），但它们的结构是在群体成员的交互过程中发展出来的，而且在新成员加入或老成员退出时，群体的结构与功能也可以发生剧烈变化。

正式群体和非正式群体都有目标。正式群体的目标常被明确界定（比如股东回报最大化），而且群体会投入大量注意力以确保个体成员的行为有助于推动群体整体向目标前进。非正式群体也会追求各种目标，但目标并不总被明确界定。这些目标包括制订和执行群体的近期计划（比如组织野营活动）、与组织存亡相关的中长期目标（比如招募和留住成员）。

第五章 非正式群体

非正式群体一般规模较小，尽管一些松散的群体（比如黑客社区）可能会很大。线下非正式群体规模小是有多种合理性的。当群体成员数目呈算术增长时，群体成员间关系的数目会呈几何增长。6人群体内有15种可能的二人关系，12人群体内则有超过250种。正式群体解决这个问题的方式是强加一套简化成员关系的结构，但非正式群体里没有相应的外部结构来源，有的时候，非正式群体会通过建立交互结构来应对这个问题，让社会交互集中在少数个体之间（通常是群体的非正式领导人），但这种结构需要时间来形成，而且大型非正式群体的关系模式有时也很难管理。

最后，正式群体与非正式社会群体都是认同的重要组成部分。我在前面几章里说过，社会群体满足了多种重要需求，并为成员提供了几项重要功能。通过描述性规范与指令性规范的形式，群体提供了至关重要的信息，告诉人们可以期待什么行为，应该如何评价行为，应该依据什么价值观来做出评价性判断。群体认同有助于加强正面的自我形象，还会创造出"我们"的意识，也就是属于某个大于自身的存在的意识。在冲突场景中，它可能变成"内外有别"的意识。我在本章后面会提到，负面看待竞争群体的倾向是多种恶行的重要因素。

■ 害马之群：失控的群体如何助长个体的不当行为

群体的四个特征

如前所述，群体的四个关键特征是：（1）成员间交互；（2）结构（比如等级、角色）；（3）目标；（4）对群体的认同。接下来，我会探讨对每一个特征的研究。在下一节中，我会考察小群体何以有时会提倡或容忍恶行。

群体成员间交互

群体成员间会相互沟通和交互。这种交互有大量文献研究，可以追溯到 75 年前。研究表明，这些交互的模式与性质取决于群体的规模、结构和目标。贝尔斯（Robert Freed Bales）提出群体内主要有两类交互——关系型交互与任务型交互。关系型交互是群体成员了解或影响群体内情绪与人际关系的行动，包括正面行动（社会支持、体贴照顾）和负面行动（批评、冲突）。任务型交互是与群体计划、任务和目标有关的群体成员行动。关系型互动旨在维持作为可持续单元的群体，而任务型交互旨在帮助群体实现重要的任务。这两类任务的相对频率与重要性可能会依群体类型的不同而改变。例如，家庭和朋友圈子确实有努力完成的任务（比如计划出游），但最重要的不是群体执行的任务，而是群体本身，于是在这种群体中，关系型行为可能会更频繁，也更重要。工作群组和业务团队的存在主要是为了完成特定任务、达成具体目标，于是任务型交互可能会更重要。

社会网络分析聚焦于交互模式与人际联结，也就是说，每名群体成员与什么人沟通、互动和交往。这种联结可以是复杂且多面的。例如，几乎所有工人都与工作单位的许多其他人有某种联结，基于友谊或共同活动的联结、基于职位角色要求的联结等。联结有短暂、长久之别，有弱也有强。对群体成员交互的研究可以追溯到20世纪30年代，这一领域的研究发展很快。在群体行为研究的早期，西蒙（Herbert A. Simon）提出了一种群体成员交互的复杂数学理论，为多种群体现象（例如拉帮结派、群体竞争、执行规范）给出了严格的解释。这一脉络最早的发现之一是，不同群体有不同的沟通模式。图5.1展示了一个5人群体中可能遇到的4种不同沟通模式。

非正式群体中的社会网络可能很简单，联结反映的是共同兴趣、偏好、经历、感情纽带或共同认同。相比之下，正式群体中的社会网络可能有人际联结、与工作流程相关的联结，还有组织层面的联结。在一个有强大等级结构的群体中，沟通与交互可能是链形的，沟通是严格的自上而下传达，指挥链中少有或没有缺失环节。沟通也可能是环形的，每名群体成员都可以与其他群成员自由沟通，沟通最终会传遍整个群体。在环形沟通结构中，每名成员都与部分其他组员有交互。环形结构有一种包含等级沟通模式的变体（比如 A 与 B、C 两人沟通，而且总是或几乎总是 A 发起和掌控沟通过程）。

图 5.1 中的 Y 形结构似乎是一种常见的群体内沟通交互模式。人们从 20 世纪 30 年代起就意识到，网络中的位置有中心和边缘之分。在社会网络中占据中心位置的人往往对群体行为有更大影响。

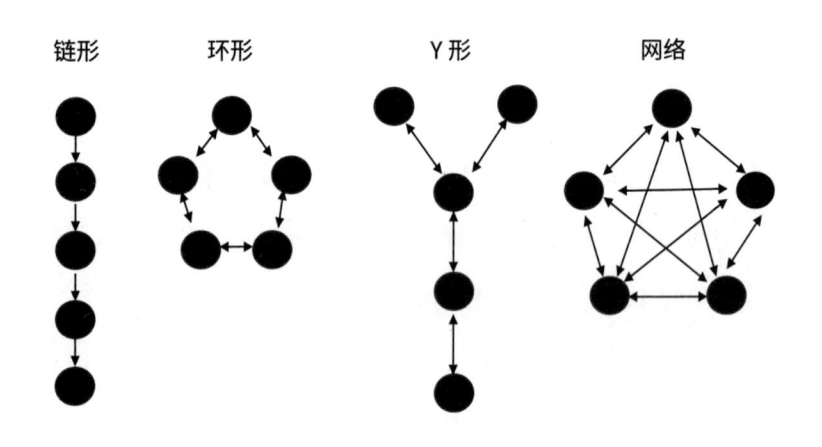

图 5.1　群体沟通模式

最后，群体也可以有自由流动的沟通交互模式，网络结构就是一个例子，每个人都与其他所有人交互和沟通。如前所述，随着群体规模的扩大，网络结构会越来越复杂和笨重，而且采用网络结构的群体一旦超过四五个人的规模，便可能会无法维系。

图5.1是一个有益的起点，但它对一些交互模式的关键决定因素的处理过于简化。尤其是，它提示了两种潜在的群体交互组织原则——等级制与有限网络。这就是说，链形和Y形结构基于等级制，即部分团体成员的影响力大于其他成员的观念。环形结构的基础观念是，每名群体成员都与部分其他群体成员交互，但一切沟通最终都会流向所有群体成员。另一种可能性是，群体分为多个子群体，子群体之间交互不频繁或不自在，从而形成了交互效果不佳的"断层线"，甚至可能会成为冲突的来源。例如，劳（Dora C. Lau）和莫尼汉（J. Keith Murnighan）研究了群体内人口特征划分的效应，发现在一个群体按照人口特征清晰划分成多个子群体时（例如按照种族或族裔划分），尤其是需要不同子群体沟通、协作才能完成群体目标时，冲突时常发生。

在大量个体之间保持真正的网络关系是复杂的，这是导致正式或非正式群体结构（等级制与子群体形成）形成的因素之一。强大稳定的等级制更可能存在于正式群体中，而且往往是预先规定好的（比如通过合同、职位描述、上下级关系），但正式群体和非正式群体中都可能会随着时间出现某种结构。

■ 害马之群：失控的群体如何助长个体的不当行为

讨论 5.1
我们能管理的社会关系数目有上限吗？

在一篇影响巨大的论文中，邓巴（Robin Dunbar）提出，由于与生俱来的认知限制，人只能维持不超过150个稳定的社会关系（即一个人知道每个人都是谁，也知道自己与每个人是什么关系）。邓巴数由马尔科姆·格拉德威尔（Malcolm Gladwell）推广开来，广泛引用于人类学、经济学和其他社会科学领域。现在，我们常常听到这样的论断，人在任何时刻都没有能力管理超过150段社会关系。一次可以管理的社会关系数量有一个严格的上限这一观点具有重要意义。例如，你结交朋友、获得人脉时，你可能必须放弃一些旧的关系。但是，我们有多个合理理由质疑邓巴数的准确性。

首先，邓巴的估计值依据是灵长类动物的数据，表明群体大小与脑皮质大小有一致的关系。接着，他将这些数字类推到人类和不同演化阶段的原始人身上（比如尼安德特人的邓巴数是144）。然而，脑容量与智力只有微弱的关联，我们对脑容量与人的社交能力之间的关系所知甚少。

因此，根据脑容量来推断社会行为可能是可疑的。其次，估算社会网络规模的方法有许多种，根据社会关系定义方式的不同，大不相同的上限数字都可能说得通。近年来的研究表明，一个人能维持的社会关系数上限可能高达600。

通过分析邓巴数的优缺点，我们能得到有用的教训。第一，根据脑容量之类的总的生理指标来推断人类行为时一定要谨慎。因为干扰因素太多了，这种推断不会可靠。第二，邓巴数之类的概念之所以吸引人、受大众追捧，是因为它简单而明确。然而，社会行为既不简单也不明确，我们对社会行为中存在绝对上限或下限的主张都应该持有怀疑态度。邓巴的基本主张是维系众多社会关系比维系少量社会关系更难，这当然是正确的，但至少有一部分人能成功维持庞大的社会网络。在讨论如何理解人的社交能力时，邓巴数是一个有益的起点，但我们应该把它理解为一个出发点，而不是硬性的限制。

地位与角色

正式群体与非正式群体都有明确的结构。正式群体中的结构可能界定得更清晰，也更稳定，而在非正式群体的生命周期内，结构每天都可能发生变化，但是存在某种形式的结构是常态。具体来说，正式与非正式群体都有地位等级（比如，一些群体成员的权力和影响力大于其他成员）和角色（比如，不同成员负责的，或者更可能参与的行为和任务类型不同）。在非正式群体中，地位等级和角色的界定比较模糊和动态，而在正式群体中，角色、职责、权力差异等可能都会得到安排、进行正式商讨，并保存在合同、协议、宪章和组织结构图中。正式群体不清楚其地位等级与角色的情况极为罕见。

地位等级

安德森（Cameron Anderson）和基尔达夫（Gavin J. Kilduff）界定了非正式群体中的地位，指出"在线下群体中，地位的定义是一个人在其他人眼中的名望、敬意和影响力"。地位的其他定义强调，一些成员比其他成员的影响力更大，获取的群体资源更多。尽管地位有多种不同的定义，但也有普遍的共识，即群体几乎总是有一个或多个领导者，且几乎总是有一批地位较低、影响较弱的成员。事实上，领导力被认为几乎普遍存在于人类和非人类群体中，而且有大量证据表明，领导力有着强大的演化基础。

群体一般会看重两大个人特质——能力和对群体的强承诺，

两者都是地位的可靠预测指标。荟萃分析证实，具备与群体任务相关的优越能力的个体，以及社交/领导能力强的个体地位更高。安德森和基尔达夫认为，个体主动追求地位的方式有制造个人能力强的印象、加强表面上对群体的依附度，还有发展社会关系。但是，个性也是重要的。支配性（即偏好掌握权威，倾向于果断行动）是最能够预测群体中谁会成为领导者的人格特质，预测效果好于其他任何考察过的个体差异，包括智力。

非正式与无领导群体常常会在建立和发展之初就形成一套地位等级，而且其中涌现出任务型领导者和社会—情绪型领导者的情况也不罕见。前者对群体试图达成的目标负责，后者则关注士气和凝聚力，两者可能是同一个人，也可能不是。非正式群体中涌现出领导者的过程是一种运用广泛的评估工具（即无领导小组讨论）的基础。

无领导小组讨论常用于评估经理职位和领导岗位的候选人，是将陌生人组成一个小组（通常4—6人），然后让他们讨论一个话题或问题。皮莱（Srini Pillay）描述了一场无领导小组讨论，使用的题目如下。

一架飞机坠毁在荒岛上，只有六个人活了下来，包括孕妇、发明家、医生、宇航员、生态学家、无业游

■ 害马之群：失控的群体如何助长个体的不当行为

民。只有一个人能乘坐热气球离开荒岛，你认为那个人应该是谁？

在这种讨论中肯定会出现领导者，而且在短暂的讨论期间，小组领导也可能发生变动（比如一个人率先开口，起初占据主导地位，但之后另一个人成为领导者，取而代之）。人在这种评测中表现出的领导力能够有效预测许多岗位中的人的能力和绩效情况。

对地位等级的研究通常聚焦于领导者，但研究追随者也能得出许多教益。凯利（Robert Earl Kelly）主张，在培育出强大追随力（追随力指的是成员有热情、有智慧，自主参与到追求群体目标的行动中）的组织中，领导力最有可能发挥效力。追随力研究表明，高效的追随者绝不会是消极被动的，认可领导也不仅仅是奉命行事。强大的追随力需要领导者与追随者之间的信任，以及对群体目标的共同承诺。

角　色

社会角色是一组预期行为与许可行为，再加上与持有和履行角色配套的职权描述。

角色界定了认知图式，告诉人们要如何做事、要做何预期，还有助于提供支配具体场景中行为的结构。除了界定特定场景中的预期行为，社会角色还界定了指令性规范，说明何种行为在特定场景中被视为好，何种被视为坏。在非正式群体中，角色可能会随着成员变动而演变。在更正式的场合（比如职场）中，角色可能会得到精确界定（比如职位描述），但即使在这里，角色的确切内容也可能取决于人和场景的具体特征。

在一部奠基性的作品中，贝恩（Kenneth D. Benne）和希茨（Paul Sheats）发现了非正式群体与正式群体中都存在的三大类角色：（1）任务角色——群体通常有必须完成的特定任务（比如修建谷仓、筹划聚会），而当群体试图完成一项任务时，不同个体通常会稳定地承担特定的角色与职责；（2）社会—情绪—个人角色——有人是领导者，有人是追随者，还有人是协调者，这些个人角色有助于群体的生存和顺畅运作；（3）功能失调角色（dysfunctional roles）——常会做出危害群体但对个体有潜在助益行为的群体成员（比如攻击者与自私者）。

多年来，许多作者在此基础上添加了新的类别（比如流程角色），并阐明了群体成员可能占据的不同角色。表 5.1 列出了群体成员可能占据的几个不同角色。其中的一部分不言自明，但有几个需要说明。

首先，正式群体和非正式群体中都可能会涌现出一些人，他

■ 害马之群：失控的群体如何助长个体的不当行为

们倡议和界定群体要着手的任务（倡议者）。这些人通常会被群体成员承认为领导者，即便他们在正式群体中并无权位（比如主管）。其次，任务的倡议者与组织群体成员完成任务的人（协调者）并不总是同一个人。有时候，另一些群体成员会帮忙指出解决问题或完成任务的方向，而未必会参与完成任务的日常工作（指路者）。还有一些角色也对群体完成重大任务有着重要作用，例如，许多群体都有一名或多名成员充当群体的集体记忆，尤其是跟踪任务的完成情况（记录者）。

区分群体成果（群体做成了什么事）和群体过程（群体是如何做事的）往往是有益的，而且有多种角色主要负责管理和维护群体借以运作和生存的过程（比如调停者与鼓舞者）。另一些人负责管理信息流动（引导者）、维持群体内的沟通平衡（守门者）。最后，一些群体成员要扮演至关重要的追随者角色，他们要做群体想做的事来支持群体的指挥和指派。

有一些角色对群体的扰乱作用大于支持作用。攻击者试图支配群体沟通与群体过程，还会挑起冲突。妨碍者是爱唱反调的人，总是给某件事找做不成的理由。自我忏悔者试图"绑架"群体来解决自己的人际问题，玩笑者会开通常是不合时宜的玩笑，让群体偏离自己的任务。

表 5.1 群体成员的功能角色

任务角色	社会—情绪—个人角色	失调角色
倡议者	鼓舞者	攻击者
信息寻求者	调停者	妨碍者
信息给予者	妥协者	追求认可者
观点寻求者	守门者	自我忏悔者
观点给予者	观察者/沟通者	干扰者
解释者	追随者	帮助寻求者
指路者	引导者	特殊利益追求者
评估者		玩笑者
激励者		
流程管理者		
记录者		

在非正式群体中，角色是涌现的、动态的。这就是说，群体的组织形式可能会随时间变化。第一，新生群体可能要经过多个冲突阶段，才能建立非正式的地位等级。第二，人会加入或退出群体，这可能会造成角色的再分配。第三，不同的任务或目标可能会要求不同的活动和角色组合，也可能在活动的不同阶段有变动。例如，新任务启动时需要的角色（比如倡议者）与群体正常运行、需要维持正轨和保持干劲时所需的角色（鼓舞者、引导

者）就不一样。

在第六章，我会探讨角色正式化的影响。例如，在业务组织中，职位描述、手册、组织结构图等资料会详细说明组织中不同岗位的相关要求、权利和责任。这种正式化，尤其是权力等级的正式化，会让群体成员更可能服从上级，也更可能愿意做出多种不诚信或违规行为，因为上级会为他们的行为负责，或者他们相信上级会负责。

群体有目标

正式群体通常是为了达成具体目标而建立的，比如完成项目或执行一个大系统下的一组工序（比如在汽车厂里组装底盘），群体的目的必然与这些目标有关（但不一定仅限于此）。我之前说过，贝尔斯将群体交互分成了任务交互和人际交互两类，正式群体可能既有与核心任务有关的目的，也有维持群体延续的目的。但在正式群体中，群体的核心任务往往更重要，而且群体在目标达成后就解散的情况也不少见。

讨论 5.2
线上群体

我们通常认为群体由频繁线下交互的个体组成，但计算机与通信技术的进步带来了线上群体的发展。线上群体的成员可能永远不会线下交互，在一些情况下更是根本不会有直接交互。巴尼特（George A. Barnett）讲述了科技加持下的社会网络的发展历程，最早是缓慢的文本通信系统，然后是为学术用途开发的通信和文件分享系统（比如 BITNET），最后演化成复杂的线上社区和分享信息、图片、观点、视频等的平台（比如脸书）。

线上群体与线下群体的交互常常大不相同。第一，在某些群体中，群体成员之间可能少有直接交互，交互时也可能有很大的延迟。比如 A 发出了信息，B 可能过了相当长一段时间才回复，然后 C 评论了 B 的回复，而 A 可能根本没看到或注意到回复。另一些群体的成员之间可能交流密切，成员间能做到即时回复与线上协作。群体成员参与度与交互及时性可能会影响群体的结构。比如一个群体中设有协调员，但这个人的角色有时纯粹是事务性的，不一定能带来多大权力或影响力。尽管如此，线上群体中也常能看到一些交互非常频繁的成员，他们事实上主导着群体内的线上交流。例如，我加入了一个名叫"吉他拨片老手"（Old Guitar Pickers）的脸书小组。组里有3—5人几乎天天发素材，他们的帖子在群内发布的全部信息和演奏中所占比例高得惊人。其他人，比如我，主要是潜水和冒泡，很少发新素材，但偶尔会回复其他人的帖子。与其他社会群体一样，线上群体可以是一个人认同的重要组成部分。对一些人来说（比如黑客社区成员和严肃玩家），线上群体可能是认同的主要来源。

线上交互带来了全球交流的机会，但也为各种冒犯行为提供了可乘之机，尤其是在匿名平台上。尤沃宁和格雷厄姆对网络霸凌的研究进行了总结。网络霸凌指的是以网络为媒介的霸凌，包括发短信、发邮件、即时通信、在社交网站和聊天室里发布消息。与一般的霸凌一样，网络霸凌可以是直接的（向目标发出威胁或发送下流信息），也可以是间接的（散播恶意评论、图片和私人信息，类似于造谣）。网络霸凌可以带来严重的后果（众多自杀事件都涉及网络霸凌，尤其发生在年轻用户身上），线上交流的匿名性是网络霸凌的一个主要风险因素。

线上团队在职场中愈发常见，但我们有理由质疑组建线上团队的明智性。首先，以计算机为媒介的群体交流互动一般少于线下群体，完成工作的时间也偏长。线上团队还更容易倒向极端交流（例如论战，即言语攻击、辱骂、使用冒犯性用语）和高风险决策。一份综合了 27 份研究的荟萃分析指出，出于上述原因，线上团队的速度和准确度都低于线下团队。

新冠肺炎疫情提高了人们对线上交互的依赖性，在许多国家，网课和远程办公也取代了线下授课和工作。现在要确定从线下交流转向线上交流对授课或开会质量的影响还为时尚早，但一些明显的趋势正在出现。第一，工作会议的时长缩短，但频率提高。第二，网课可以是有效的，但从线下教室转向线上授课可能会放大教育不平等的影响。贫困家庭常常没有计算机和高质量网络，也没有单独的空间让学生参与并专注于课堂活动。在可预见的未来，线上会议可能会成为教育和职场的重要组成部分。

相比之下，非正式群体存在的主要意义是满足成员的社交和心理需求。尽管非正式群体常有各种任务要完成，但维护群体关系网很可能要比完成具体任务更重要。群体必须首先用心留住成

■ 害马之群：失控的群体如何助长个体的不当行为

员，尤其是认同群体规范和价值观的成员。群体可能会主动招募成员，但也会注意设置边界（比如允许什么人加入群体），避免群体过分庞大。

非正式群体用来维持群体成员关系的一种机制，就是发布和执行规范。我在前几章说过，描述性规范有助于群体成员形成对群体中**实际**发生着什么的一致感知，而指令性规范有助于成员形成对群体中**应该**发生什么的一致感知。群体成员遵守指令性规范会得到奖赏，违背规范会受到惩罚。奖惩过程有助于在群体内形成一致的行为模式与预期。在成员身份被视若珍宝的高凝聚力群体中，人们常常愿意为了群体利益而牺牲个人利益，但即使在凝聚力较低的群体中，形成一套稳定的公认规范也是维持群体的一种手段。

尽管群体维护可能是非正式群体的最高目标，但这些群体也会执行各种任务，被非正式角色与成员充分理解的规范会非常有利于任务的完成。一群朋友计划出游时，大家往往都明确谁选择目的地、谁提供交通工具、谁安排住宿，等等。一家人准备晚餐时通常会有一套熟练的流程，规定谁买菜、谁做饭、谁刷碗，等等。

成员的群体认同

最后，群体是人的社会认同的重要部分，它满足了重要的心理需求，最根本的一条是与他人交往的需求。大部分个体都是多个非正式群体（比如朋友、邻居、同事）的成员，不同群体的规范可能会大不相同，包括容忍乃至支持恶行的规范。因此，要理解个体何以会在群体影响下做出支持或违反社会总体规范的行为，重要的一环就是理解个体为什么对一些群体的认同感强于其他群体。

多（Kay Deaux）提出，社会认同过程是复杂的，涉及认知过程、情绪联结、对群体成员依存程度的感知或信念。杰克逊（Jay W. Jackson）和卡梅伦（James E. Cameron）将这三个因素描述为：（1）自我归类——认知成分，指的是群体在描述个体认同中的核心角色；（2）对群体的情绪评判（情感成分）；（3）对群体间纽带强度的感知，通常反映为个体与其他成员的相似程度与关联程度。社会认同上述三个方面之间的直接因果关系尚未得到完全理解，但我们可以说的一点是，群体之所以在个体社会认同中占据核心地位，很大一部分驱动力来自个体对群体的情绪评判，也就是对群体有价值且有意义的感知。在第三章中，我讨论了参照群体的概念，也就是一个人属于的、渴望加入的，或仰慕的群体。参照群体的后两个特征（一个人渴望加入或仰慕的群体）可能在决定个体对特定群体的认同强度中尤为重要。

人为什么会渴望成为特定群体的成员？在前面几章中，我提到了两个动机因素，它们在理解群体影响成员行为的效果中占据核心地位：（1）维护正面自我形象；（2）减少模糊性与不确定性。能帮助个体产生更好的自我感觉、能够理解世界的群体特别有吸引力。然而，在解释群体形成与群体认同时，我们不能只讲群体满足了哪些需求，社会生活的两个简单特征（邻接性与相似性）常常也能解释群体的形成与群体成员对群体的认同。

在同一个地方生活或工作的人更可能发生交互，单纯的邻接性常常就能解释群体是如何以及为何开始的。对于创造一个群体来说，相似性的力量甚至还要更大。背景、性格或兴趣相近的人会更容易建立关系，相似性（或者感知到的相似性）是群体认同中的一个强有力的因素。

讨论 5.3
从群体心理到共享心智模型

1895 年，古斯塔夫·勒庞出版了《乌合之众》，书中提出了"群体心理"的概念。包括西格蒙德·弗洛伊德在内的后世作者完善了下述观念：群体中的个体丧失了个人自由与个人责任的意识，群体如同一个原始的单体生物，跟着情绪和共享的无意识走，被驱迫着做出在独自行动时根本不会做出的行为。之后的一百年间，"在群体中行动的人会共享某种群体心理或者集体无意识"的思想出现了许多种变体。这种观念在暴徒行为研究中的影响力尤其大。

查普林（James Patrick Chaplin）对暴徒的定义是一群在强烈情绪条件下行动的人，这种条件常常会引发暴力、破坏或犯罪行为。多个理论和综述都同样强调冲动行为。首先是感染观念，它可以追溯到勒庞在19世纪90年代的原著。感染理论认为，一开始是少数个体的行为和唤起水平会传播到整个暴徒群体中。另一种理论强调趋同，认为暴徒是由有相似需求和欲望的人组成的。紧急规范理论（Emergent Norm Theory）认为，群体起初可能无意作恶，但人员聚集使得流言或者对自身经历的恶意解读更加容易发生，唤起水平由此提高。交互刺激与交互强化可以将人群转化为暴徒。社会文化理论认为有多个因素可以诱发暴徒的产生，从许多人同处让人紧张的环境中（比如气温高）到突发惨痛事件（比如马丁·路德·金遇刺）。这些理论对于我们理解暴徒行为都是有益的，但它们共通的核心观念（暴徒心理）有着很大的问题。

我们通常认为，心理是一个人认知活动的产物。那么，暴徒的心理在哪里呢？如果暴徒心理来自一个共享的无意识，那我们就有理由问：那是**谁**的无意识？它是怎么共享的？说暴徒的**行为**仿佛异体同心是一回事，但说暴徒同一个心，那就是另一码事了。

对于理解群体或团队何以能够作为一个单元行动，更晚近的"共享心智模型"要有用得多。正如马蒂厄（John E. Mathieu）、黑夫纳（Tonia S. Heffner）、古德温（Gerald F. Goodwin）、萨拉斯（Eduardo Salas）和坎农-鲍尔斯（Janis Cannon-Bowers）所说，当团队和群体对任务有什么要求、成员应该如何交互、角色如何界定等方面有共同认识的时候，团队和群体的效率会更高，成果会更丰硕。关于特定场合下受期望、受奖赏、受惩罚行为的群体规范有助于在非正式群体中建立共享心智模型，尽管共享心智模型的研究文献中很少提到这个环节。例如，当我们将焦点放在行为的非认知决定因素上，比如情绪感染，而非试图分离和理解暴徒的"心智"时，对暴徒行为的分析可能会取得更大的进步。

交互记忆是另一种有助于理解什么是"群体心理"的构念。奥斯汀（John R. Austin）将交互记忆定义为"每个个体掌握的知识加上关于谁知道什么的集体认识"。群体和团队执行许多任务，任何一名成员都无法掌握完成任务所需的全部知识与技能。因此，知道什么人具备完成一项复杂任务的各个部分所需的知识与技能，这往往对群体的有效运作能力至关重要。交互记忆不是一个群体的心理，可以将其设想成一种图书馆，里面的藏书目录说明了每一条信息的存放位置。

非正式群体如何造成恶行

非正式群体影响成员行为的方式有多种。首先，单纯他人在场就能影响人的行为。例如，肯特（M. Valerie Kent）描述了他人在场改变个体行为的三种不同方式。第一，他人在场会产生社会促进效应，造成这种效应的是他人在场常常会带来的唤起。在许多场合下，高唤起会转化为高绩效，但它也可能会引发草率决策与冲动行为。第二是社会抑制效应，他人在场会压抑一个人独自行动时可能会做出的行为。我在之前几章中讨论了旁观者效应，他人在场降低了个体干预紧急事件的可能性。第三是亲和效应，造成这种效应的是他人在场的情绪引发作用，尤其是在引发焦虑的场景中。对许多人来说，他人在场能缓解不确定性与焦虑，进而可能削弱对各种行为的抑制（其中一些可能是恶行）。但对一些人来说，他人在场会触发对被排斥的恐惧，从而缩小行为回应的范围。

我在第三章中讨论了责任扩散与责任转移，这两种现象可以直接导致恶行。在两者之中，责任扩散更可能发生在非正式群体中，因为这种群体通常不确定谁应该回应紧急状况，谁应该应对需要帮助和干预的场景。每名成员可能都相信应该**有人**行动，但不确定**谁**应该行动。如果群体成员看到群体里的其他人在退缩，不情愿行动，那么群体中没有人行动的可能性就会提高。我们讲旁观事件（许多人看到了紧急状况，但没有人出手相助）时一般会提到责任扩散，但责任扩散并不仅限于紧急状况。责任扩散有助于解释对于长期难题缺乏回应的现象，从世界贫困到预算赤字。

人们常常会区分责任扩散与责任转移，后者在具备正式权力结构的群体中更常见。我在下一章中会说明，如果群体中有某个人占据正式的权威角色，群体成员做出正常情况下违背自身伦理道德标准的行为就容易得多，他们会将引发恶行的决策权转移到掌权者手上。相信自己应该听从掌权者命令或指示的人能够做出骇人听闻的恶行；犯下战争罪行的士兵或种族灭绝参与者的一种常见回应是，他们只是奉命行事。

多个群体层面的过程能造成恶行，尤其是越轨规范的形成、服从压力、对外群体的负面刻板印象。首先，群体规范对群体成员行为有着重要的影响，群体会奖赏遵守群体规范的成员，惩罚违规成员。规范一旦形成就能够长期存在，存在的时间甚至超过最初建立规范的人。纵容乃至鼓励恶行的规范的群体，是鼓励个体恶行的一股重要力量。我们来看帮派和帮派规范对成员行为的影响。

在整个20世纪90年代，有大量研究聚焦于少年帮派，但帮派不仅限于少年。帮派和义务警员（治安维持会）在美国有着悠久的历史，这些帮派有许多共同特征。帮派、义警和类似群体通常具有相对稳定的成员身份与认同意识，在自己和他人眼中都构成了一个社会单元，而且最重要的是，它们都涉及反社会或非法活动。这些帮派为成员发挥宝贵的功能（支持、归属感、互助），但也有增加暴力犯罪、纵容破坏性行为的不良影响。

帮派完全符合社会群体的定义，尽管它的活动违背了所在社会整体的规范。它们或许是一种更普遍现象的极端版本，也就是说，具有容忍或支持某些恶行的规范的社会群体。这种现象不仅

■ 害马之群：失控的群体如何助长个体的不当行为

限于帮派或职务犯罪。例如，超过一半的女性反映经历过职场性骚扰。这些行为之所以会发生，一大原因是工作群组和工作单位的规范允许它发生。类似地，布鲁金斯学会认为，应收联邦税中有六分之一未缴纳，蓄意避税是这个问题的一个重要部分。如此大规模的恶行会发生的原因是，许多人相信一定程度内的避税是无可厚非的。与其他群体相比，犯罪团伙的主要区别在于它视为正常合理行为的反社会与非法活动的范围。但犯罪的渊薮并不只有帮派，企业犯罪普遍存在，还有相当一部分犯罪是由原本正直的人做出的，他们相信偷税漏税、论文抄袭、报告造假、音乐剽窃等行为是可以接受的。

非正式群体不一定会产生鼓励恶行的反社会规范。多种其他群体过程也能间接鼓励正常情况下会被视为违反重大社会规范的行为。首先，在群体内持有异议是不舒服的，群体也会努力统一思想，至少在对群体重要的事务上。在群体凝聚力强，或异议威胁到群体的正面自我形象时，这种倾向会尤其强烈。我之前提到了职场性骚扰的发生率。对性骚扰频发的一种解释是，对于服从强调男子气概、贬低女性的社会规范与群体规范，人们会感到有压力。然而，哪怕没有反社会规范，求同冲动与压制异议也能大幅地促进恶行。比如，个体群体成员可能愿意在似乎需要帮助的场景中伸出援手或加以干预（比如他们看到一个群体外的人遭到霸凌），但如果群体规范是置身事外，那么他们很可能就选择不干预。

促进群体凝聚力的一个因素是所谓的虚假共识效应（false consensus effect）。人倾向于高估自己的观点、信念、偏好、价值观和习惯的正常程度和典型程度。选择性分类可能会放大这一效应。人倾向于结交那些与自己态度相似的人，避免结交与自己态度不同的人。于是，人可能会经历许多这样的场景：几乎所有与自己发生交互的人都有共同的信念和态度。这可能会强化每个人都有相同感受的信念。

其次，群体受到的威胁常常会触发以下现象：(1) 个体加强对群体的依附；(2) 对竞争群体的负面想法与刻板印象。在对于种族与族群偏见的一种主要解释中，带有偏见的信念与歧视行为的起点就是实际存在或感知到的群体间竞争。甚至在之前对一个群体没有负面感知的情况下，如果该群体威胁到了一个人的重要参照群体的地位或自我形象，这个人也可能会对该群体产生负面感知，而负面感知能够引发从不文明行为到种族灭绝的各种恶行（参见第二章）。

最后，正式群体与非正式群体中都会发生社会学习，有时就包括习得违背整体社会规范或法律的行为模式。例如，吉诺、阿亚尔（Shahar Ayal）和艾瑞里表明，接触他人的不道德行为可

■ 害马之群：失控的群体如何助长个体的不当行为

以增加或减少一个人的不诚信行为。吉诺与加林斯基（Adam D. Galinsky）主张，在恰当行为方式不明确的场景中，我们会观察他人，并利用他人行为来理解主流规范。于是，他人行为就界定了社会规范或为其提供了社会证明，进而让我们做出与身边人类似的行为。

发生在重要参照群体内的社会学习效应尤其强大。人接触到内群体成员的不道德行为时会效仿，也做出不诚信行为，这基于如下假定：内群体成员的行为提供了关于给定情境下恰当行为的信息。与参照群体其他成员的频繁和强烈交互一般会增强这种影响。

阿什福思（Blake E. Ashforth）和阿南德（Vikas Anand）主张，被孤立的极端群体能够将异常行为正常化，这意味着群体可以支持其成员做出他们在单独状态下无法做出的不当行为。多名学者已经用实证方式表明了同侪对个体道德行为的积极作用，类似的效应在不道德行为上也应该会有。罗宾逊（Sandra L. Robinson）和奥利里-凯利（Anne M. O'Leary-Kelly）报告了反社会行为的相似模式，发现群体成员的反社会行为与个体选择做出与同事类似的反社会行为之间存在关联。

第五章 非正式群体

总　结

正式群体和非正式群体有许多共同的关键特征，这些特征都能影响群体成员的行为：群体成员会交互；他们有不同的地位、权利和责任；他们会追求目标；他们还有共享的认同感。这四个特征都能影响群体成员作恶的倾向。与正式群体相比，非正式群体中的交互模式、角色、地位和目标都可能界定得更松散，动态性也更强，但这些特征在所有群体类型中都是重要的行为决定因素。

交互模式、地位等级、角色、目标都界定了哪种行为是期望群体成员做的，这些也都在界定个体被期待行为的范围中扮演着一定角色。这些群体过程中的任何一个都能造成恶行，尤其在重要参照群体的规范支持或容忍恶行的情况下。例如，帮派容忍乃至鼓励犯罪和反社会行为，但许多以遵纪守法自居的群体也会容忍多种恶行。然而，即使没有反社会规范，趋同冲动、责任扩散、外群体刻板印象等群体过程也能够鼓励恶行。

本章聚焦于非正式群体，此类群体的角色、地位、目标等方面都没有被正式界定，且具有潜在流动性。你在下一章会看到，凡是本章描述过的具有鼓励恶行潜力的过程（比如服从的压力、扩散、权威转移），它们在结构更严密的正式群体中发生时，效应都会放大。

第六章
正式群体、党派与协会

正式群体和非正式群体有四个共同的关键特征：（1）群体成员有交互；（2）群体成员有不同的权利、责任和地位；（3）群体会追求目标；（4）群体有共享的社会认同意识。这两类群体的区别在于目标和结构化程度。非正式群体（比如朋友圈子）的存在主要是为了满足成员需求，而正式群体的组建通常是为了满足设定好的外部目的或目标。非正式群体的结构松散而流动，正式群体的结构则清晰且界定明确，独立于任何时刻中属于群体的特定人员而存在。

正式群体的传统定义是，掌权者为了实现具体目标而专门建立的群体。这些群体通常有劳动分工，这就是说，义务、权利和责任会指派给职位而非特定的人，而且有被明确界定的权力等级。正式群体通常有成文的政策与实践，而且群体的政策、实践、角色与地位通常不会随着群体成员变动而改变。

本章采用的正式群体定义要略微宽泛一些。前面给出的定义很适合专项工作组、实验团队或工作群组之类的群体，但还有一些群体有一定程度的正式结构，却并未对成员的角色、权利、责任和目标做出同等程度的规定。比如党派，这类群体有一批核心成员，他们有被精心界定的角色和上下级关系（比如全职党务人员），但绝大部分党派成员对党有一定的认同，却没有党务、财务或事务的日常管理角色。许多利益团体和行业协会有着以下结构：少数全职人员，加上大量没有正式角色、参与度和认同度各异的会员。许多行业协会和利益团体拥有混合式结构，有一批全职人员，有一批领导，还有掌握不同程度的权力和责任的委员，再加上没有正式角色的大部分会员。尽管如此，党派、利益团体、行业协会等群体都是许多人的社会认同的重要组成部分，对成员行为也可以发挥重大影响。

区分传统正式群体与混合正式群体是有益的。在前者中，群体结构指导着几乎所有成员的行为（例如工作群组、专项工作组、职业球队）；而在后者中，许多成员都有非结构化的、边缘性的角色（例如美国医学会）。本章第一节会讨论几个典型的正式群体：工作群组或专项工作组，以及团队。第二节会讨论具有

■ 害马之群：失控的群体如何助长个体的不当行为

混合结构的正式群体，比如兴趣团体或协会。

正式群体的权力问题、心理契约与团队

几乎所有职场人对正式群体都有体会。工作群组的定义包含多个因素。第一，工作群组的组建目的是执行或完成特定的任务。第二，工作群组在自身和他人眼中都是独立的社会实体。第三，工作群组有多种共事的方式，从单纯在同一地点工作（比如一群零件工人在同一个车间各自做着自己的任务）到依赖彼此完成任务（即依存）。这些群体有与非正式群体相同的界定特征（两者都有交互，都追求目标，都界定角色和责任，都是成员社会认同的组成部分），但工作群组与非正式群体有两个重要的区别。第一，工作群组追求的目标不属于自己。在制定日常目标和设计工作流程方面，任务群组和工作群组或许有很大的自主权，但他们追求的终极目标是有利于其他实体的（比如创建工作群组的组织），而不是群体成员。如果工作群组顺利达成了目标，那么成员可能会得到升职、加薪和奖金等好处，但工作群组或任务群组的核心关注点是达成组织的目标，而不是达成群体成员的目标。

第二，义务、责任、角色和权力通常是指派给职位而非个人的。这就是说，如果一名成员离开了工作群组，常见策略是选聘

一名能够履行离职员工职责的新成员。与非正式群体不同，工作群组的义务、责任和角色都是非个人化的。这就是说，它们独立于在任意时刻恰好占据相应位置的人。它们也是外在和明确的，意思是它们可以由组织或者创建工作群组的实体所界定和记录，哪怕人员变更率达到100%，它们依然可以保持当前的形式。

团队或工作群组中各岗位相应的责任、义务通常保存在合同或职位描述中。表6.1是一家全美铁路公司的车务人员的部分职位描述，里面列出了主要职责与任务，并附有各种职位要求。

表6.1　铁路车务人员职位描述

- 职位简介
    - 喷涂维修铁路车辆
        - 要求完成两年实习
        - 氧丙炔火焰操作，掌握焊接流程
        - 喷涂维修铁路车辆，包括车厢、底架、车体、车门、空气制动器、记录仪
        - 经理分配的其他活动与职责
- 身体要求
    - 下蹲/弯腰/跪地/匍匐/爬行/保持平衡/攀爬
    - 崎岖地形长距离行走
    - 爬上与爬下设备
    - 中度至重度工业作业
- 职位要求
    - 安全作业，避免工伤和意外
    - 必须通过录用后的医学检查，包括药检和体检
    - 穿戴硬质安全帽、听力保护器、安全靴等护具
    - 工作时间有可能不规律

■ 害马之群：失控的群体如何助长个体的不当行为

对于理解群体与恶行的关系而言，任务群组或工作群组中角色与责任的正式化有着重要的意义。当角色和责任得到了严密而明确的界定时，一种用来给恶行找理由的常见社会—认知机制（责任扩散）就有了广阔的机会。合同、职位描述、组织结构图包含的内容通常是很清楚的，但省略的内容也很清楚。比如你是一家大型组织的员工，你看到一名同事反复遭到严重的性骚扰。我在第五章说过，性骚扰常见得让人郁闷[伊列斯（Remus Ilies）、豪泽曼（Nancy Hauserman）、施沃绍（Susan Schwochau）和斯蒂巴尔（John Stibal）给出的荟萃分析证据表明，约有50%女性在工作中经历性骚扰]。同事、经理和其他人未能有效干预的一种潜在解释是，"保护员工免遭性骚扰"并不在许多员工的正式职位描述里，但通常**确实**在组织中的某个人的职位描述中（比如某位资深人力资源管理高管）。看到组织中存在性骚扰的人之所以袖手旁观，原因可能是：(1) 他们不是处理这个问题的角色；(2) 做出回应是其他某个人的角色；(3) 处于这种角色的人会处理好的。此外，既目睹了性骚扰，也看到组织没有做出任何回应的员工可能会推断道，他看到的事情未必有那么坏。这恰恰是因为组织中有人负责监督性骚扰并做出回应，**他们**却什么都没有做。

角色正式化不仅规定了义务与责任，也摆明了权力关系。这就是说，在正式群体中，不同的角色常常有不同的等级，甚至涉及不同类型的权力。

正式群体中的权力

正式群体中的角色通常涉及界定明确的权力与权威关系。例如，小学教师对学生有权威。这种权威不是绝对的，学校政策和法律可能对其做了认真规定（例如，通过州法律和校董事会政策的共同作用，美国有 32 个州事实上禁止在公立学校实施体罚），家长或倡议团体有时也能成功挑战教师权威。然而，在这些政策的界限之内，教师常常在教室内有相当大的权力，在教室外也有执行校规的权力。工作组织中常常有界定明确的等级。权力和权威由顶层高管掌握，经过一连串高管、经理和主管，流入分部、部门和工作群组层级。军队有严格的指挥链，但即使在这里，权力也不是绝对的。《美国统一军事司法法典》（*The U. S. Uniform Code of Military Justice*）要求军事人员服从**合法**命令；在美国诉基南案（United States v. Keenan）中，美国最高法院维持了列兵基南奉命枪杀一名越南老人的谋杀判决。

正式群体中的权力不仅仅是能给人下命令。在一项影响力巨大的研究中，弗伦奇（John R. P. Jr. French）和雷文（Bertram H.

Raven)提出了多重权力基础论。他们最初的著作中发现了一个人获取或运用权力的五种不同方式。后来,雷文又加入了第六种可能方式。表 6.2 中列出了六种权力基础。

表 6.2　弗伦奇与雷文的六大权力基础

强制权力	施加惩罚或威胁说要惩罚,以强制对方服从的权力
奖赏权力	提供或批准奖赏(包括受赏者看重的几乎所有结果),以换取对方服从的权力
合法权力	得到追随者认可,被认为是职位或头衔题中之义的权力
参照权力	来自追随者对掌权者个人的忠诚、尊敬、钦佩、情感或联系的权力
专家权力	基于与追随者目标相关的专业知识、技能或素养的权力
信息权力	基于掌握追随者完成目标所需或所求信息的权力

首先,一个人拥有权力可能是因为他能够惩罚不服从指示、命令或指令的人。惩罚不一定涉及强制力,一个人运用强制权力的方式可以是威胁要动用权力,也可以是施加多种不同的惩戒(比如降级或开除、社会孤立)。国家及其代理人(比如警察)合法的权力至少在部分程度上基于强制的权力,比如对违法者施以逮捕、罚金和监禁的权力。在一定程度上,奖赏权力是强制权力

第六章 正式群体、党派与协会

的另一面,它的基础是提供有价值的东西(比如升职、认可、社会支持)来换取服从的能力。这两种权力基础往往是相互交织的。有权授予奖赏就隐含着有权收回奖赏,意思是一名经理既然有(奖赏)权授予加薪,很可能也就有(强制)权阻止加薪。类似地,同一名法官既然有(强制)权判刑,也就有无罪开释之(奖赏)权。强制权力与奖赏权力的区别主要在于,一个强调胡萝卜(奖赏),另一个强调大棒(惩罚)。

合法权力存在于追随者承认特定职位会赋予权力的场景。例如,国王的权力有一部分是基于赏罚臣民的能力,但君主制度也在竭尽全力地宣扬和强化"权力是国王的权利"和"君主神圣"的观念。于是,国王常常会举行隆重的加冕仪式,提醒国民君权神授(比如英国君主由坎特伯雷大主教加冕,在加冕仪式上会敷圣油),平常也会举行仪式提醒国民君主的合法性。类似地,国家、警察以及其他立法和执法机关都会努力强化自己有权利施展权力的信念。合法权力是国家权力的一个重要部分,独立于奖赏或惩罚国民的权力。

合法权力的崩溃常常会对一个国家造成致命影响。例如,关于罗马帝国灭亡的理论有许多种,但几乎所有罗马衰亡的叙事都有一个共同的关键主题,那就是合法性危机。随着执政官或皇帝的"职位"通过贿赂和腐败被出卖,通过暗杀和内战被夺取,人

■ 害马之群：失控的群体如何助长个体的不当行为

们愈发不认同执政官或皇帝的统治权力。

合法权力不仅限于政治实体（比如国王、贵族、国家）。从高管到幼儿园教师的许多正式职位之所以能够发挥权力，是因为人们承认**应该**赋予这些职位以特定权力。这就是说，合法权力的发挥很大程度上依赖于被统治者的同意。合法权力可能是最稳固的权力来源，恰恰是因为它是非个人化的——合法权力跟着职位走，而不一定跟着人走。职位与权力的关联带来了可观的稳定性，一名君主去世后，王储会立即被赋予权力。同理，一名从下士晋升为中士的士兵，或者一位升职为主管的员工会立即获得权力，而且只要还在那个位子上，他就会继续持有权力。

合法权力与特定职位（比如法官、市长）相联系，与参照权力形成了鲜明对比，后者依赖于领导者和追随者之间的关系。受人尊敬、佩服或喜爱的领导之所以能掌握权力，是因为下属对领导有正面看法。然而，人气和好名声转瞬即逝。当下属对某一位领导的态度改变时，参照权力也会发生显著变动。更重要的是，参照权力是完全个人化，完全受限于情境的。这就是说，某个人今天可能因为受到追随者的尊敬而掌权，但如果追随者变了（比如有人离职，新人加入了工作群组），参照权力可能就会减弱。类似地，参照权力可能随着时间衰减。法国有一句古谚，翻译过来的意思是"仆人不会把主子当英雄"。这句话背后的含义是，

第六章 正式群体、党派与协会

佩服和尊敬之情很难经得住长期亲密交往，尤其是与社会地位比自己高的人交往。随着时间的推移，你所敬佩的对象可能渐渐不那么"高大"了（"毫无隐秘"），最起码对方的某些行为不会再让你肃然起敬了。哪怕是品德高尚、广受仰慕的人（比如甘地和马丁·路德·金）也有阴暗面和黑暗的日子。

专家权力来自"能够胜任"的个人印象。专家具备有时对群体非常有用的知识、技能和素养，这种专长可以是一个权力与权威的来源。如果群体的核心任务保持不变，而且需要特定的专门知识或技能来完成的话，专家权力就可以长期存在。但如果群体其他成员能轻易学会专家的技能，或者群体的任务发生变化，专长变得没用了，那么专家权力也是易逝的。

最后，如果有人能接触或掌握某个追随者完成某项任务所需的特殊信息，他就能获得信息权力。这里区分了两种知识与技能，一种能让人胜任某种任务（专家权力），另一种是"知道尸体埋在哪里"。群体里常常有这样的人，他们知道该向谁求助，或者知道存放重要方案的保险柜的密码。最优秀的行政助理不一定擅长文书工作和安排领导日程，却常常知道在各种问题需要解决时都该去找什么人。

这六种权力基础并未穷尽全部的可能性。克里斯玛权力与弗兰奇和雷文列举的几类权力有关，但也有重大区别。克里斯玛领

■ **害马之群：失控的群体如何助长个体的不当行为**

袖通常兼具自信、相貌突出、社交能力强、魅力大、亲和力强、个人能力强，以及能帮助他们与追随者建立强有力的情感联结的品质。克里斯玛领袖常常会提出宏大设想，展现出强烈的使命感。他们与专家权力或参照权力的最大区别或许在于磁铁般的吸引力。克里斯玛领袖的追随者有时会说自己着了魔，别无选择，只能追随真正的克里斯玛领袖。不幸的是，一些克里斯玛领袖之所以要为惨重的伤痛负责，恰恰是因为追随者实际上被领袖牵着鼻子走。例如，阿道夫·希特勒常常被描述为克里斯玛领袖（尤其是在1930—1940年）。至少在10年时间里，他迷惑了相当一部分德国人，并最终带领他们和其他许多欧洲国家一起走向了可怕的毁灭。

这里讲的大部分权力都可以在正式群体或非正式群体中看到，但在这两种群体中，权力的性质和运用都有着关键的区别。第一，正式群体中的权力更可能保持稳定，尤其是至少有一部分合法权力基础的情况下。一些非正式群体中（比如在家庭中子女同意父母的权力，至少在青春期之前）可能存在合法权力，但大多数情况下，一个赋予特定职位以权力的群体都是正式群体，这是写在定义里的。相比之下，大多数非正式群体中的权力都是个人化的，依赖于专长、信息和成员关系等多重因素。第二，由于正式群体常常有界定清楚的任务作为它存在的理由，所以在其中与任务相关的权力形式（比如专家权力）常常是更持久、更重要的影响力来源，而非正式群体中就不是这样。

领导者的权力越大，追随者就越可能将伤害他人或违背社会规范的行为的责任转移出去。在多种权力来源（比如合法权力加上专家权力）都有意义的情况下，同时掌握这些来源的领导者可能会特别强势。但是，领导者的权力也依赖于文化因素。在第一章中，我介绍了通常叫作"权力距离"的文化价值观（相信人们应该维护等级制，权力地位高的人可以自由发号施令）。在权力距离大的国家（比如日本），遵从领导是国家价值观的核心组成部分，那么根据推测，不道德行为的责任扩散在这种国家可能特别容易发生。

心理契约

正式群体，尤其是工作组与工作群组，常常对成员的义务、责任和权利有详细的成文规定。除了书面合同和职位描述，个体还常常会形成与组织的**心理**契约。在工作组织中，心理契约代表着若干关于员工对组织、组织对员工相互承担责任的预期（不一定会摆在明面上）。看待正式群体与非正式群体区别的一种方式是，正式群体既有正规（通常是书面）的角色、义务和责任说

■ 害马之群：失控的群体如何助长个体的不当行为

明，**也有**涵盖公认的隐性期望的心理契约，而非正式群体往往仅仅按照非书面规则运行。

工作组织中心理契约的经典表述是"做一天公平的工作，得一天公平的工资"。[1] 但是，工作群组成员与工作群组本身、工作群组所属的组织之间的心理契约远非这句简单的公式所能涵盖。例如，在工作组织中，雇主期望员工超越组织的最低要求，在需要的时候表现出承诺与进步的意愿。这就是说，组织常常有一个隐性的假定，认为员工还会做出人们常说的"情境绩效行为"（"组织公民身份"与"情境绩效"一般是通用的）。这些行为并不是完成个人具体分内任务所需要的，但对团队和组织的平稳运行来说不可或缺。这种行为的例子包括帮助他人、配合、礼貌、自我发展、积极进取、坚持不懈、忠于组织、遵守组织的规则与政策。

员工对组织有许多意义重大的期望。例如，员工可能期望组织公正地评价自己，保护自己免受伤害（例如事故和职场骚扰），得到组织的体贴和尊重。违反这些期望会降低职业满意度、组织承诺和工作绩效，增加跳槽意向。

因为构成心理契约的期望并不总会被言明，所以会引来麻烦。比如，你的合同和职位描述里没有写帮助他人或者配合同

---

1 在一些国家，由于经济接近崩溃，员工与组织关系失调，所以当地有了这样一句更愤世嫉俗的格言："他们假装付钱，我们假装干活。"

事，没有写主管和经理期望你做这些事，但是如果你没有这样表现，他们就会对你做出负面评价。这个事实隐含着大量的困惑与冲突。你可能认为，组织公民身份（organizational citizenship）的某些方面**确实**不是你的分内职责，如果是的话，那就应该在合同里写明，你也应该为这些额外的责任而收费。你的主管可能认为，合同里不会写"不要当讨厌鬼"，但人人都明白，一个抱怨连天、不提供必要的帮助，还说工作群组和组织坏话的人是坏员工。书面合同写明了角色和期望，但总有书面合同涵盖不到，但对雇主和雇员同样重要的主题。只要人人都有一致的期望，那么大家可能完全不会注意到这些非书面的期望，但如果期望不一致的话，那就会成为不满的根源。

违反心理契约是恶行的一种强大驱动力，我在后续几章里会更详细地阐述这一点。如果一个人觉得自己受了骗，或者没有受到自己认为应有的对待，他就更有可能反过来对付主管、经理或组织。例如，格林伯格（Jerald Greenberg）研究了一批临时降薪15%的制造业工厂，结果发现这次计划外的降薪与员工偷窃率的显著增加有关。他还发现，在工厂对降薪做了解释的情况下（与部分订单流失有关），员工偷窃率显著下降。

讨论 6.1
官僚制"赞歌"

当你听到"官僚制"这个词的时候,你大概会想到一大群面目模糊、让你填表的人,他们的主要工作似乎就是让你的日子更不好过。如果你得知官僚制一度被视为解决方案而非问题的时候,你或许会大吃一惊。这个词是被德国社会学家马克斯·韦伯推广开来的,他是第一位系统研究官僚制的学者。他认为官僚制是组织人类活动的最高效、最理性的方法,并声称官僚制也是最道德的组织体系。他眼中的官僚制包括正式的权力关系、界定明确的规章制度、劳动分工、基于资质的职业晋升和高度的可预测性。

我们都知道跟官僚打交道多么有挫败感,那韦伯为什么要给官僚制唱赞歌呢?要理解官僚制的好处,一种办法就是想想非官僚体系是如何运作的。如果没有制定好的规则、角色和上下级关系等,决策的不可预测性和专断性就会越来越大。非官僚体系到最后一般都是基于人情和徇私才能运行。非官僚体系 [有时会用灵活组织(adhocracy)

来描述官僚制的反面]有时以灵活性与适应性为人称道，但应变组织很难持续做出让相关人员觉得公平一致的决策。韦伯之所以称赞官僚制，是因为官僚制努力做出理性和公平的决策。美国公务员体系与相关政府官僚机构发展中的一大因素，正是反对基于人情和徇私的决策，这与韦伯的想法如出一辙。

你希望自己的公司或政府是官僚制，还是灵活组织（或者介于两者之间的某种形态），很大程度上取决于公平一致性与做事效率之间的张力。在最坏的情况下，官僚制会让决策和行动变得迟缓不堪。例如，大型建设项目需要的环境许可证可能要花好几年才能办下来，这样一来想办法绕过官僚体系的诱惑力可能会很大。但是，不顾环境约束就开工可能会造成不可弥补的伤害。如果你是一名社区成员，考虑不周的项目直接伤害到了你的利益，那么你对官僚制的感受可能就会大大不同于急于推进项目的总工程师。官僚制会产生挫败感，但有时也是多种不完美的组织方式中最好的一种。

■ 害马之群：失控的群体如何助长个体的不当行为

团　队

正式群体的种类有很多。从可能造成恶行的多种正式群体特征来看，团队既重要又特殊。团队和其他类型的群体有两个区别。第一，团队依存性高。按照团队任务的常见组织形式，团队的成功与任何一名团队成员的成功都要靠其他成员履行自己的角色。因为这种依存性，所以凝聚力强、交流频繁的团队一般绩效更好。在其他类型的群体中，社会惰化[群体成员出工不出力的倾向；参见卡劳（Steven J. Karau）和威廉姆斯（Kipling D. Williams）的一篇社会惰化研究的荟萃分析综述]可能是一个大问题，但在运转良好的团队中，成员很可能知道如果自己没有履行职责的话，就会损害团队和其他团队成员，于是绩效低下的可能性也更低。

团队的第二个特点是，成员对群体及其任务的承诺度和认同度都比较高。例如，球队（尤其是顶级球队）成员常常会表现出高承诺度，而且愿意为球队利益做出重大牺牲。如果球队成员表现出高度的相互信任，那么这种承诺就尤其容易出现。要让团队成员信任团队，他们必须感到：（1）团队有能力完成自己的任务；（2）团队不会损害个体或个体利益。研究表明，团队认同感对个体成员的行为、态度和绩效都有强大的正面效应。

职场中对团队的应用日益普遍，员工同时被分配给多个团队也不罕见。在有多个团队的情况下，个体对每一个团队的依附度依赖于团队的声望和凝聚力，以及团队的工作内容。研究表明，团队凝聚力与团队绩效有关联，但因果关系的方向并不总是明确的。例如，凝聚力可能会增加沟通、增强团队认同感，进而转化为高绩效。然而，成绩也可能催生凝聚力，而且与落后团队相比，人们对成功团队的认同感会更强。

最后，古佐（Richard A. Guzzo）、约斯特（Paul R. Yost）、坎贝尔（Richard J. Campbell）和谢伊（Gregory P. Shea）指出，成员认定所属群体或团队能够取得成功（即团队潜能）的共同信念是重要的。相信自己能完成特定任务的群体和团队可能会投入更多努力，即使一开始似乎不太成功，也更可能会坚持下来。对能否完成重大任务感到怀疑的团队可能连试一试的意愿都很弱，一遭到挫折也更容易放弃。

团队过程与任务过程

任务协作通常需要两类活动：（1）任务过程；（2）团队过程。这就是说，完成一项任务需要多种活动，包括制订计划、收集所需信息和资源、执行任务。然而，团队不能只盯着具体任务，还必须投入时间和资源，打造和维护一支高效能团队。"团

■ 害马之群：失控的群体如何助长个体的不当行为

队过程"这个词指的就是一个团队或群体流畅运行所需的活动，它与任务过程同样不可或缺。各类群体（包括非正式群体）都需要这种活动，但对常常需要高依存度和高凝聚力的团队来说，团队过程对团队成绩而言尤其重要。

我在第五章中讨论了群体中的社会—情绪角色。这些角色中有不少与打造和维护高效团队有关，而非完成具体的团队任务。例如，团队必须分配和沟通内部角色与责任。在连续执行同一项任务的团队中，这可能只需要做一次。以职业橄榄球队为例，每个人进队时都有非常具体的角色（例如弃踢手、长开球手），接受的训练也是为了最高效地履行各自的角色。球员不需要在每场比赛前都重复协商角色（比如这场比赛我弃踢，你长开，下周调换过来），虽然可能需要不时微调（举个例子，如果对方球队摆出了某种阵型，我方可能就需要决定每名队员应该怎么做）。如果任务随时间变化，团队角色与责任指派的问题就会变得更复杂。

工作组织现在越来越强调有效适应不稳定和变化的重要性。普拉克斯（Elaine D. Pulakos）、阿拉德（Sharon Arad）、多诺万（Michelle A. Donovan）和普拉蒙登（Kevin E. Plamondon）指出，随着工作变得愈发复杂，组织及其环境愈发难以预测，职业绩效会涉及对新需求和新环境的适应。在动态或不稳定的任务环境

第六章　正式群体、党派与协会

中,频繁地再评估和再协商团队内角色、义务和责任可能是必要的。

团队过程不仅仅是决定谁做什么工作、各种活动或后果由谁负责,同样重要的是监督和维持对于资源的分配、奖赏过程。公平感和平等感是团队凝聚力与效能的重要因素,当部分成员被认为得到了特殊照顾或者私下好处时,这可能会大大增加团队冲突,降低团队效能。

由于团队依存度高,所以成员通常认为支持和指导同事是必要且有益的。我之前提到过组织公民身份(又称情境绩效)的重要性。帮助和支持他人是优秀组织公民的关键要素,在团队中更是加倍重要。

团队在工作组织中愈发普遍和重要,但我们很难避免一种感觉:对于团队的描写只适用于世界上的很小一部分人。例如,成功球队会表现出高度的团队精神、承诺、认同等。**一些**工作团队大概也是如此,但大部分工作团队不可能表现出同等的承诺与认同。在满足以下条件时,工作团队最有可能类似于成功球队:(1)工作重要且能带来声望;(2)成功;(3)成员自愿加入或竞争上岗。组织中的许多团队大概更像是工作群组,因为它们并未表现出商学文献中所广泛讨论的那种级别的依存度、凝聚力和承诺度。然而,不管团队是什么性质,若要成功执行其核心任务,

■ 害马之群：失控的群体如何助长个体的不当行为

在团队过程上投入大量时间和精力都是必要的。

具有混合结构的正式群体：政党与协会

协会、政党、利益团体的主要存在意义是服务于成员的利益、提升成员的地位并限制对手（比如支持严格的执照法规，阻止其他人从事你选择的行业）。这些群体是混合结构，有少数核心全职人员和大量参与度各异的成员。比如，我就加入了多个专业协会，包括工业与组织心理学协会（Society for Industrial and Organizational Pyschology，简称 SIOP）。SIOP 致力于工业与组织心理学科研实践。SIOP 是美国心理学会的第 14 分会，也是美国心理科学协会的关联机构。SIOP 有 5000 多名正式会员和 4000 多名参与学生。大部分会员会参加 SIOP 组织的会议（一般是不定期参加）、缴纳年费，有时在协会领导选举中投票。协会只有少数全职人员，然后还有 100～200 名会员常年在协会各委员会任职，并担任选举制或任命制的协会领导。与许多专业协会一样，这个团体会为成员利益游说，也会举办活动（比如会议），让会员聚在一起，分享科研和实践中的想法。这个协会是许多会员的职业认同（有时还包括个人认同）的重要组成部分。

这类群体的区别性特征是成员参与度天差地别，群体包括极少数全职人员、少数投入度和专注度比较高的干部,以及大批最多间歇性参与的会员(他们在年会时参与度和认同度较高,其他时间参与度较低)。在这种混合结构下,一小批干部背上了大量负担,但也拥有很大影响力。他们的参与度高(比如担任领导,在重要委员会任职),在制定组织政策和安排优先事项中也扮演着极为重要的角色。不同类型的协会服务于不同的需求,但协会的共同点在于,它们都有潜力成为成员认同的重要组成部分。

政　党

最简单地说,政党的目标是选举公职人员。我们通常会做出以下三种区分:一种是作为组织(例如全国、州和地方委员会)的政党,一种是作为一群协调行动的政府官员的政党,一种是作为认同某党的选民团体(他们可能是,也可能不是注册党派成员,可能投票,也可能不投票)的政党。

美国政党通常与更宽泛的社会、族裔和宗教群体相关。例如,黑人、亚裔、拉丁裔美国人、犹太人、无宗教人士更偏向民主党,而摩门教徒、白人福音派新教徒、没有大学学位的白人男性更偏向共和党(美国皮尤研究中心)。政党在基层的认同基础可能会特别强,在那里,他们有更多机会进行干预,直接影响选

■ 害马之群：失控的群体如何助长个体的不当行为

民的切身利益。

与任何其他组织一样，如果政党成为定义一个人身份认同的重要元素，那么这个人便会愈发有动机采取他认为符合党的利益和价值观的行动，并用负面眼光看待敌对党派的人员。有明显证据表明，美国政治极化愈发严重，由此导致的敌意与冲突增多，甚至家人和朋友之间也不例外。一项近期的调查发现，接近五分之一的民主党人和共和党人同意这句话：敌对政党人士"缺乏可以被视为完整人类的特质，他们的行为像动物一样"。

尽管有证据表明政治极化加剧了群体间冲突，但这种效应的因果关系方向有时是模糊的。例如，梅森（Lilliana Mason）和弗龙斯基（Julie Wronski）主张，种族、宗教和意识形态身份与认同对政治倾向有很大影响，这些既有差异可能会将人拉入特定政党。但毫无疑问的是，政党会造成冲突，甚至常常引发暴力。我们几乎可以确定，美国政治极化助长了人际间的冲突与争议，有时还引发了暴力事件（网络政治阴谋论引发了2016年彗星乒乓披萨餐厅枪击案）。在其他国家（比如印度），政治分裂造成了许多人员伤亡。

政党常常在终极恶行（战争）中扮演关键角色。例如，20世纪30年代德国的政治分裂在纳粹党的崛起中发挥了重要作用。更重要的是，在法国和其他同盟国，党争让政治陷入瘫痪，于是

第六章　正式群体、党派与协会

无法对希特勒早期的侵略举动（比如莱茵兰再军事化、大规模重建德国陆军和空军、德奥合并）做出有效回应。大概是受此鼓舞，希特勒在捷克斯洛伐克和波兰采取了进一步的行动，最终引发了第二次世界大战。然而，可能引发战争和国际冲突并不是政党在造成恶行过程中发挥的唯一作用，甚至不是最主要的作用。

政党存在的部分作用是鼓动和动员党派成员，常用手段包括：（1）煽动党派成员的情绪；（2）将对手非人化和妖魔化。第二章讲过，情绪唤起是聚众暴力行为的一个关键要素，它会增加几乎所有违规行为的可能性。对政党的强烈依附感，再加上政党竭尽全力激发和鼓动党派成员，党派成员在约束自身行为、遵守规则与社会规范等方面的意愿可能就会减弱。其次，政党依赖对立，动力来自对立，在根本政策和优先事项上达成共识的政党会难以激发热情和忠诚。即使在主要政策区别不大的情况下，政党常常也会努力从竞争者中脱颖而出，而一种几乎普遍性的策略就是将敌对党派宣传成不可信、不诚实、腐朽或者邪恶的样子。通过在政策主张极为相似的政党的成员之间制造和煽动敌意，政党很可能提高了社会内部的冲突水平。更重要的是，如果政党让你相信敌对党派是狡诈而危险的，那么你觉得自己苛待敌对党派成员是合情合理的可能性就会大大提高。

政党体现了区分结社与其他正式群体的一个关键特征——结

社对成员的意义大小和关系远近差别巨大，不仅成员之间不一样，不同时间也不一样。例如，许多注册民主党派成员与共和党派成员的党籍对其日常行为影响很小，但随着选举的临近，党派成员对各自党派的参与度和投入度可能就会提高。这种现象在选举期短的国家还要更明显。美国的总统选举流程通常要达到一年以上，总统竞选也许在选举前好几年就开始了。与美国不同，大部分代议制国家的选举期都比较短，大部分党派成员可能很久都不会想到自己是党派成员，更不用说参与相应的行动了。与其他的重要参照群体不同，结社对成员的信念和行为可能只有间歇性的影响。

协会与社会运动

人们有时之所以加入群体，是因为自己的价值观和兴趣与群体的目标相符。这种群体的范围从兴趣社群（比如前面提到我加入一个脸书小组"吉他拨片老手"，组里发的是多年吉他爱好者会感兴趣的歌曲和信息），到社会运动，再到专业协会（比如美国心理学会、英国皇家医学会）和兄弟会[比如麋鹿会（Elks）、共济会、圣地兄弟会（Shriners）]。这些群体的关注点、规模和资源有巨大差异，但都有几个共同的特征。

第一，这些群体一般采用混合或分层结构，有极少数全职工作人员、一小批积极参与的会员干部（常常在重要委员会任职，或者担任协会领导），还有一大群参与度各异且呈间歇性模式的会员。第二，这些群体的成员有时会为了入会和参与活动而投入大量时间和金钱，而且成员往往并不期望从中获得物质收益。一些专业协会确实会为成员提供实际好处（比如订购专业期刊享受优惠价，获得专业认证），但即使在这些群体里，会员成本通常也要超过实际好处。尽管如此，会员往往还是觉得入会是值得的，这种群体常常是成员社会认同的重要组成部分。

第三，利益团体、社会运动和专业协会是世界性的现象，但这些群体（活动）在美国特别重要。1840年，阿历克西·德·托克维尔出版了对美国民主的伟大概述。他写道：

> 在美国，只要有几位居民有一种想在社会上推广的观点或思想，他们就会彼此寻找，一旦接触上就联合起来。从那一刻起，他们不再孤立，而成为一股势力。从远处看去，他们的活动成为榜样，他们的话语会获得关注。

美国有超过90000个行业与专业协会，有的广为人知（比如美国律师协会、全国教育协会），也有的名声不响，但依然对会

■ 害马之群：失控的群体如何助长个体的不当行为

员很重要[比如美国蜡烛协会（National Candle Association）]。美国历史上有过上百个兄弟会，有的人们比较熟悉[比如狮子会、麋鹿会（Benevolent and Protective Order of Elks，即Elks）、古爱尔兰修道会（Ancient Order of Hibernians）]，也有的更具异域风情，且已经停止活动[比如美国德鲁伊修道会（Ancient Order of Druids in America）、皮西厄斯骑士团（Chevaliers de Pythias）]。当然，其他许多国家也有重要的兄弟会[比如北爱尔兰的奥兰治兄弟会（Orange Order）]，许多兄弟会也是国际性的（比如共济会、圣约之子会）。有的兄弟会有浓重的神秘主义色彩[比如古老神秘玫瑰十字会（Ancient and Mystical Order Rosæ Crucis），又名玫瑰十字会（Rosicrucians）]，或者主要存在于传说而非现实中（比如光明会），但自从托克维尔的时代起，参加一个或多个组织、协会就是美国生活的普遍特征，而且这种入会的热情至今在美国没有消亡的迹象。

罗利（Timothy I. Rowley）和莫尔多韦亚努（Mihnea Moldoveanu）发现，兴趣团体常常是围绕某种既有观念或意识形态组建的。例如，我的大部分职业生涯都是在不同的心理学系度过的，我们也鼓励即将毕业的学生加入美国心理学会，以及工业与组织心理学协会等学科协会，它们有助于学生形成和强化对心理学家的身份认同。

第六章　正式群体、党派与协会

一个群体越是处于核心，它的规范、标准和价值观对你的行为影响力就越大。群体的成员对群体认同感的强度和一致性相差很大。如果你发现有人是狮子会或麋鹿会的会员，你或许并不会对其行为有多少了解；但如果你还发现这个人为群体的核心事业投入了大量时间和努力，那么你对其价值观、规范和行为的推断可能就会越来越准确。

在本节中描述的三类群体中，社会运动和政党唤起成员情绪和激情的潜力最强。你不太可能对专业协会投入太多感情，在该交会费的日子，或者协会罕见地做了某件直接影响到你的事情时，你或许会对协会产生更强烈的感情，但这些群体的宗旨不是让成员上街游行。而许多社会运动和政党的目标恰恰是动员成员，这有时会导致公民不服从（例如 2011—2012 年，7000 多名占领华尔街运动的参与者被捕）、暴乱（例如 1992 年洛杉矶暴乱和 2021 年美国国会暴乱）和暴力袭击（许多权威主义政党都有准军事组织，主要职责是威慑和扰乱反对者）。这种成员动员的关注点常常是推动积极的社会变革（例如反酒驾母亲运动）或者推进人权事业，但也有许多运动和群体的目标更加丑恶（例如 3K 党、骄傲男孩组织、雅利安兄弟会）。即便是最慈善的运动，成员做出违法或反社会行为的潜力大小也与成员对群体及其目标投入的情感强弱成正比。前面几章里对暴徒行为的讨论表明，情

■ 害马之群：失控的群体如何助长个体的不当行为

绪投入可以激发许多正面行为，但也会让人放低戒备，更容易做出可能造成持久且重大伤害的行为。

讨论 6.2
名字看似平平无奇，实则居心叵测

美国自由党（American Freedom Party）、创造力运动（Creativity Movement）、基石联合（Keystone United）、国民联盟（National Alliance）有什么共同点？它们听起来都是人畜无害的团体，但其实都被南方贫困法律中心列为仇恨团体。这些群体都与白人民族主义、白人至上主义或反犹太主义等意识形态有关。公民联合会（Citizens' Councils）、州主权委员会（State Sovereignty Commission）、保守公民委员会（Council of Conservative Citizens）又有什么共同点呢？和前面一样，它们的名字看上去危害不大，但其实要更丑恶一些。在 20 世纪 60 年代，这些团体都是抵制种族融合与黑人公民权利的主力。在这里列出的所有案例中，选定的团体名称起到了伪装活动本质的效果（而且很可能是有意为之），这让人们更容易参加、资助和支

第六章 正式群体、党派与协会

持这些意识形态,又显得没有做任何反社会的事。

许多群体会选择看似平平无奇的名字来掩饰其活动的本质,比如用"自由""美国""主权"等字眼。然而,并不是所有仇恨团体,或者旨在维持歧视的群体都会采取这种策略。最引人注目,也最成功的仇恨团体是3K党,它刻意选择了一条不同的路线。

最初的3K党成立于美国内战结束后不久。他们实施了旨在恐吓被释奴隶及其支持者的暴力活动,过了一段时间,原始3K党被一系列联邦法律镇压了。1915年,吸取了电影《一个国家的诞生》(*Birth of a Nation*)的思想和灵感后,3K党卷土重来,一度号称有上百万党派成员。[1] 3K党有巨大的政治影响力,尤其是在南方和中西部。1925年,2.5万名3K党成员在华盛顿特区盛大游行。针对民权运动的第三波3K党始于20世纪50年代和60年代。

3K党的组织形式随时间有一定变化,但有几个要素自从19世纪60年代开始就保持不变。首先,3K党通常自称"隐形帝国",暗示3K党无处不在,实力强大。其次,领袖和高层领导的名号一直有神秘主义色彩(比如巫

---

[1] 这个数字有争议,真实党派成员人数难以获知。

师、巨龙），第二波3K党为职位、活动和集会地点起了一整套神秘兮兮的名号，全都以KI开头，目的都是烘托出3K党是一个神秘重要团体的印象。团体名称、党内名号、KI开头的词汇都有助于营造一种强大和危险的光环，以便吸引成员和投射影响力。

通过研究与不同团体相关的名称与术语，我们能瞥见这些群体的目标和策略。这里描述了两种策略，一种是用人畜无害的名字掩盖活动的本质，一种是选择能宣扬团体特点，或者给人造成团体十分强大印象的名称和名号。两者都是在有意识地选择如何建立和维持群体。不幸的是，两种策略都可以号称取得了多次"成功"，如果你将建立仇恨团体叫作成就的话。

正式群体如何造成恶行

与非正式群体一样，正式群体会创建描述性规范与指令性规范，影响成员对于**实然**和**应然**的感知。正式群体有多种与非正式群体相同的社会控制工具，有能力对某些成员授予奖赏（比如认可与荣誉、加薪、升职），对另一些成员施加惩罚（比如开除、剥夺职位与职责）。区别在于，正式群体的稳定性更强，结构化程度更高，从而能够进行更大范围的赏罚。例如，美国心理学会可以向做出突出贡献的会员授予院士身份以示认可，并每年向为心理学研究与实践做出重大贡献的个人颁发奖项。学会还发布了《心理学家伦理守则与行为规范》(*Ethical Principles of Psychologists and Codes of Conduct*)，每年还会发布因违反协会规定而被开除的心理学家名单。类似地，工作群组也有评估成员绩效的正式工具（比如年度绩效评估），奖赏高绩效员工，惩处低绩效员工。

在有角色划定和权力关系的意义上，正式群体和非正式群体都有结构。但是，结构的强度和稳定性有显著差异，这种差异对恶行有着重大影响。首先，正式群体中的角色是指派给职位，而非个人的。相比于非正式群体，正式群体中的角色是被明确界定的，其中的成员对于谁负责什么，谁有权力和权威做出特定的决策要清楚得多。章程、组织架构图、职位描述、手册等资料为正式群体中的角色赋予了清晰性和持久性，这对行为有决定性的影响。正常情况下避免乃至抵制伤害他人的人，可能会心甘情愿地去参与污染一条所属社区依赖的河流，愿意把弱势人群从家里赶出去，愿意摧毁不确定是否真的窝藏敌军士兵的村庄，愿意杀害平民等。由于存在界定明确的角色和权力关系，人们将责任推给

■ 害马之群：失控的群体如何助长个体的不当行为

奉命行事要容易得多，行动时也不会考虑后果。

正式群体与非正式群体最重大的区别与权力有关。正式群体能获取的权力类型多于非正式群体，尤其是，正式群体中的权力常常是合法化的，而合法权力有可能以专家权力、信息权力乃至参照权力都做不到的方式重新界定规范和期望。在极端情况下，国王或政府首脑能够重新定义什么在社会中是可以接受的，什么是不可以接受的。类似地，组织或协会的高管有能力制定，或者至少有能力影响指令性规范。后面几章会讲到，正式群体常常有能力制定一套平行的规范与期望，它不同于社会总体的规范与期望，但规定了组织期望成员做的事。第十一章和第十二章会讲述多种病态和腐朽的组织，这些组织的一个重要特征正是存在一套严重反社会的平行规范与期望。

正式群体兼具界定明确的角色和权力关系，因此相比于非正式群体的通常情况，正式群体对成员行为的影响要大得多。非正式群体可能很有影响力，但很少会成为正式群体那样的大型恶行的踏板。正式群体可能会成为大规模盗窃诈骗、骇人听闻的暴力破坏的驱动力。如果成员对正式群体的依附度与承诺度高，那么群体影响成员做出恶行的潜力就会显著提升。我会在下一章中讨论个体与群体的依附问题。

总　结

正式群体与非正式群体有多个共同特点（比如成员交互，群体制定规范，群体是成员社会认同的一部分），但正式群体还多了两个至关重要的因素。第一，正式群体的结构界定更明确，也更稳定。在正式群体中，义务、角色和责任往往都是指派给职位（比如出纳）而非个人的。角色也常常在文档、章程等资料中得到详细界定。第二，权力和权威在正式群体中的界定更清晰，正式群体也常常能获得大多数非正式群体得不到的权力类型（比如合法权力）。然而，不同类型的正式群体存在重大的结构差异，对我们理解正式群体如何鼓励或限制恶行有着重要的意义。

例如，不同群体表现出的依存度不同，有些群体只是一批在同一地点但各自独立行动的人。团队则常常会表现出高参与度、承诺度和依存度，这些特征会增强团队规范与价值观对成员行为的影响。

许多组织、协会表现为混合式结构，有少数全职雇员，一小批高度奉献、长期参与群体活动的干部，再加上一大批参与度和依附度天差地别的会员。一些群体可以成功激励和吸引成员，比如政党和社会运动，另一些群体（比如专业协会）则很少会对大批会员造成重大影响。

■ 害马之群：失控的群体如何助长个体的不当行为

在许多正式群体中，界定明确的角色、清晰的权力关系、权威与支撑权威合法性的规范三者结合起来，大大提高了某类恶行发生的可能性，尤其是在这样的情况下：成员可以被说服去遵从一些行为，而这些行为似乎是群体的需要，或者是群体领导者的命令。几乎每一次大规模违反法律和社会规范的行为（比如企业诈骗、战时暴行）都涉及许多只是奉命行事的人，或者相信自己在做最有利于群体的事的人。第八章至第十二章会探究工作组织中的恶行，阐明正式群体的各种特征何以会变成恶行的"踏板"。

第七章
个体与群体的关系：依附、认同与承诺

本章考察人与群体的关系。总体而言，一个群体对个体越重要，这个群体的规范、价值观和期望就越可能会影响到个体行为。然而，人与群体可能有许多种关系，这些构成了一个复杂的关系集合，单纯用强弱维度来描述过分简单化了。

我们为什么被群体吸引

在细致探究个体与各种潜在重要群体之间是**什么样**的关系之前，我们应该先回顾一下前几章考察的问题：人**为什么会被群体吸引**？许多研究和理论试图解释社会群体（包括正式群体和非正式群体）对个体的重要意义，我相信若要解释人为什么被群体吸引这个问题，最好从三大基本动机着手：(1) 归属需求；(2) 维护正面自我形象的欲望；(3) 减少不确定性与模糊性的欲望。在第四章中，我讨论了群体在建立和维护正面自我形象，以及减少模糊性中扮演的角色。我在本章中会延伸上述观点，但首先要解决一个前几章中未能充分考察的话题——归属需求。

归属需求

第一，归属需求被认为是人的一种普遍性需求，是超越文化的基本需求。强有力的现实证据表明，归属需求未得到满足会造成痛苦和不安。尤其是，有大量研究发现，当人受到对自己重要的群体欢迎或接纳时，他们会产生快乐、喜悦、平静、满足等正面情绪。反之，当人遭到拒绝或被开除时，他们会感受到强烈的负面情绪，比如焦虑、嫉妒、抑郁和哀伤。甚至有证据表明，社会排斥造成的心理痛苦非常强烈，这种痛苦涉及的脑区与感到身体疼痛的脑区相同。

利里（Mark R. Leary）和考克斯（Cody B. Cox）将归属称作"社会行动的一大动因"，还主张几乎任何社会行为或文化行为理论的第一前提都应该是人类有建立和维护人际关系的强烈动机。麦克唐纳认为，自尊反映了个体与群体之间的关系，而且最好将自尊理解为反映了一个人对重要的他人能否接纳自己的认识。

有研究者主张，群体归属本身还不够，重要的是地位，或者说一个人在群体中的相对位置。这种以地位为核心的争议性论断至少可以追溯到20世纪40年代，马斯洛的动机理论尤其推崇地位。尽管地位无疑有价值，但主张社会动机的基本推动力是地位而非归属的理论意味着，一个人若是作为追随者，而非领导者归属于一个群体，则基本需求不应该得到满足。我们不清楚这一点是否为真。一种调和两种观点的可能看法是，归属本身就有价值，而归属之外再加上地位，则会提高群体成员身份的价值。

维护正面自我形象

第二，群体成员身份有利于维护自尊与正面自我形象。群体还提供了各种保持和提升自我价值感的手段，尤其是在个体对群体持正面看法的时候。加入一个好名声的群体有助于改善所有成员的自我形象。然而，即使当一个群体的主要优势不在于名声时，被群体接纳为成员本身就能提升一个人的自尊水平。我在第四章就说过，维护正面自我形象是人最有力、最持久的目标之一。

■ 害马之群：失控的群体如何助长个体的不当行为

减少不确定性

第三，人们常常对不确定性和模糊性感到不适，而群体在提供关于世界的信息，以及关于个体应该如何行为的信息上扮演着关键角色。这就是说，群体不仅满足了归属需求，还为成员提供了信息、协助和社会支持。群体有助于回答关于身份认同（我是谁），以及关于人应该如何做事（正常和期望行为是什么）的问题。有共同社会联结感的个体常常会内化群体的观点、信念、目标和动机。

为什么有人不受群体吸引

通过思考我们为什么需要群体，我们得以一窥那些**不想要或不需要融入群体的人**。在第一章中，我讨论了自恋与精神病态。真正的精神病态不仅扬扬自得，而且鄙夷人际关系，因此对他们来说，融入群体是困难的，甚至可能是没有意义的。这些特质能够在某些事业上带来惊人的成功，还有人揣测，许多经理人和高管都有精神病态倾向。但现有证据认为，不论是高管的精神病态比例，还是这种人格特质能够为企业内升职带来的优势都被大大高估了。无论精神病态是否更有可能成为企业高管或江湖骗子，人口中精神病态的比例大约是1%，而且这些人没有融入群体的

第七章 个体与群体的关系：依附、认同与承诺

愿望或能力。

心理学家认为，其他两种人格特质，自恋（寻求他人仰慕与赞扬的倾向）、马基雅维利主义（善于操纵他人）与精神病态共同构成了黑暗三件套，这组人格特征被认为是反社会行为的一个有力指标。有很强的自恋或马基雅维利主义倾向的人同样难以与群体建立有意义的纽带，或许也没有真正融入群体的兴趣。相比于真正的精神病态，自恋者与马基雅维利主义者可能会加入许多群体，但关系的深度和持久度可能很差。就算自恋者与马基雅维利主义者会融入群体，很可能也是过渡性的。这就是说，如果一个群体有自恋者和马基雅维利主义者想要的东西，他们可能会很愿意加入，而一旦好处没有了，他们就会马上退出。

讨论 7.1

成瘾与黑暗三件套

黑暗三件套与多种负面心理社会后果（比如职业满意度低）有关。或许有些矛盾的是，这三种人格特质也与成瘾行为有关。具体来说，自恋程度或精神病态程度高的个体更可能对酒精和非法药物成瘾。这与媒体中黑暗三件套

程度高的人物形象［例如《华尔街》(Wall Street)中的戈登·盖柯(Gordon Gecko)、《纸牌屋》中的弗兰克·安德伍德(Frank Underwood)、《危险关系》(Dangerous Liaisons)中的瓦尔蒙子爵(Vicomte de Valmont)］有许多不同点。斯奈德(Grace K. Snyder)、史密斯(C. Veronica Smith)、欧韦鲁普(Camilla S. Øverup)、保罗(Adam L. Paul)和戴维斯(Timothy M. Davis)讨论了媒体对这些反派的描绘。在媒体中，这些人通常被描绘成精妙的操纵者、犯罪大师和拨弄人心的专家，永远掌控着局面，永远在寻找出手的角度。现实情况要略微复杂一点儿。

比如，自恋者尽管张扬，但常常有低自尊水平的经历，而且得不到他人赞扬的自恋者也更可能通过滥用药物来管理情绪反应。精神病态与药物滥用的关联则是通过另一些相当不同的机制。精神病态程度高的人之所以滥用药物，常常是因为感官寻求度高（第一章讨论过感官寻求与恶行的关联）和压抑控制水平低。

黑暗三件套的最后一件，马基雅维利主义似乎与药物滥用并无关联。马基雅维利主义者不一定是自恋或精神病态。在将具有黑暗三件套的人推向药物滥用的弱点中，其中有一些是纯粹的马基雅维利主义者所没有的。尧克和迪特里希提出，自恋与精神病态可以放到心理障碍的**外化**谱系中，例如涉及适应不良行为（maladaptive behaviors）的心理障碍，药物滥用也属于同一谱系。这意味着，自恋或精神病态得分高的人多滥用药物的直接原因可能不是黑暗三件套，反而可能只是这些障碍的典型失调行为模式的延伸。这就是说，自我怀疑和缺乏自制力既会造成自恋和精神病态，也可能将人推向药物滥用的境地。

近期研究发现，研究黑暗三件套的对立面（光明三件套）是有益的。光明三件套代表着对待他人时仁爱和利他的倾向（"平凡圣人"），由三方面组成：（1）康德主义（把他人当作目的来对待）；（2）人文主义（重视每一个人的尊严和价值）；（3）相信人性（相信人性本善）。光明三件套得分高的人也会表现出较高的生活满意度，更有慈悲心和同理心，更热情，更能够接纳他人。至于这些特质能否转化为个体与社会群体更亲近、更深刻的关系，现有研究还不足以给出确定的答案，但答案很有可能是肯定的。黑暗三件套的典型现实或虚构人物包括泰德·邦迪和汉尼拔·莱克特。光明三件套的典型虚构人物是阿蒂克斯·芬奇

■ 害马之群：失控的群体如何助长个体的不当行为

（Atticus Finch）。[1]

无法成为群体成员

有些人**想要**成为群体的成员，但难以做到。我们来看内倾者。常用的性格描述维度有五个：（1）尽责性；（2）外倾性；（3）宜人性；（4）情绪稳定性；（5）经验开放性。这些特质都可能影响你与群体建立深刻关系的能力，但大多与群体想要你加入的可能性有关，而无关于你有多大可能性觉得难以加入群体。群体（尤其对于想要合作完成具体任务的群体）可能不想接纳不可靠、无条理的人（尽责度低）。不合群或神经质的人（情绪稳定度低）可能也很难找到愿意接纳自己的群体。思想刻板狭隘、缺乏好奇心的人（经验开放度低）可能同样难以找到想要他们加入的群体。高内倾者（外倾度低）可能会觉得很难主动寻找和加入群体，这可能是五个维度中唯一有这种效应的特质。

内倾常与害羞混为一谈，但这两种构念是不同的。内倾指的是喜欢独处，通常与这种想法相关：社交会令内倾者疲倦，独

---

1 至少是《杀死一只知更鸟》中的阿蒂克斯。在《守望之心》（*Go Set a Watchman*）中，阿蒂克斯·芬奇并不是《杀死一只知更鸟》中描绘的高大形象，对黑人邻居也更多是俯视视角（事实上，在几十年后才发表的《杀死一只知更鸟》初稿中也是如此）。

第七章　个体与群体的关系：依附、认同与承诺 ■

处则让内倾者有机会放松和恢复能量。害羞的人通常内倾度较高，但这种现象比乍看起来的那样更加复杂。齐克（Jonathan M. Cheek）和克拉斯诺佩罗娃（Elena N. Krasnoperova）提出了四种不同的害羞：（1）安全型害羞——不需要太多社交；（2）退缩型害羞——对社交感到焦虑，害怕被拒绝；（3）依赖型害羞——太想和其他人在一起了，以至于会过度补偿；（4）矛盾型害羞——强烈渴望社交，但也对社交感到很焦虑。奇克与巴斯害羞量表及其后继者为害羞的多个侧面提供了实用的测量方式，而且对该量表的研究表明，某些类型的害羞（比如退缩型害羞、气质性害羞）与难以建立社会关系有关，也与多种身心健康问题有关（比如低自尊水平、退缩、饮食障碍）。

个体与群体的关联

每个人都是多个群体的成员或与群体（比如家庭、工作群组、朋友、保龄球队、政党）有某种关联，这个人与各个群体的关系可能有强度和性质上的差异。人与群体有四种不同类型的关联：（1）成员；（2）依附；（3）认同；（4）承诺。一个人可能对不同的社会群体表现出不同类型的关联，与特定群体的关联也可能会随着时间变化（比如，一个人可能在一个时候是一个群体的

■ 害马之群：失控的群体如何助长个体的不当行为

消极成员，在另一个时候又强烈认同这个群体）。

成　员

首先，你可以是一个群体的成员，但与群体的关系不密切，群体对你也没有显著影响。我在第六章中讨论了结社与兴趣群体，它们就是这种个体—群体关系的一个好例子。一个群体的成员未必强烈认同群体，或者往最好了说，成员对群体也只有间歇性的认同。例如，在政治极化比较弱的年代，许多人确实是一个政党的成员，但党派成员身份可能只是偶尔对他们有意义或者重要性（比如政治竞选期间）。类似地，许多人虽然属于专业或行业协会，但很少参与协会活动，也很少将协会视为描述性或指令性规范的来源。

成员身份可能是有梯度的，既有完全消极、毫不投入的挂名成员（比如我现在名义上还是多家专业协会的会员，但我从来没参加过其中一些协会的会议，而且要不是我交了会费，我大概已经不是会员了），也有一些成员有时沉寂，有时活跃（比如政党）。成员身份模型的核心特征是自视为且被视为与一个群体有关联，但关联可以一直很弱（挂名会员），也可以大多数时候弱，偶尔兴趣飙升。

第七章 个体与群体的关系：依附、认同与承诺

我们大多数人都是多个群体的成员，其中一些群体对界定自我认同或者行为规范意识的作用微乎其微。这就是说，你可以既是一个群体的成员，但同时参与度或认同度很低。即便是重要的群体，对个人活动的意义也可能时大时小。图 7.1 展现了两种代表着人与群体的弱关联的群体成员模式。

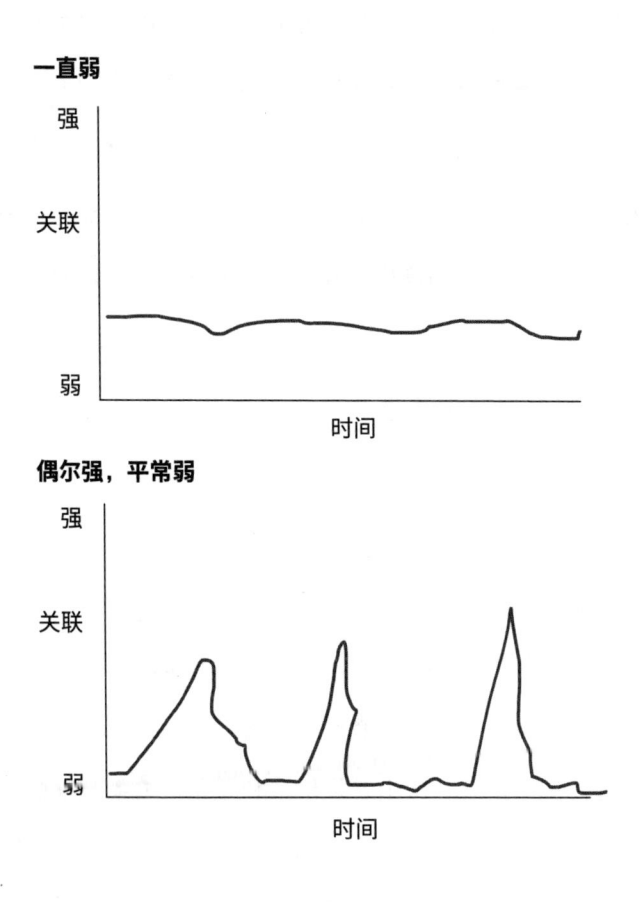

一直弱

偶尔强，平常弱

图 7.1 两种弱个人—群体关联模式

■ 害马之群：失控的群体如何助长个体的不当行为

首先，如图 7.1 中的上图所示，一个人与一个或多个群体的关系可能一直很弱。另一种可能性（见图 7.1 中的下图），一个人与一个群体的关联可能时强时弱。例如，一个人可能与家人关系密切，但他在许多社会场景（比如职场）中可能不会激活或考虑家庭因素和其中的规范、价值观。这意味着，就算某个群体总体上对一个人是重要的，但它对此人行为的影响也可能是高度可变的。于是，家庭可能在一些场景中是你的重要参照群体，但在另一些场景中，家庭可能只是你所属的多个群体之一，也未必与行为相关。在一些场景中，家庭可能会界定你的规范与行为，但在另一些场景中，你仍然是家庭成员，可是这不会影响你做出的选择。

依　附

参与度或认同度不高的名义成员是个体与群体之间关联的一种模式。如果我们将个体—群体关系放到一个连续轴线上，一端是名义群体成员，另一端大概就可以用依附群体来形容了。依附研究与理论源于对亲子（主要是母亲和婴儿）关系的考察，其核心观念是，安全健康的依附模式会建立强有力的情感纽带。例如，父母可以为婴儿身心发展提供至关重要的安全与庇护，但一

第七章 个体与群体的关系：依附、认同与承诺

些环境与个体条件（比如贫困、精神疾病）也可能破坏这种关系，造成终生的负面影响。

源于亲子纽带研究的理论和概念已经延伸到了对情侣关系与个体—群体关系的研究中（这种做法不无争议）。例如，索科斯（Antigonos Sochos）提出，人需要社会群体提供的庇护与安全，类似于孩童需要父母或照料者提供的庇护与安全。与亲子关系一样，个体与群体之间也有多种不同的依附方式。当个体对群体是安全型依附时，两者间的关联是最强也最持久的。

表现出安全型依附的人认为自己是有价值的，也相信他人会满足自己的需求。另一些人表现出焦虑型依附，个体与群体的关联比较弱，个体对群体是否接纳自己也有不安全感。还有一些人表现出回避型依附，意思是他们抵制依附于群体的想法，尽可能与之保持距离。对群体的依附强度部分取决于个体的自尊水平。高自尊水平的人通常不太依赖群体，因此不太可能产生强烈的依附。

依附理论的一个常见主张是，亲子之间的依附与情侣之间或者个体—群体之间的依附有着质的差别，但这三个领域的研究表现出许多共性。尤其是，这三类研究都将安全型依附与焦虑型和矛盾型依附进行了对照，三条研究脉络也同样用两个因素来描述这些依附模式，即可信任性与可获得性。安全型依附的特点是人

■ 害马之群：失控的群体如何助长个体的不当行为

们在关系中感到很舒服，能够从容地建立和维持关系，且不太害怕遭到拒绝。焦虑型依附的特点是渴望亲密，同时又害怕被伴侣抛弃。这种依附风格的人会觉得伴侣不专一、行为不可预测。这就意味着今天关系或许看上去安全稳固，但明天可能就会变成排斥。回避型依附者认为他人不可信任，害怕亲密和依赖。

与成员身份一样，依附关系的强度也可能会根据群体和时间而变化。这就是说，大部分人可能会依附一些群体，对其他群体则不太投入，而且对可能有强情绪纽带的那一部分群体的依附程度也会因时而变。因此，个人经历或环境压力（比如人生变故、经济急转直下）可能会让群体，以及群体提供的安全和支持的意义时大时小，而且我们应该记住，依附程度的测量值可能体现了个体—群体关系的平均强度，但忽略了关系强度的时间变化。[1]

在前几章中，我用"参照群体"来指称对个体重要的群体，尤其是在描述性规范和指令性规范方面。依附，尤其是安全型依附，代表个体与群体之间的关联特别强。我们可以合理地假定，凡是让你表现出强烈依附的群体都是参照群体。至于逆命题是否成立，我们还不清楚。这就是说，一些群体可能是重要的规范来源，但对你的情感意义未必能达到强烈依附的程度。然而，如果

---

[1] 关于岗位绩效评估也有类似的观点。凯恩（Jeffrey S. Kane）提出了评估绩效时间分布的方法，以便把握绩效水平随时间的变动。

一个群体为你提供了强烈的归属感、安全感和支持感，那么这个群体很可能会成为你的重要规范来源，它的规范与期望会强烈影响你的行为。

认同

我在前面几章讲过，群体是个体认同的一个重要组成部分。如果有人请你描述自己，你用到的许多词语很可能会以某种方式涉及对你重要的群体，比如，我是一名父亲，一名丈夫，一名心理学家，一名教授等。社会认同理论认为，自我概念主要是由一个人亲近或认同的群体构成的，而且对群体的认同有助于解释群体间行为（比如竞争和冲突）和群体内行为（比如权力动态和群体内的角色）。自我归类理论则探究了个体看重且渴望的群体是如何塑造个人认同（我是谁）和社会认同（我们是谁）的。

自我归类理论的一条重要原则是，个体有多重认同，认同的凸显程度会随着时间和场合而变化。该理论还认为，如果群体对个人足够重要，那么去个体化与自我刻板印象化就可能会发生，这两个过程一般会突出群体而非个体属性在自我概念界定中的作用。鉴于自我形象的重要性，很多人都有动机去认同地位比较高的群体，地位高的群体也常常会设置准入门槛。比如，许多

■ 害马之群：失控的群体如何助长个体的不当行为

军队、警察、球队和兄弟会都有某种入会仪式，新成员必须经历某种不舒服（有时痛苦且危险）的事情，才能获得加入群体的资格。你可能认为这种负面体验会让人望而却步，但人们早就知道，高难度的入会过程会**提高**成员对群体的喜爱度和认同度。

群体依附与群体认同有一些相似点，但也有重要的区别。首先，依附蕴含着强烈的情绪，意思是人可能对其依附的群体（比如家庭）有非常强烈的感情。认同不一定需要这种情感纽带，事实上，情感与情绪并不是社会认同理论或社会归类理论的主要组成部分。其次，认同一个群体意味着存在某种相似性，能让人觉得"我是他们的一员"或者"他们像我一样"。成员之间少有相似之处的群体也可能有依附，比如父母与幼童之间的依附。最后，一个人认同一个群体，主要讲的是这个群体在这个人的自我概念形成中的位置。强认同意味着，这个人会用"我属于……（群体名称）"来看待自己。相比之下，依附主要与情绪纽带的强弱有关。高度的安全型依附会提升安全感与幸福感，而高度认同会侵蚀个体与群体的边界。

社会认同理论与自我归类理论认为，认同群体的可能性与本章前面讲过的两个群体功能相关。如果一个群体能帮助你减少你对于世界不确定性的感觉（比如现在正在发生什么，我应该怎么做），并且或者能帮你强化自我概念、提升自我价值感，那么你认同该群体的可能性最大。

承　诺

工作群组、团队和组织研究考察了人们对这些群体付出承诺的性质、决定因素与效应。承诺与认同和依附有关，但这两种状态与承诺有着重要区别。范克尼彭贝格（Daan van Knippenberg）和斯里伯斯（Ed Sleebos）认为，界定个体与群体或组织之间心理关系的方式有多种。比如，个体可以主要通过所属群体、团队或组织来界定自身。范克尼彭贝格和斯里伯斯提出，对群体、团队和组织的认同是一种认知／感知过程，在这个过程中，组织成为个体自我概念的关键组成部分。尽管如此，即便一个人的自我概念并非以群体或组织为核心，他也可能对维持自己与群体的关系做出强承诺。认同指的是群体或组织成为个体自我界定的核心要素，承诺则不同，它反映的是人与群体的交换关系。这就是说，对群体的承诺之所以产生，是要看群体为你做了什么，而作为交换，你又为群体做了什么。例如，你加入一个专业组织可能是因为它提供了地位和支持，而作为交换，你可能愿意缴纳会费、在委员会任职、为群体活动投入时间和精力。然而，如果你觉得自己投入了时间、精力和金钱，但所得甚微，那你对群体的承诺度可能就会降低，也不太会愿意继续做会员了。

迈耶（John P. Meyer）和艾伦（Natalie Jean Allen）考察了人对工作组织的承诺，认为至少有三种不同的形式：（1）情感承诺；（2）持续承诺；（3）规范承诺。首先，人可能与组织形成密切的情绪依附关系，且强烈渴望维护与组织的关系。这就是情感承诺。对组织有情感承诺的人常常会将组织的规范和目标内化，他们与组织的关联常常被描述为**想要**成为组织的成员。与此相对，一些人**需要**留在工作组织内，哪怕他们并不觉得组织特别有吸引力，对组织也不是特别忠诚（持续承诺）。例如，你之所以承诺要继续跟着现在的老板干，可能是因为你的配偶有一份好工作，不能搬家，或者你不认为你在别处会有类似的机会。持续承诺意味着，你认为离开一个组织的成本高于加入另一个组织的收益。

最后，人对一个组织有所承诺还有一个原因，他们相信自己**应该**做一名忠诚的员工（规范承诺）。规范承诺基于义务感。例如，一个组织可能投入了时间和资源来培训你，因此，你可能觉得自己亏欠了组织，于是离职的前景就不那么吸引人了。

迈耶和艾伦的模型是为了解释为什么有些人跟着老板干，另一些人则选择离职，但这个模型的核心概念适用于更广泛的群体。比如，你加入了一个保龄球队，留在里面好几年，原因可能是你喜欢和享受这种经历，但也可能是因为你没有其他更好的选择，或者因为你觉得自己不是半途而废的人。不管是哪一类群体，个体与群体纽带的强度和持久度都可能不同，取决于你是想要成为群体的一分子，是觉得自己没有更好的选择，还是觉得你应该留下来，因为留下来是正确的，或者人们期望你留下来。

长期以来，对群体和组织的依附、认同和承诺都被认为有益于员工和群体。例如，有大量证据表明，对工作组织的依附、认同、承诺都与多种组织和个人层面的多种正面结果有关，例如高满意度和低离职率。类似地，对非正式群体的依附、认同和承诺也与个人层面的多种正面结果有关，包括高生活满意度和身心健康。

个体与群体建立强关联的结果

成员、依附、认同和承诺代表着人与群体之间的四类不同关联。四者并非互斥关系。例如，强依附隐含着成员、认同和承诺。而承诺可能在严格意义上是交易性的。比如，人们对雇主履行承诺的原因可能是承担不起移居新城市并从头开始的成本。另一方面，情感承诺可能难以与依附和认同区分。整体来说，人与群体间关联的强度或许比性质更加重要。人与群体间的强关联有多种潜在的正面效应，包括有益身心健康、提高的投入度。强关联也可能造成负面后果，比如小集团思维，而且在一定条件下会造成恶行。

有益身心健康

有意义的强群体关联对你是有益的。韦克菲尔德（Juliet Ruth Helen Wakefield）等人表明，属于社会群体且感到成员间有重要相似点与生活满意度之间存在关联。文章还发现，一个人认同的群体越多，满意度就越高。或许最重要的是，文章结果表明，重点不是单纯与群体接触，而是认同和归属感。耶滕（Jolanda Jetten）等人表明，与群体的强关联会提升自尊水平，且如果一个人有多个重要的群体，这种效应会更强。

萨尼（Fabio Sani）、马多克（Vishnu Madhok）、诺伯里（Michael Norbury）、迪加尔（Pat Dugard）和韦克菲尔德表示，认同群体有利于身体健康与健康行为。例如，文章表明，锻炼、减肥、减少吸烟饮酒、健康饮食都与强群体关联有关。作者得出结论，对群体有强关联感的个体认为生活更有意义，并且对群体怀有责任感，因此更容易启动和维持健康行为。耶滕、C. 哈斯拉姆（Catherine Haslam）、S. A. 哈斯拉姆（S. Alexander Haslam）和丁格尔（Genevieve Dingle）主张，"社会群体是重要的心理资源，能够维护人们的健康与幸福，但只有在个体认同他人或群体时，这种效应才能得到有效的发挥"。包括朋友、家庭、非正式群体（比如俱乐部）在内的社会网络有多种正面效应，如改善健康情况的行为（戒烟、锻炼），降低肥胖水平，控制血压。有几份研究把问题倒转过来，问社会孤立会不会对健康有负面影响。有大量证据表明，不能维持与他人的有意义接触对身心健康都有害。

耶滕等人认为，我们对待认同应该像对待其他有益健康生活的资源一样（例如金钱支持、医疗保险）。例如，改善人口健康水平的一个常用策略是提高家庭收入。他们的结果表明，帮助建立可持续社群也可能取得同样的效果，而且这种社会性策略的成本效益或许高于传统的经济性策略。

讨论 7.2
群体与不健康行为

群体是满意度、自尊心和身心健康改善的一个来源，但也可能是开始和延续不健康行为模式的一股关键影响力，能将依附群体的好处一笔勾销。例如，同侪压力是青少年吸烟的一个重要因素。同侪影响对青年饮酒也同样重要。青少年和青年特别容易受到这种社会影响。但社会群体对全年龄段的不健康行为都有潜在影响。

一生之中，我们的行为都会受到家庭和社会群体的影响。尽管社会纽带常常是一个决定身心健康的积极因素，但社会群体也可能鼓励不健康行为，尤其是饮食过量和药物滥用。首先，社会群体的规范可能会直接影响不健康行为。你可能会发现，你只要和某些朋友或家人在一起就会放纵自己，他们还可能会直接鼓励你多吃饭菜、多喝酒、多吸烟，甚至向你施压。其次，社会关系是一个重要的压力来源，对健康有着直接和间接的影响。压力本身就会对健康造成严重后果，而人们应对压力的方式本身往往也是不健康的（比如吸烟、喝酒）。

亲密关系常常是一道抵御不健康行为的缓冲带，家人、配偶和朋友常常会干预或劝阻饮食过量、药物滥用等行为。然而，如果对你重要的群体将放纵或药物滥用视为正常或者休闲娱乐行为，那么，这种规范和信念就能彻底将人推入一条可能会严重损害健康的道路。若要理解群体影响在什么情况下有利于、在什么情况下又不利于健康行为，一大关键就是了解重要参照群体的描述性规范和指令性规范。例如，你的家庭可能相信健康饮食是重要的，但也可能习惯制作大餐并且互相鼓励多吃。你的朋友可能真的关心你的健康，但也可能一见面就互相劝酒。青少年和青年人可能特别容易受到同侪影响，除此之外，家人、朋友和社会群体在人的一生中也都会不断发挥重要的影响，这些影响在不健康行为模式的开启与延续中会有关键作用。

投入度

与群体形成强关联有益于个体，同时群体也会受益。例如，对群体表现出强情感依附且对群体目标做出强承诺的个体更可能会投入有益于群体且能巩固群体对个体重要性的活动中。

员工投入度（又可译为"员工敬业度"）是一个在商业媒体上广受讨论的概念，聚焦于它的研究文献不断增长。有证据表明，高投入员工的绩效更高，且投入有助于缓解员工的工作压力和精神消耗。尽管如此，投入度概念也遭到了一些重要的批评，首先就是关于员工投入度确切含义的持续争议，其次还有它与职业满意度、组织承诺度等其他概念的关系。

商业媒体中对投入度的定义通常是对职业有情感承诺，对组

■ 害马之群：失控的群体如何助长个体的不当行为

织目标有所承诺和内化，且愿意做出虽然不属于狭义的职位描述，但对组织成功有必要的行为。甚至有人将它界定为"缺乏投入度"（参与性和积极性低的状态）的反义词。在相关研究中，投入度概念有时是从特质角度（比如长期积极看待生活和工作），有时是从状态角度（比如干劲十足、全神贯注的感觉），有时又是从行为角度（比如自愿做出分外行为，对组织的公民意识）进行讨论的。定义的繁多性表明，学者和业界领导者难以确切判定"投入度强的员工"是什么意思。

伯恩（Zinta S. Byrne）回顾总结了对员工投入度的通俗说法与学术研究，提出这个概念最好的定义是：积极投身于工作，真诚工作，带着热情、恒心与能量完成自己的工作。投入的员工会内化组织目标，为完成组织目标而积极投入，而且能从目标达成中获得高工作满意度。

尽管投入度研究聚焦于员工及其对职位角色的投身程度，但这个概念对各类群体都有明显的意义。一个人内化了所属群体的目标与规范，对推进群体目标与增进群体福祉表现出真诚的热心，并能从中获得满足感，那么不管这个人是在工作群组、球队还是帮派里，他都会有益于群体。高投入度成员可能会表现出个体与群体间的全部四种关联，是一名认同群体、对群体有情感依附且做出积极承诺的成员。

投入与"心流"概念有关。"心流"有时被描述为完全沉浸在一种活动里的状态,尤其是涉及创造力的活动。处于这种心流状态的人会反映说,自己对时间的感知发生了变化,有时几个钟头似乎是几分钟,几秒钟又感觉被大大拉长,动作和意识交融合一,比如可以凭本能行事,无须有意识地思考就能有高超的表现,感觉毫不费力、胸有成竹。对群体活动高度投入、深度参与、沉浸其中的成员可能会对群体的持久活力与成功做出重大贡献。

小集团思维

个体与群体的紧密关联带来了诸多优势,但也会造成问题。比如,高凝聚力的群体有许多对群体及其目标做出强烈承诺的成员,我们现在知道这种群体做出过灾难性的糟糕决定,而且一度有人认为,这种现象至少要部分归咎于对群体的过分承诺。

贾尼斯(Irving L. Janis)推广了"小集团思维"这个词,它已经成为引述最广泛的社会心理学概念之一。通过观察,他发现凝聚力高的决策集团会追求共识,尤其是在压力或威胁下。他认为,小集团决策过程的特点是高群体认同度、高估群体能力与正确性、对外群体成员有刻板印象、选择性信息处理,还有对决策的承诺。贾尼斯用于建构其理论的案例研究包括猪湾事件、珍珠港事件和越南战争升级。在这些案例中，贾尼斯都看到了排斥异议、注重保持高共识度，以及无法有效处理不符合集团共识的信息等特点。格兰斯特伦（Kjell Granström）和斯蒂温（Dan Stiwne）认为有两种不同的小集团思维：(1) 无所不能（偏执）——特点是相信本团体不可战胜、无所不能的情绪盛行，这是一种认为本群体优于其他群体的特殊信念模式；(2) 压抑——特点是相信本团体无能无力、成员颓废萎靡的情绪盛行。如果一群人觉得能试的都试了，但还是没有结果，问题无从解决，这就意味着他们严重依赖领袖或外界力量来挽救自己。在两种情况下，群体都可能会难以高效处理信息，并且难以做出切实的决策。

尽管贾尼斯的理论和预测很受欢迎，但也遭受了相当多的批评。小集团思维理论的论据少得惊人，许多替代理论也已经提了出来。作为一个通俗心理学概念，小集团思维无疑是大热门，但作为严肃的决策心理学理论，它就不太成功了。尽管如此，认真思考个体群体间关联对群体运作方式的影响是很有价值的，小集团思维研究也为追问"强关联何以会干扰群体有效运作"提供了一个有益的出发点。

例如，S. A. 哈斯拉姆等人考察了小集团思维综合征的一个方面——成员倾向于"不避艰险",对集体决策保持承诺。作者主张,"对集体行动保持承诺的一个关键决定因素,就是成员在多大程度上以共同的社会认同而非个体身份界定自己"。比如,他们发现,当集体行动开始动摇时,成员的社会认同意识强的群体一般会坚持承诺。克鲁格兰斯基(Arie W. Kruglanski)、皮耶罗(Antonio Pierro)、曼内蒂(Lucia Mannetti)和德格拉达(Eraldo De Grada)发现,当群体的闭合性以及对模糊性的不适感增长时,群体向心力(观点统一化的压力,鼓励领导独断,偏袒群体内部,排斥越轨者,抵制变化,保守,群体规范持久)一般会加强。有证据表明,小集团思维理论至少有一些方面站得住脚,下述结论也是合理的:当人们对一个群体有强关联和强承诺时,他们可能会在解决问题时采用以群体为中心的狭隘视角,而且可能会难以接受或有效处理与群体偏见及偏好相悖的信息。

行为失调

有证据表明,对组织的依附和认同能引发行为失调。首先,对群体的认同与忠诚改变了个体对本群体和其他群体行动的看法。对群体的忠诚会鼓励对群体的认同,也会鼓励将内群体与外群体进行偏颇的社会比较,对其他群体的贬低与偏见,还有对外

■ 害马之群：失控的群体如何助长个体的不当行为

群体的敌意。这种现象甚至会拓展到纵容和实施（内群体）对外群体的暴力。

马丁（Sean Martin）、基什-格普哈特（Jennifer J. Kish-Gephart）和德特尔特（James R. Detert）提出，因为高认同员工的自我形象与组织形象密切相关，所以他们可能会运用各种认知策略（比如道德推脱、合理化）将有害或不道德的行为重新解读为道德的。与群体的强关联会让人仍愿意原谅群体成员的恶行与违背社会规范的做法。例如，当一名内群体成员而非外群体成员要为不道德行为负责时，人们的判断就不会那么严厉。

迪克里希（Janet M. Dukerich）、克拉默（Roderick M. Kramer）和帕克斯（Judi M. Parks）认为员工可以对组织过度认同，组织在员工认同中占据的地位是如此重要，以至于员工会失去个性，不愿意在组织行为失当时表达批评或异议。对组织过度认同的人特别容易做出看似对组织有短期好处的不道德行为，尤其是在组织似乎面临威胁的情况下，哪怕这种行为对组织的长期伤害更大。几乎每一个对做出严重恶行的大型组织（比如大众长期蓄意对尾气排放测试造假，本书前面谈到过这起丑闻，之后几章里也会做更详尽的考察）进行的回顾调查中，都会有这样的报告：员工配合参与卑鄙或非法的行为，因为他们真的相信这种行为对组织有利，而且可能事关组织的生死存亡。康罗伊（Samantha

Conroy)、亨利（Chris Henle）、肖尔（Lynn M. Shore）和斯特尔曼（Samantha Stelman）确证，组织依附/认同能够引发不道德行为、对组织变革的抵制、绩效低下、人际冲突、负面情绪以及幸福感下降。作者发现，在对于组织认同的潜在负面效应的解释中，追求正面群体独特性及相关的内群体偏见特别重要。

忠诚通常被认为是一种可贵的特质，但忠于不道德群体也会造成不道德行为。忠于所属群体的人倾向低估和合理化群体中其他成员的不道德行为，或者为其找理由。忠诚在腐败中扮演着重要角色，因为人会低估或无视有利于群体的不道德行为。例如，在军队、警察、街头帮派和更广泛的组织中，忠诚都会使成员对其他成员的违规行为保持沉默，从而培养出犯罪文化。

接下来的几章会考察就理解恶行而言，对群体和组织的承诺与忠诚有何意义。这些章节中介绍的研究文献有一个反复出现的主题，那就是个体与群体间的强关联会改变人们对违背总体社会规范的行为的看法，让人相信从不文明行为到战争罪行的各种恶行既是可以接受的，也是受到期待的。理解群体规范与群体结构（比如角色与地位）影响成员信念、感知与动机的方式，是通往理解恶行的重要一步。

■ 害马之群：失控的群体如何助长个体的不当行为

总　结

　　人与群体关联的强度与性质在人与人之间，在同一个人身上都会有差别。群体对一些人的吸引力比其他人更强。大多数人都是许多不同正式群体和非正式群体的成员，但与一些群体有强关联，与另一些群体则只有名义上的关联。强关联有多种形式，本章讨论了其中三种。人可以对群体有情感关联，尤其在群体充当支持与庇护来源的情况下（依附）。人关于自己是谁的意识，往往至少在部分程度上是由对其重要的群体决定的（认同）。人可能会出于各种不同原因而承诺继续做群体的成员，从**想要**成为成员，到因为转移到其他群体的机会有限而**被迫留下**（承诺）。

　　与群体的强关联通常有益身心健康，但群体也常常是不健康行为模式开始与保持的一个关键因素。抽烟喝酒等行为往往始于青少年和青年时代，这并非偶然，青少年和青年特别容易受到同侪压力的影响。此外，你的朋友、家人和同事有可能只是为了欢度共处时光，就鼓励过度饮食和毒品滥用等不健康行为。与群体的强关联还能培养对群体目标的追求，也就是说，对群体目标有强烈认同感，而且能从帮助组织成功中获得强烈的满足感。投入度对个体和群体都有益处，但也可以体现为工作狂或者对一个重要群体过度参与，从而损害在生活中同样重要的其他群体。

第七章 个体与群体的关系：依附、认同与承诺

与群体的强关联可以提高凝聚力，但凝聚力也会造成一些失调行为。对小集团思维的研究有一段崎岖的历程。小集团思维是引述最广泛的社会心理学概念之一，但小集团思维理论的许多方面都没有多少真凭实据。尽管如此，小集团思维研究还是贡献了重要的洞见，尤其是下述做法的重要意义：避免群体形成狭隘视角，避免只关注自己偏爱的事件表述和解决方案，保持对相反视角的开放心态。

对组织的忠诚有多方面的好处，但与凝聚力一样，忠诚也有不好的方面。对群体的强烈忠诚会为许多促成恶行的因素打开闸门，从过分认同群体，贬损其他群体，到愿意无视或原谅自己所效忠群体的成员做出的恶行。第八章至第十二章将会考察成为一名正式群体（例如公司、军队、宗教团体）的成员（尤其是高承诺度成员）何以能造成作恶的压力，并降低作恶的通常门槛。

第二部分
聚焦职场中的恶行

▼

THE WORKPLACE AS
A FOCAL POINT FOR UNDERSTANDING MISBEHAVIOR

第八章
组织中的恶行

从本章开始，我将考察组织中的恶行。我之所以聚焦于职场，是因为对这一情境的研究最多，但我们也不能失去广阔的视野。在许多不属于传统职场的正式乃至非正式组织中（比如军队、志愿者组织、专业协会、帮派），恶行有时也是一个严重的问题。职场恶行研究中发现的促进恶行的过程，也可能会促进其他类型组织中的恶行。理解职场何以有时会纵容乃至鼓励恶行，有助于我们理解在其他多种正式和非正式群体中类似过程是如何发挥作用的。

通过回顾对组织中恶行的研究，我们得出了多个关于组织中欺诈和其他犯罪的程度、范围和发生率的结论，令人警醒。此外，我们还得出了一些关于性骚扰、霸凌、上级辱虐式管理的结论，更加令人郁闷。在探讨组织内恶行的发生率与范围之前，我们应该先问一问：我**为什么如此关注正式组织**？毕竟，大半本书都是聚焦于组织。到底是什么让组织既是恶行的目标，又是恶行的来源？

为什么是组织

我们一生中有大量时间是在各种组织（比如学校、职场、教会）中度过的，而各种正式组织乃至准正式组织（比如帮派）有多个特点提高了恶行发生的可能性与严重程度。表8.1列出了其中的5个。

表8.1 提高恶行发生可能性与严重程度的组织特征

角色与责任界定
权力关系
上级目标
薪酬、奖赏与控制系统
结构化的人际交往

角色与责任界定

第一，正式组织明确界定了成员的角色与责任。工作组织常

■ 害马之群：失控的群体如何助长个体的不当行为

常会通过编制职位描述来使角色与责任正式化，详细列出每一个占据岗位的人应该做什么，负责什么事务。一些人可能会设法根据自身偏好和技能来调整职业，但通过编制详细职位描述的过程，老板和员工都会明白每名组织成员被期望做什么，负有什么责任。最关键的是，职位描述通常还暗示了每名员工**不负责**什么。事实上，工作组织明确界定角色的一个影响是，许多组织成员可能会得出这样的结论：应对或阻止恶行（从不文明行为到白领犯罪或职场偷窃）不属于自己的工作，组织中有其他人负责处理恶行。当角色、义务与责任得到明确界定时，人们做事时可能就不再是自主的个体，而开始成为角色的化身，这会让他们停止正常的对错判断，只是履行角色的要求。

在大多数情况下，履行正式角色的要求不会引发恶行，很少有职位描述会让人欺骗顾客，或者性骚扰下属。然而，相比于作为自主个体的行为，角色下的行为更能引发严重的恶行，因为扮演角色会让人摆脱约束，而这些约束可能会阻止作为个体的人做出恶行。你可能会觉得将穷人赶出自己的家是错误的，但如果你的角色是一名银行经理，你发现这家人已经好几个月没交房贷了，那么可能你就会得出结论说，你的工作要求你开始驱逐住客。

权力关系

第二，正式组织常常会明确界定权力关系，几乎每名组织成员都有直属上级，上级有权影响赏罚分配（奖赏权力与强制权力）。赏罚是权力的一个来源，但不是唯一来源。组织中的掌权者可能被认为是值得尊敬和顺从的（合法权力），而且他们也许掌握技能或信息（专家权力与信息权力），这让领导的要求、命令或偏好得以影响下属。我要说的是，获得和行使权力的方式有许多种，而在正式组织（尤其是科层组织）中，权力关系是界定每名组织成员在整体中所处位置的一个重要部分。

有了权力关系，个体就更容易停止正常的社会判断、听从上级要求了。我在第二章讲过，换作平时，许多参与战时暴行的人可能会认为自己的做法是错误的，但他们在战争中还是心甘情愿地做了，因为他们奉命行事。甚至在没有接到攻击平民、夷平村庄、屠杀俘虏的直接命令时，许多官兵依然自称是在遵从领导的偏好或隐含要求（他们说的很可能是正确的）。"我只是奉命行事"是合理化和认可几乎一切恶行的一种有力工具。

■ 害马之群：失控的群体如何助长个体的不当行为

上级目标

第三，组织成员会追求各种个人目标（比如升职，掌握任务和职责），也会向着群体目标努力，而且常常会投入感情。这些上层或上级目标可以对组织成员的行为造成强有力的影响。例如，组织成员有时会做出与社会规范及价值观背道而驰的行为，因为他们相信这是确保组织生存或提升福祉的必要手段。组织参与大规模欺诈、制度性损害工人或公众利益的案例数不胜数，而这一类欺诈或不端行为常常需要大量高管、经理和员工的配合，最起码也要消极服从。认同且忠于组织的员工常常愿意参与欺诈、犯罪和不端行为，因为他们相信这些行为对组织有帮助，也是组织生存的必要之举。作为个体员工，你可能会受到顺从违规行为的压力，但在许多情况下根本用不着施压。对组织的忠诚和认同就会让许多人想要组织生存发展下去，而且他们可能什么事情都愿意做，只要他们认为那是达到这一目标的必要举动。

薪酬、奖赏与控制体系

第四，正式组织常有完善的成员行为监督控制体系。例如，大多数工作组织都有正式的绩效评估体系，评估结果常被用于决定工资、升职、开除等事项。许多组织正在超越传统的绩效评估体系,采用正式的绩效管理体系。这种体系会以结构化的方式实现个体员工行为与组织战略目标的协调匹配,给员工高频反馈和奖赏、惩罚,确保员工行为有利于组织的整体目标。其他类型的组织未必会采用正式的绩效评估,但他们有能力也确实会评估员工是否遵守重要规范,也会用赏罚来执行规范。正式与非正式组织的这些成员行为监督控制体系是执行组织规章制度的重要工具。如果组织的规章制度鼓励或支持恶行的话,成员就会受到顺从和参与恶行的压力。

结构化的人际交往

第五,正式组织成员之间的交往是结构化的,这能够对恶行造成相当大的影响。你与组织其他成员的许多交往是工作要求的一部分(比如,你的工作可能要求你频繁向管理层汇报、向上级传递信息),而不是自愿交往。工作要求的交往不一定会要求你**喜欢**对方或者**想要**与对方交往,这很可能会让你更容易以工具性的态度对待对方,也会限制你在工作要求以外的交往。这就是说,你之所以在窗口卖票或者参加组织会议,是因为那是你工作的一部分,而你可能也常常会严格按照角色要求进行交往,而不

■ 害马之群：失控的群体如何助长个体的不当行为

会把对方当作个体。由于个人之间可能缺乏有意义的联系，所以我们更容易无视或淡化人性的力量，做事不计后果。于是，一个人对家人朋友和善慷慨，却可能完全愿意对客户或消费者做出后果极其恶劣的决定（比如拒绝提供治疗，或者饭也不给吃一口就把饥肠辘辘的一家人赶走），同时不觉得自己做的事有任何问题。"我只是履行职责"这种话与"我只是奉命行事"一样，为伤害他人的决策提供了借口。

最后，你作为正式组织成员所参与活动的性质本身可能会催生不诚信。我们来看银行工作人员。银行业文化的特点是竞争激烈，激励方案注重提升短期利润，且以金钱为中心。科恩（Alain Cohn）、费尔（Ernst Fehr）和马雷夏尔（Michel André Maréchal）表明，跨国银行工作人员在一次实验中表现诚实，但当他们关注自身作为银行工作人员的身份时，他们作弊的可能性就提高了。在其他工作中，绩效压力也会提高作弊的发生率。

工作有时会要求、鼓励我们做出严苛、无情或不诚信的行为。事实上，有的行业完全是围绕出售可疑产品或服务建立起来的（比如传销、占星、算命）。如果你的工作就是给愚蠢的顾客卖"大力丸"，那你大概就很难维持较高的个人行为标准了。

第八章 组织中的恶行

讨论 8.1
电话通灵师的一天

有一些工作很可能要求你放松对真的追求。二手车销售员以说话没谱著称,但他们最起码卖的是有实际价值的消费品。另一些工作可能会要求你卖大概率子虚乌有或者毫无价值的东西。信息技术行业有一个词叫"雾件"(vaporware),通常指的是东西还没做出来就拿去宣传的软件或产品,许多人就以卖雾件为生。有些行业存在的全部意义,就是兜售价值往最好了说也是"可疑"的服务。我们来看看电话通灵师的工作。

一家著名求职网站对这一工种的描述如下:

> 电话通灵师通过电话为付费用户回答问题,预测未来。超过 100 万人每年都会向电话通灵师咨询关于前程、恋情、职业、个人决定、朋友、诅咒、金钱、失物、商业决策和众多其他话题的建议。

有公司推广帮助你结识通灵师的服务。主动向你推销服务的通灵师热线网站也不在少数。

一些电话通灵师可能真的相信自己有通灵能力，还有一些通灵师虽然怀疑自己的通灵能力，但还是相信自己为来电顾客提供了有价值的服务。然而，整个电话通灵行业建立在一个不可靠的前提之上，那就是：以听你打电话、每分钟赚几分钱为业的人能够预测未来或者窥探他人的内心和头脑。没有证据表明他们有这种能力。

Vice网站上的一篇文章这样描述电话通灵师的工作：

> 我第一次上岗是在情人节那天，就好比走路都没学会，直接就学跑酷[1]。公司会把拨打热线的用户转到我的个人电话上，所以我可以居家办公。当天晚上，我的电话响个不停，全都是饥渴的单身人士打来的。他们问的大部分问题都是关于在约会网站上认识、连面都没见过的人。出于对某个连嘴都没亲过的人的执念，他们每分钟要花3.5美元。而我会为了每分钟1.99美元的报酬，

---

[1] 跑酷是一种在城市中快速通过障碍物的运动。

> 把卡片上的内容念给他们听。总的来说，卡片上说的都是屁话。
>
> 在这种工作中，你提供的服务是可疑的，工作的重点是保持客户在线（电话服务几乎总是按分钟计费）。我们对从事此类工作的长期效应所知甚少，但我们有理由相信，这一类工作会滋生和强化一定程度的犬儒思想。另一个合理的看法是，这类工作可能会影响你在其他场合的真诚倾向。不过，我们并非足够确定工作是否对生活的其他部分存在溢出效应。

综合作用

自1997年《完美风暴》一书出版和2000年同名电影上映以来，只要某种情况在多个因素或事件作用下恶化，人们就会用"完美风暴"来形容，这个词现在大概到了该退休的时候了。尽管如此，"完美风暴"很适合描述组织在催生和容忍恶行中发挥的作用。在界定明确的角色、权力结构、上级目标、奖赏与控制机制的综合作用下，正式与准正式组织成为恶行的潜在温床。这些结构或机制的设计意图都不是产生恶行,而且大多也没有产生恶行。界定明确的角色、权力结构、奖赏与控制体系等对组织的成功与生存至关重要,如果没有它们的话,就很难去设想现代社会。正式与准正式组织仍然是重要的、有益的社会组成部分,界定组织的结构与过程也仍然常常是向善的力量。然而,当组织受到威胁或压力,或者组织内部形成把人推向反社会行为的规范时,那些让组织得以建立与建设的结构也会摇身一变,让组织变成恶行的重要来源,这就是完美风暴。事实上,如果没有组织的话,一些最极端的恶行,比如战争犯罪和种族灭绝都是不可想象的。还有许多其他类型的恶行,比如企业腐败、白领犯罪、员工盗窃,只会发生在组织内部,这几乎是写在定义里的。

本章将考察组织有时会产生或容忍恶行是通过什么方式以及出于什么原因。在进入**为什么**会有恶行之前,我们应该先探究**什么是恶行**。这就是说,我们应该了解组织内恶行的类型,并对其发生率和严重程度有一定认识。

恶行的类型、发生率和严重程度

几十年来,关于正式组织恶行的新闻一直是商业传媒出版的主要内容,关于欺诈、丑闻和白领犯罪的报道层出不穷。第一起

第八章 组织中的恶行

现代大企业丑闻涉及能源与消费品公司安然，从许多方面来看，安然事件也是最引人注目的丑闻。安然创立于1985年，常年以龙头企业著称，连续六年名列《财富》杂志最具创新性企业榜单。不幸的是，安然成功表象背后的一大因素，就是运用富有创意且常有欺诈性质的会计操作，这让公司看起来成功。安然设法维持了巨额表外债务，虚报利润，多年来一直很成功。2001年，安然轰然倒下，欺诈行径大白于天下，多名高管入狱。安然股东损失超过700亿美元。

同年，世通是全球最大的电信企业，而且与安然一样，它也公布了令人惊艳的利润。与安然一样，世通利润主要是做假账的结果，包括虚报资产和瞒报成本。据世通的内部审计部门报告，欺诈金额达30亿美元以上，公司随即破产（后重组为威瑞森的子公司MCI）。世通首席执行官伯纳德·埃贝斯（Bernard Ebbers）被判25年有期徒刑，股东和员工损失惨重。

在21世纪的头几年，南方保健是美国最大的医疗上市企业。公司接连曝出会计欺诈（有一次，南方保健为满足股东预期，虚报了10多亿美元的盈余），总金额超过40亿美元。多名南方保健高管入狱，投资者又一次损失了数额骇人听闻的金钱。几年后，知名跨国保险企业美国国际集团（AIG）破产。与安然、世通和南方保健类似，AIG破产案中据称涉及了会计欺诈（近40

■ 害马之群：失控的群体如何助长个体的不当行为

亿美元）、围标、操纵股价。

2009年，美国历史上最惊人的企业欺诈案东窗事发。伯尼·麦道夫（Bernie Madoff）供认多项联邦罪行，承认犯下了有史以来规模最大的私人庞氏骗局之一。[1] 他以诈骗投资者的罪名被判处150年有期徒刑，并被要求支付超过1700亿美元的赔偿金。

2015年暴露的一起企业丑闻虽然规模比较小，但潜在长期影响要超过前面提到的许多丑闻。我在前几章讲过，大众事件是近年来规模最大、最触目惊心的企业丑闻之一。2015年之前，大众是全球声望最高的汽车制造商之一，立志成为全球第一大车厂。夺冠壮志的一个障碍是，大众汽车在美国的销量低得令人尴尬。作为推动美国市场销量的计划的一部分，大众推出了"清洁柴油"计划，承诺要做其他厂商之前都没做到的事——售卖安装高里程、高性能、低排放的柴油发动机的汽车。可惜，这几乎是不可能做到的。大众的解决办法是造假。大众制定并实施了一项长期跨国战略，让自家生产的车能检测到什么时候在做排放测试，然后在测试期间开启一些污染物控制装置[2]。污染物控制装置一般不利于性能和油耗，于是排放测试一旦结束，汽车就会关闭

---

1 庞氏骗局是诈骗的一种形式，把后入局者的钱当作利润发给早入局者。
2 排放测试期间，汽车发动机在运行，轮子也在转，但方向盘是锁定的。实际驾驶中很少会出现这种情况。因此，我们容易检测汽车是在进行排放测试，还是在路面上行驶。

第八章　组织中的恶行

这些装置，性能是好了，但污染也重了。

这种做法于2015年得到披露。最后，大众仅在美国就交了140多亿美元罚金。柴油车在欧洲依然很流行，当地油价高，因此能效和油耗非常重要。直到2015年，许多柴油车车主都以为自家车既高性能又低油耗，污染也没有超标。但现在清楚了，安装作弊装置的柴油机（采用这种尾气测试造假方法的厂商不止有大众一家，其他多家欧洲汽车厂商也参与其中）一直在污染欧洲的空气，排放量远远超过检测部门的设想。这与欧洲柴油车多年污染超标相关的健康成本有多大，这个问题目前仍有争议。越来越多的人推测，大量柴油发动机的污染排放水平可能会让柴油发动机退出欧洲。大众丑闻大大推动了这场柴油发动机的利弊之争。

恶行广泛存在

并非只有大企业才会不诚信经营。斯科特（Craig R. Scott）估计，在撒哈拉以南非洲和中美洲，40%以上的经济活动属于非正规的黑市交易[1]；在更发达的区域，非正规黑市交易的比例也要占到15%～20%或更多。这些活动的范围很广，既有非正规小

---

[1] 国际劳工组织的一份报告显示，全球有近一半的劳动力参与非正式经济。

243

■ 害马之群：失控的群体如何助长个体的不当行为

微企业和个体户的灰色活动，也有有组织的卖淫和赌博。黑市活动常常会绕开法律法规，对社会有巨大影响（比如税收减少，低劣或危险的产品与服务）。甚至在发达国家，地下经济的规模与重要性也在挑战着一种观念：欺诈等行为都是一小撮贪得无厌的高管的错。这意味着，世界各地有许多人在日常存在不诚信或犯罪行为。

作弊、欺诈与犯罪广泛存在的结论得到了大量犯罪行为综述的支持。例如，加博尔记录了普通公民广泛参与犯罪行为的现象。有时涉及的行为并不被人们视为不诚信，哪怕可能被法律禁止，比如下载盗版歌曲，但加博尔提出，平常守法的人发生自己大概知道是违法，或至少是不诚信的行为的频繁程度高得惊人，比如虚假宣传。类似地，对组织内不诚信、作弊与欺诈行为的综述（包括本节中介绍的几乎每一起大企业欺诈事件）表明，造成了不诚信的往往不是少数大骗子，而是大量小骗子。

许多人都轻微违规的现象对日常生活有很大影响。比如，平时诚实的劳动者做出的职务欺诈，比如偷窃、谎报致残致病索赔每年对美国经济造成的损失估计达9940亿美元。据估计，二手服装欺诈性购买、使用与退货给美国零售业造成了160亿美元的损失。高达50%的员工承认至少在工作单位有过小偷小摸的行为（比如5～10美元）。随着失窃金额的提高，承认偷过东西的员工比例显著降低，而且关于什么行为应该算是偷窃，什么行为应该算是正常工作活动，目前仍有法律争议。比如，你有时会拿走公司的一些办公用品，然后用于工作以外的目的。这或许可以算是小额偷窃，但或许也可以算是工作的正常福利。尽管如此，许多起小额偷窃加起来就是巨大损失。在许多行业中，缩耗损失（由于偷窃、管理不当、意外等造成的存货损失）是一项重要的经营成本。

恶行的目标

大型企业与组织不只是欺诈和盗窃的施行者，往往也是受害者。我在本章前几节中描述了组织**做出**的欺诈和偷窃行为，但也有**针对**组织的偷窃和欺诈。比如我之前提到过，员工偷窃是一个大问题。据估计，员工偷窃每年造成的损失至少为 150 亿美元，实际数字很可能更大。亨利（Christine A. Henle）、贾卡洛内（Robert A. Giacalone）和尤尔凯维奇（Carole L. Jurkiewicz）估计，一旦计入所有附加成本（如更换成本、调查和制裁盗窃的成本），员工偷窃每年对美国经济造成的损失总额高达 500 亿美元。据估计，仅时间偷窃成本一项（即消极怠工），每年就超过 7000 亿美元。偷窃和时间偷窃等反生产行为每年都会对组织造成巨额损失。

■ 害马之群：失控的群体如何助长个体的不当行为

偷窃和大规模欺诈行为引起了大量关注，但格林伯格所说的"恶意职场行为"也相当多，这些行为会产生实质性的、代价高昂的长期效应。这种行为有以下特点：（1）通常是合法的；（2）隐蔽，程度低，不严重；（3）反复发生；（4）目标是个人或组织。显著的例子包括不文明行为、霸凌和基于性别、种族或其他人口学特征的骚扰。

一项 2017 年的调查显示，近 20% 的员工反映遭受过职场霸凌，同样多的员工目睹过霸凌。职场霸凌被认为是焦虑和抑郁的一个重要预测指标，也是低工作满意度与高旷工率的一个促进因素。类似地，相当一部分员工反映遭受过基于性别、种族、年龄或其他人口学因素的骚扰。在美国，平等就业机会委员会发布了多份关于职场骚扰发生率与严重程度的报告。表 8.2 总结了该委员会最新报告得出的几条主要结论。

表 8.2　平等就业机会委员会职场骚扰问题工作组得出的主要结论

1. 职场骚扰是一个持久且广泛存在的问题——就业机会平等委员会每年收到的控告高达9万份，涉及骚扰的比例高达三分之一。

2. 骚扰常常隐匿不报——高达四分之三的骚扰受害者从未对主管、经理或工会代表谈到过骚扰问题。

第八章 组织中的恶行

续 表

3. 骚扰形式多样——在私有部门与州或地方政府的骚扰控告中，45%涉及性骚扰，34%涉及种族骚扰，每年还有上千起投诉是关于针对残障、年龄、出身国家与宗教的骚扰。

4. 性骚扰是普遍现象。根据样本和调查方法的差异，反映遭受过职场性骚扰的女性员工比例至少为25%，多则高达75%。

5. 有充分证据表明性骚扰对心理、生理和工作有负面影响，基于种族、年龄、残障等因素的骚扰也可能有类似的负面后果。

数据显示，有大量员工曾遭受或目睹职场霸凌与骚扰，且受到了多种后果的影响，从工作满意度低到身心健康水平显著下降。哪怕是看似轻微的行为（比如职场中的无礼表现），如果持续且反复发生，也能够且确实会严重影响大量员工的生活质量与身心健康。

通过以上简要概述，我们得出了两个重要结论。第一，组织中的恶行广泛存在，且有严重后果，包括数以十亿计的经济损失和大量员工身心健康受到的严重威胁。第二，这些恶行很少是一小撮坏人造成的。欺诈、偷窃、骚扰等现象常常会涉及许多人，有时还会涉及长期串通行为（比如大众丑闻）。本章接下来会概述关于职场恶行种类的研究，并介绍目前使用的解释职场恶行发生原因的基本框架。第九章至第十二章会详细探究这些潜在的解释。

■ 害马之群：失控的群体如何助长个体的不当行为

组织中恶行的种类

我在第二章介绍了一种给恶行分类的方法，从两个维度描述恶行：（1）行为的对象——自己、他人或组织；（2）行为的严重程度——轻微、严重或非常严重。这是一种有益的分类工具，但未必能够识别实际行为。对组织（以工作组织为主）中恶行的研究识别出了多种具体的行为模式，包括不文明行为、网上闲逛、霸凌、性骚扰、歧视、不服从行为（即拒绝服从规则与管理）、不诚信、职场越轨、反生产工作行为、反社会行为、组织行为的阴暗面、职场暴力与攻击性行为、组织中的不道德行为，以及最广泛意义上的违背社会规范行为。

多篇有关组织中恶行的综述文章发现，这种场景下的恶行范围广得令人惊讶。由于组织中恶行的繁多性[阿克罗伊德（Stephen Ackroyd）和汤姆逊（Paul Thompson）竟然将职场恶行定义为"任何你在工作期间不应该做的事"]，所以我们很难得出关于这些行为的连贯理论。于是，这一领域的大量研究聚焦于特定的一部分恶行。有两大类行为是大量研究的焦点：反生产工作行为和侮辱行为。

第八章 组织中的恶行

越轨与反生产工作行为

长期以来，违背组织的规范与规则且会伤害组织成员的职场行为一直是学界的兴趣点。这一领域的早期研究聚焦于组织中恶行的两个变体：（1）财物越轨——挪用或误用他人财物，如偷窃、贪污、破坏；（2）生产越轨——有意不完全发挥能力或不全力生产、违反关于工作质量与数量的规范、蓄意慢工或怠工、休息过多、闲逛、浪费工作时间。在定义上述构念、探究这两类行为的潜在起因方面，霍林格（Richard Hollinger）和克拉克（John Clark）等人发挥了重要作用。尤其是霍林格和克拉克强调，对组织的态度以及对工作的态度（例如，你感觉自己受到了不公正对待，工作满意度低）是生产越轨行为的重要驱动力。其他学者指出，员工有时进行偷窃和其他形式的财产越轨行为，是因为员工觉得受到了不公正对待，如工资低、工作条件差、上司偏心等，于是报复组织。

财物越轨和生产越轨是两类重要的组织内恶行。通过对这些行为的研究，我们对引发这种越轨行为的社会和心理过程有了重要洞见。从中得出的最实用洞见或许是，财物越轨与生产越轨常常是员工和组织成员对感知到的不公对待的一种回应手段。例如，员工或许无力抵抗主管，但可以通过偷窃、破坏财物和消极

■ 害马之群：失控的群体如何助长个体的不当行为

怠工来报复组织。

对财物越轨和生产越轨研究的一种批评意见是，研究者只关注组织内恶行的一个狭小部分。过去25～30年间，研究的关注点是一种更广泛的潜在组织内恶行概念，尤其是反生产行为。反生产职场行为（counterproductive workplace behavior，简称CWB）的定义比较宽泛，指的是有害于组织和/或组织中的人的行为。反生产职场行为的特点是不顾及组织和社会的规范、标准和价值观。有证据表明，这些行为有损于组织盈利能力与员工生活质量。

与早期关注与财物相关的恶行（比如财物越轨和生产越轨）的研究相比，反生产职场行为研究有了很大的发展。首先，反生产职场行为显然与组织层面的政策、实践和行为有关，但并不单纯由后者决定。例如，人们越来越意识到，同一个组织不同部分的反生产职场行为可以有显著的类型和层次差异。这些研究认为，反生产职场行为可能在组织的一些部分常见，在另一些部分罕见，而且可能是在回应局部条件（比如一位特别恶劣的主管），而非组织层面的政策和实践。其次，通过对反生产职场行为的分类，我们得出了关于组织内恶行的性质与决定因素的重要洞见。目前已经出现了多种反生产职场行为分类法，有助于理解多种有害于组织和/或组织中的人的行为。最广为引用、在许多方面也最实用的分类法是罗宾逊和贝内特提出的（示意图见图 8.1）。

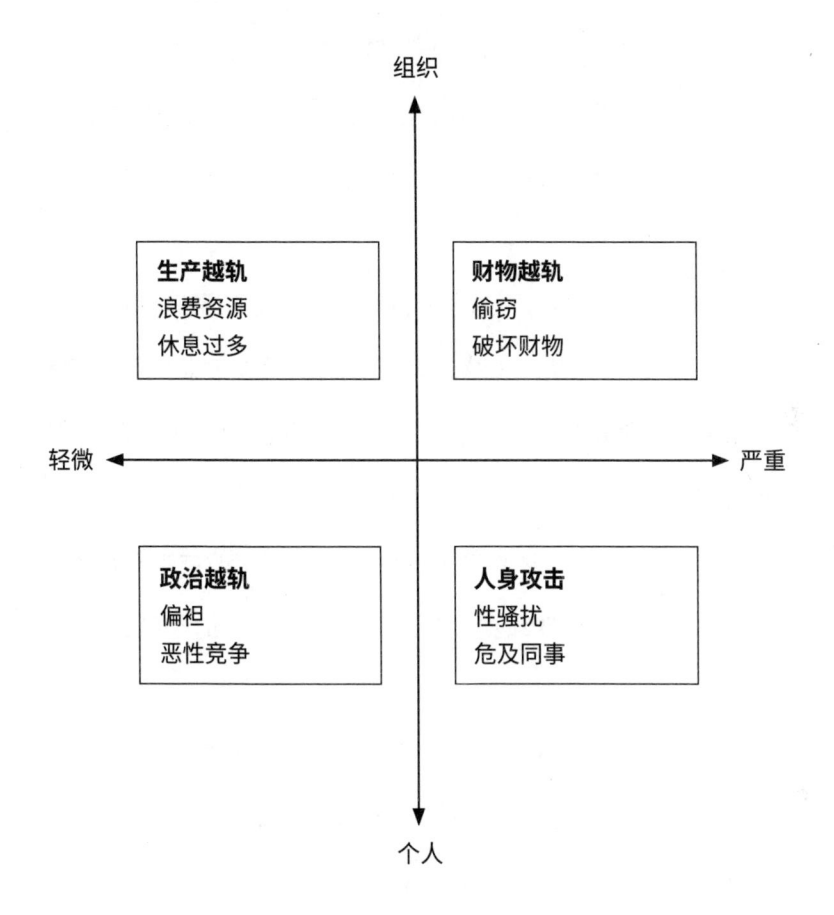

```
                        组织
                         ↑
    ┌──────────────┐   │   ┌──────────────┐
    │ 生产越轨      │   │   │ 财物越轨      │
    │ 浪费资源      │   │   │ 偷窃          │
    │ 休息过多      │   │   │ 破坏财物      │
    └──────────────┘   │   └──────────────┘
                         │
轻微 ←─────────────────┼─────────────────→ 严重
                         │
    ┌──────────────┐   │   ┌──────────────┐
    │ 政治越轨      │   │   │ 人身攻击      │
    │ 偏袒          │   │   │ 性骚扰        │
    │ 恶性竞争      │   │   │ 危及同事      │
    └──────────────┘   │   └──────────────┘
                         ↓
                        个人
```

图 8.1 反生产职场行为分类

注：从贝内特和罗宾逊修改而来。

罗宾逊和贝内特按照两个维度对反生产职场行为进行分类：（1）目标——组织还是个人；（2）严重程度或危害性。作者将生

■ 害马之群：失控的群体如何助长个体的不当行为

产越轨列为反生产职场行为的一种，其目标是组织，而且许多表现形式（作者给出的例子有早退、蓄意怠工、休息过多）的严重程度不高。[1] 财物越轨的目标也是组织，但通常要更为严重。罗宾逊和贝内特给出的例子是偷窃公司财物，收取贿赂、回扣，破坏行为。

其他反生产职场行为的主要目标是个人而非组织。罗宾逊和贝内特用"政治越轨"来描述针对个人且后果不太严重的行为（比如说闲话和偏袒）。说这些行为越轨的意思是它们偏离了鼓励我们公正、体贴对待他人的公认规范。作者还指出，一些反生产职场行为针对个人，且有更大可能造成更严重的危害。作者用"人身攻击"来描述性骚扰、霸凌、言语侮辱、偷窃或危及同事等行为。

图 8.1 对分类和理解组织内各种行为是很有用的，但有一点要记住，任何二维图示都可能会过度简化各类恶行之间关系的某些方面。比如，我们容易从图 8.1 得出结论，认为人际越轨与组织越轨是独立的，甚至可能是无关的现象。事实并非如此。麦基（Jeremy D. Mackey）、麦卡利斯特（Charn P. McAllister）、埃伦（B. Parker Ellen III）和卡森（Jack Carson）的综述指出，人际越

---

[1] 但如果这种行为广泛且频繁发生的话，累积成本就会飙升。

轨与组织越轨的相关性比较强（$\rho = 0.67$）。[1] 这就是说，做出组织越轨行为的人也更可能做出人际越轨行为，不做出组织越轨行为的人也更不可能做出人际越轨行为。

为什么要做出反生产职场行为

关于个人为什么要做出反生产职场行为，学界颇感兴趣。在这里，人际越轨与组织越轨的区分似乎很有意义。生产越轨与财物越轨研究一直有一个主题，就是这些行为最好理解为一种个人感觉遭到不正当对待于是报复组织的行为。关于针对组织的反生产职场行为的研究也得出了类似结论。例如，员工对主管决策与行动公平性的感知与反生产职场行为高度相关。

社会交换理论为理解财物越轨与生产越轨的心理机制提供了一个实用框架。该理论聚焦于互惠规范，意思是一方的行为产生了让另一方做出类似回应的义务。基什-格普哈特等人总结了30多年来的研究成果发现，认为组织的政策与行为公平且符合伦理的员工不太可能做出反生产职场行为。反之，被认为恶劣或不公正对待员工的组织（比如工资低、工作条件差、规则专断、政策与流程不公正）更可能会成为越轨行为的目标。

---

[1]　ρ 是对总体中两个变量的相关程度的一个估计值。

■ 害马之群：失控的群体如何助长个体的不当行为

多位研究者关注"心理契约"以及它在塑造员工对组织的态度和针对组织的恶行中所扮演的角色。许多员工的合同或职位描述上都写明了角色、义务和责任，但这些正式文件只涵盖了员工与组织之间关系的一部分。例如，合同很少说雇主会公平体贴地对待员工，或者员工会对组织表现出一定程度的忠诚。对于组织将如何对待员工，员工又将如何在单位做事，雇主和员工之间常常会形成明确但不成文的共识，"做一天公平的工作，得一天公平的工资"这句话体现了一种简化版的心理契约，但随着组织期望的提高（比如员工常常被期望在时间、努力和灵活性方面付出更多），心理契约的性质也随之发展（比如员工常常会期望获得更好的成长与发展机会）。

因为心理契约是不成文的、隐含的，所以对于契约施加于雇主和员工的义务，默示同意中的各方可能有不同的看法，这种情况大概并不少见。这意味着，对违反心理契约的感知有两条形成路径：（1）一方违反了双方都认可的义务；（2）双方对义务的预期无法兼容，从而令一方产生对方违约的感知。不幸的是，违反心理契约似乎是一个普遍现象，而且不管违约感知是如何产生的（比如，是真正的违约，还是对角色和义务有错误感知），违反心理契约都与工作态度（例如工作满意度、对组织的承诺度）的负面状况有关。对违反心理契约的一种回应就是采取报复组织的行为，也就是反生产职场行为。于是，从生产越轨到员工偷窃的各种行为，往往都是感知到雇主违反契约的员工做出的回应，或者是员工对职场不公正现象的回应。

讨论 8.2
隐性工资

员工通常会从雇主那里领一份工资，但在许多单位和职业中，员工的一部分薪酬是"隐性工资"，包括小费、动手脚得到的费用、额外补贴和私拿费用。在这个语境下，"动手脚"指的是员工歪曲工作规定和约束，提高自身薪酬的非正规行为。例如，在对一家大型面包房员工的民族志分析中，迪顿（Jason Ditton）讲述了员工偶尔会把没卖完的面包带回家或者卖掉。他还讨论了意料之中的且得到容忍的一定程度的私拿行为。尽管从制度来看，私拿是一种恶行，但私拿在许多场景中都是合理范围内的普遍行为，揩点油的机会可能也是总薪酬的重要部分。

小费是美国特有的隐性工资。在世界的大多数地方，侍者、酒保和其他服务业人士可能会因为服务质量好而收

■ 害马之群：失控的群体如何助长个体的不当行为

到些许小费（比如结账时凑个整）。但在美国，小费在总薪酬中的地位是如此重要，以至于有小费的工作最低工资要显著低于没有小费的工作。[1] 小费可能也是封建残余，服务提供者的收入在一定程度上取决于顾客给小费的意愿。如果顾客不给小费，侍者、酒保或其他服务业人士可能也无能为力。

好处费很少会写进合同或职位描述里，但常常有传统支撑，得到雇主和员工双方的默许。于是，收受好处费的员工可能会觉得那是自己的权利，如果有人不按规矩给好处费，员工可能会怀恨在心。私拿本身很少受到认可，但一定限度内的私拿常常会被容忍。不过分越界的员工会觉得自己没有做错什么。

在评估员工的恶行时，好处费乃至私拿代表着一类灰色地带，雇主有时容忍了这种做法。分析的一大难点在于，对好处费和私拿的预期更可能是心理契约的一部分，而没有写在雇主和员工签订的书面合同里。于是，员工可能会觉得自己有权拿到某些钱、产品、用品，或者私拿一定数量的东西是可以接受的，比如把少量办公用品拿回

---

[1] 按照《公平劳动标准法》，有小费工作的最低现金工资连无小费工作的三分之一都不到。

> 家，因此可能不会将这些做法视为恶行。而对于员工的权利范围有多大，哪些行为是可以接受的，雇主未必总会有同样的看法。在雇主与雇员的关系中，围绕权利感知与可容忍行为能够产生显著的潜在摩擦。

反生产职场行为涵盖了一大类型行为，但很多有害于组织及其成员的行为并不方便放进罗宾逊和贝内特的分类体系下。比如，恶行有一个重要的区分，一种是为了伤害组织，一种是为了帮助组织（至少在恶行发生的时候是帮助）。墨菲用"从组织偷东西"来形容前者，用"为组织偷东西"来形容后者。瓦尔迪和维纳（Yoash Wiener）的思路也差不多，文中区分了三类组织内恶行：（1）为自己（self）牟利的 S 型恶行；（2）为组织（organization）牟利的 O 型恶行；（3）为了造成破坏（damage）的 D 型恶行。对白领犯罪与企业腐败的分析表明，许多参与本章开头描述的那一类阴谋（比如安然、世通、大众丑闻等）的人都相信，他们行动的出发点是组织的利益，而且常常是为了组织的生死存亡。用瓦尔迪和维纳的话说，许多白领罪犯和其他企业欺诈参与者可能都相信自己在做 O 型行为。

为组织偷窃、撒谎和欺骗的正式组织成员的动机，常常与从组织偷东西的人大不相同。例如，有证据表明对雇主依附度和认同度高的人最有可能做出有利于组织的不道德行为。第十一章和第十二章会更详尽地考察组织成员为了组织好而作恶的动机因素。

组织中的侮辱行为

罗宾逊和贝内特的分类体系包括针对个体的行为与针对组织的行为。其中一些用"反生产职场行为"来描述是合理的。虽然性骚扰、霸凌等侮辱行为有害于组织及其成员，但无论从动机还是对组织的影响来看，针对个体的行为都可能不同于针对组织的行为。本章前面讲到了性骚扰等侮辱行为的频繁性与严重性。本节会更细致地考察组织中的侮辱行为。

哈克尼和佩尔韦指出，组织中的侮辱行为包括多个类别，包括职场攻击性行为、职场骚扰、人际越轨、职场暴力、霸凌和不文明行为。在过去25年间，大量研究聚焦于两类组织中的侮辱行为：一是攻击性行为与骚扰；二是辱虐式管理。

攻击性行为与骚扰

对成员来说，组织常常是充满敌意乃至危险的地方。我在本章前面讲过，25%～75% 的女性员工遭受或目睹过组织中的性骚扰。男性也不能免于这种骚扰。过去十年间，公平就业机会委员会收到的性骚扰控告中一直有 15% 左右是由男性提出的。不幸的是，霸凌与骚扰一样是组织中的常见现象。例如，约有 20% 的员工表示工作单位里有系统性霸凌。在许多情况下，职场攻击性行为不仅限于辱骂或言语攻击。据美国职业安全与健康管理局报告，每年职场中发生的非致命伤害事件约有 170 万起，施暴者多为同事。组织中的三种骚扰与攻击性行为得到了学界的特别关注：（1）不文明行为；（2）霸凌；（3）骚扰。

安德森（Lynne M. Andersson）和皮尔逊（Christine M. Pearson）这样定义组织中的不文明行为：做事粗鲁或不礼貌、不尊重他人、违反交往互敬的组织规范。作者将不文明行为列为一种低强度行为，常有伤害他人的模糊意图。例如，有些员工会使用让其他人反感的语言（比如诅咒），甚至可能不知道自己的做法令人反感。组织成员在表达负面情绪、批评或给予负面评价时可能会伤害其他成员，同时未必是蓄意伤害对方。

粗鲁、负面态度和其他形式的不文明行为看上去可能没什么大不了，而且孤立的不文明行为或许虽然令人不快，但也不至于无法忍受。然而，长期或反复不文明行为是一个重要的压力源，能够对身心健康造成相当大的负面影响，甚至没有亲身经历不文明行为，只是目睹不文明行为也可以是一个重要的压力源。

长期不文明行为是一个重要的压力源，但对难以控诉或回应不文明行为的人来说，就连相对孤立的不文明事件也会造成压力。人们回应组织中不文明行为的方式有个体、群体和文化层面的差异。这类行为有一个残酷的讽刺之处。受组织中不文明行为影响最大、最容易提出控诉的人，恰恰也是在做出负面回应时最容易遭到批判的人（比如，别人可能会说他们太敏感了，开不起玩笑之类）。

不文明行为有时针对特定的人。科尔蒂纳（Lilia M. Cortina）等人主张，不文明行为有时是种族歧视与性别歧视的一种隐蔽表现，尤其是对未被充分代表的群体成员。例如，有证据表明女性比男性更容易成为不文明行为的目标，而且不文明经历会极大影响女性对组织的感知。

不文明行为并不总是意在伤害。你可能遇到过一个或多个迟钝的同事，他们甚至不知道自己的行为对他人造成了困扰。与之相对，霸凌通常被认为是蓄意伤害。霸凌的定义有多个，但通常有几个共同特征，包括：（1）敌意——霸凌往往是有意识的行为选择，涉及对受害者的一定程度的敌意，不管是针对受害者个体，还是将受害者作为一个群体的代表；（2）重复发生——霸凌行为很少是孤立的，常常会反复发生；（3）攻击性——霸凌可能会结合不同的言语与身体攻击性行为；(4)软弱可欺——遭受霸凌的个人和群体通常无力有效抵抗霸凌。霸凌可以是个体行为，也可以是集体行为，"暴徒"一词通常指的是集体霸凌。与不文明行为一样，霸凌可以对受害者和目睹者的身心健康造成严重影响。

组织中的霸凌与操场上的霸凌有许多相似点。青春期霸凌有多种动机，但我们大概最好将其理解为一种追求社会支配的策略。霸凌者很少受到挑战，且常常会得到同侪群体的支持。此外，霸凌者往往很清楚自身行为对被霸凌者的影响。

对霸凌的感知和体验都存在性别差异，但显而易见的是，霸凌者有男有女，被霸凌者也是有男有女。组织对霸凌的有效回应往往是迟缓的，而且在许多情况下，组织的文化会鼓励和维持霸凌。

最后，基于性别、种族、性少数、肥胖等因素的骚扰在组织中普遍得令人痛心。对性骚扰的研究尤其深入。性骚扰是普遍现象（约有四分之一的女性在工作中经历过性骚扰），而且对亲历者和目睹者的身心健康都有显著影响。性骚扰有时是孤立现象（一个人骚扰另一个人），但常常是普遍现象，而且有时会得到组织文化的容忍乃至鼓励。与霸凌类似，性骚扰似乎与权力和支配的关系更大，而非性本身。骚扰的形式多种多样，包括不正当的性化工作环境、不受欢迎的性挑逗、索要性福利和性侵犯。

对组织中不文明行为、霸凌和骚扰行为的研究有两个共同的主题。第一，这些行为普遍且有害；第二，组织常常很少努力去控制或减少这些行为。在许多情况下，组织会公然容忍不文明、霸凌和骚扰，有时甚至会加以鼓励。接下来的几章中将考察为什么会出现这种状况，以及可以怎样做来应对以成员为目标的组织内恶行。

辱虐式管理

辱虐式管理与前面讲过的侮辱和攻击性行为有许多共同之处，但增加了一个关键要素——权力和权威。之前讲的许多行为是由上级做出的，实施对象是无从控诉也无力回应的下属。辱虐式管理的特殊之处在于，它就是由担任上级主管角色的人实施的。

与霸凌一样，辱虐式管理常被定义为一种持续的行为模式，涉及言语和非言语的无端敌意行为。你在一项重要任务上表现差劲，上级给了你负面评价，这不是辱虐。上级反复对你大呼小叫，或者做出旨在伤害你的行动，这**是**辱虐。辱虐式管理是常见现象，而且对遭受者与目击者都有严重的负面影响。

与其他某些职场攻击性行为相比，辱虐式管理的动机和解释

第八章 组织中的恶行

可能更扑朔迷离。比如,一部分辱虐式管理可能是因为上级缺乏领导能力,或者不明白要如何领导。有些人将领导力与发号施令、折腾下属混为一谈,而且有些上级之所以采取这种策略,几乎肯定是因为他们觉得自己要拿出领导的派头。另一方面,辱虐式管理有可能反映了组织的文化以及上级与自己的上级打交道的经历。上级看到组织里有其他人这样做,就更可能有样学样。最后,辱虐式管理有可能反映了上级自己的心理状态(比如抑郁、自我管理困难)。行为管理困难的人可能更容易辱虐他人。

或许因为辱虐式管理是组织权威结构的一部分,所以它对组织的影响尤其恶劣。亲历者或目睹者对辱虐管理的一种常见反应是职场越轨增多。员工或许没有直接对付糟糕上级的有效手段,尤其是一些组织对投诉不管不顾。但员工有能力且常常确实会采取生产越轨和财物越轨行为,设法报复组织。正如我在本章开头所说,这些行为会给组织造成巨额损失。这就引出了一个问题:组织为什么会允许,有时还会鼓励辱虐式管理?第九章至第十二章会讨论这个问题。

总　结

正式组织的多个根本特征都有可能造成恶行。角色与权威结

■ 害马之群：失控的群体如何助长个体的不当行为

构界定和限制了人的行为，能够支持"我只是履行职责"或"我只是奉命行事"一类的合理化借口，从而显著提高作恶的可能性。组织常常会制定复杂的成员行为监督与评估流程，利用赏罚手段将行为引上破坏性的方向。例如，大型企业丑闻（比如安然、世通、大众丑闻）需要许多人的配合。于是，组织设置的成员监督和赏罚体系是确保沆瀣一气的重要环节。

组织中普遍存在恶行，恶行能够造成严重后果。工作组织每年因盗窃、欺诈和生产越轨而遭受的损失达到数十亿美元。投资者损失了上千亿美元，上万人因企业欺诈和白领犯罪而失去工作。员工常年接触大量不文明、霸凌和骚扰行为，这些行为会造成重大损失，而且受害者和目睹者的身心健康都会受到负面影响。

组织中的恶行可以分成两类，一类是针对组织的（比如生产越轨和财物越轨），一类是针对个人的（比如霸凌和骚扰）。针对组织的恶行的常见原因是，员工感觉组织没有履行与员工的心理契约（比如做一天公平的工作，得一天公平的工资）。而针对个人的恶行常常涉及维护权力与追求社会支配。接下来的几章会更详尽地讨论促成这两类恶行的过程，以及组织应对恶行的方式。

第九章
鼓励恶行的情境、社会与组织过程

第八章介绍了组织（尤其是工作组织）的一些能够意外引发恶行的特征。这些特征包括界定明确的角色、权威结构、行为监督体系，确保成员遵守组织规则与规范的赏罚措施。这些结构与体系的宗旨和用途往往是鼓励建设性行为，服务于正当的社会目标（比如生产、管理竞选活动、创建志愿者组织），但当组织的规范或目标转入某些方向时，这些体系也能够变成破坏的发动机。比如，如果组织以种族主义或性别歧视为规范，或者组织有堕落的目标，那么监督成员行为的组织体系，以及按照组织规范做出的奖赏行为就会变成恶行的一大渊薮。如前所述，从安然到大众的众多组织被发现犯下了系统性的罪行，意图欺骗消费者、误导监管方等，而员工之所以愿意参与欺诈，一大因素可能正是这些组织的奖赏与控制体系。

本章将继续考察无意间鼓励恶行的组织过程。第八章考察了明显是为了引导和规范行为的组织系统与过程，比如角色界定、权威结构、组织成员行为检测评估体系、组织成员奖惩分配体系。在本章中，我会考虑组织的多个结构性特征与情境因素，以及组织中鼓励特定种类恶行的社会与心理过程。如图9.1所示，在评判影响恶行的因素时，我们必须考虑多个分析层次。

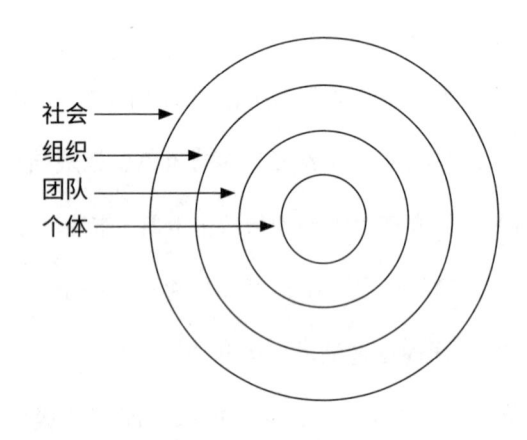

图9.1　多层情境

影响恶行的情境因素

组织作为社会的一部分而存在，组织所处情境的多个特征有可能会鼓励恶行。例如，不同国家的文化往往会提倡特定的价值观，比如个人主义或尊重权威，这些价值观有时是恶行的一个来源。考察国家文化与社会政治制度对组织运作方式的效应的研究有很多。这些成果大多聚焦于工作组织，但对各类组织都有明显的借鉴意义。

文化价值观

霍夫施泰德等人主张，我们用少数几个维度就能理解与组织相关的价值观与偏好的国家间差异：（1）权力距离——社会不平等，或者组织或群体内不同层级人员的分隔程度；（2）个人主义—集体主义——个人导向还是群体导向；（3）男性化—女性化——偏好成就与果断，还是偏好合作与关照；（4）不确定性规避——对模糊与失控是容忍还是回避；（5）长期与短期规范导向——关注眼前的结果还是更遥远的结果；（6）放纵—克制——倾向于自由表达和满足欲望，还是压抑欲望。对恶行来说，或至少是确定不同社会可能会特别盛行哪些类型的恶行来说，其中三项文化价值观有着明确的意义。

■ 害马之群：失控的群体如何助长个体的不当行为

权力距离

社会距离大的社会鼓励顺从和尊敬领导。这种顺从会让两种恶行更可能发生。第一，如果领导提出了一个看上去不道德或不诚信的方针，那么在权力距离特别大（比如拉丁美洲、东亚和阿拉伯世界）的文化中，下属顺从领导提议的可能性就会大于权力距离比较小的文化（比如北美和德语国家）。当然，权力距离小不能避免组织追随提议不诚信行为的领导。德国是一个权力距离小的国家，但这并没有阻止大众员工参与大规模全球性的排放测试造假。尽管如此，我们可以合理地估计，权力距离大会让人更容易遵从违背普遍社会规范的命令和指示。

权力距离大还有另一种造成恶行的方式，这种方式比较间接。在权力距离大的国家，下属更不愿意挑战上级，甚至不愿意向上级诚实地反馈意见。这不仅会提高组织领导者做出糟糕决策的可能性，也会提高下属全力实施糟糕决策的可能性。当然，并不是所有组织做出的糟糕决策都涉及恶行。一位参与竞选的领导人可能会选择无效的口号，而且因为下属的支持而相信自己做出了好的选择。然而，一些糟糕决策可能会对组织成员或利益相关方造成严重负面后果（比如一家投资公司选择了高风险策略，让员工和股东损失了一大笔钱），而实施上级制定的糟糕决策可能要求下属做出明知会伤害他人的行为（比如取消赎回权、开除员工）。

个人主义—集体主义

极端的个人主义和极端的集体主义都可能造成特定类型的恶行。集体主义社会的成员一般会注重群体和谐,这意味着成员会更愿意服从群体规范,哪怕群体规范容忍或支持对他人有害的行为,比如霸凌或性骚扰。个人主义社会的成员则可能更愿意做出违反规则或无视规范的行为,比如生产越轨。

男性化—女性化

一些文化的男性化程度比较高,这种文化价值观可能会提倡竞争和果断行事。竞争和果断行事本身不是恶行,但强调这些行为可能会导致恶性竞争与社会阻抑的增加,甚至引发霸凌与骚扰。

文化价值观如何影响行为

文化价值观对组织及其成员行为的影响绝非千篇一律。盖尔芬德等人指出,一些文化比其他文化更严密,意思是有些文化的规范更强大,对偏离规范更不宽容。巴基斯坦、马来西亚和印度是典型的严密文化。在这些国家,相比于文化较为宽松的国家(比如乌克兰、爱沙尼亚、匈牙利),行为与文化规范、价值观之

■ 害马之群：失控的群体如何助长个体的不当行为

间的联系可能会更加紧密。

组织嵌入于社会中，文化价值观代表着社会的一个重要特征，但这并不是影响组织运作方式的唯一重要社会维度。不同社会采取不同的政治与法律制度，这些制度对组织也有强大的影响。具体来说，法律制度涉及对恶行的界定与压制。对于哪些类型的恶行会在一个社会中受到严肃对待，又有哪些不会，法律制度传达了强有力的信号。不同国家的法律差别很大。有些行为（比如往人行道上吐口香糖）在一些国家无人在意或被当作小错处理，在其他国家（比如新加坡）则会被视为重罪。执法方式也有重要的差别，传达了关于哪些行为被容忍、哪些行为会被严惩的明确信号。以不同国家对2008年金融危机的反应为例，这场危机的主要推动力是不可靠的金融工具和过热的次级贷款投资。大多数西方国家对银行和投资公司都有严格的监管法规。在多个国家，银行工作人员与投资经理人因他们在危机中扮演的角色而入狱。而在美国，只有一位银行工作人员（此人与一家外国银行有牵连）因哄抬次贷价格而入狱。美国无动于衷的表现传达了一系列强有力的信息，表现了银行法律与银行家在美国孰轻孰重。

文化与法律政治制度有两种不同的影响行为的方式：（1）设定并传播规范，说明哪些行为或行动受欢迎，而哪些不受；（2）为追求特定行为路线提供机会或施加限制。例如，美国和欧盟都

第九章 鼓励恶行的情境、社会与组织过程

有针对就业歧视问题的严厉的法律法规，但执法情况有很大差别。在美国，反歧视法律由多个州和联邦机构监督执行，还有一套平行的私人执法制度负责集体诉讼，这意味着美国雇主一般会认真避免歧视，哪怕是无心之失。相比之下，在许多欧洲国家，类似法律法规执行力度小且缺乏一贯性，这意味着，这些国家的雇主有时不太注意聘用决策中有没有歧视的问题。

政治法律制度施加了限制，但也为各类组织的形成和运营创造了机会。我在第六章讲过，美国有 9000 多家行业与专业协会，这在部分程度上反映了美国政治制度相对分权，其特点意味着协会可能需要应对和努力影响联邦和州两级政府，且对组织或利益相关方的游说和意见保持相对开放。一些游说活动可能会带来有利于一小批人但有害于社会其余部分的法律。

意识形态与恶行

第八章讲到，霸凌在许多组织（尤其是职场）是一个普遍的严重问题。比尔（David Beale）和赫尔（Helge Hoel）指出，相当一部分组织中的霸凌是经理做出的，而经理自己又常常被自己的上级霸凌。作者认为霸凌符合马克思主义的劳动剥削理论，可以解读为一种管控手段。马克思主义理论主张，对劳动力的控制

271

■ 害马之群：失控的群体如何助长个体的不当行为

必然是对权力的行使，而霸凌是一种建立和维护控制的方法。大多数对霸凌的讨论都将其视为异常现象，但比尔和赫尔指出，系统性的霸凌可能是一种有意识或无意识的策略，目的是建立和维持对劳动力的控制。

亨利（Stuart Henry）认为，许多用工实践制造了"隐性工资"。例如，他引述了让劳动者相信自己有权获得某种非现金收入（比如私拿、小费、职务特权）的传统，并主张这是封建残余。什拉彭托赫（Vladimir Shlapentokh）和伍兹（Joshua Woods）提出了一个更宏大的观点，**许多**现代社会的结构都是封建残余。具体来说，作者认为组织保留了许多封建组织模式的关键要素，包括强化分权；做事依赖非正式的同盟关系与权力中心，而非走官僚流程；以个人效忠为决策治理的工具；还有一套阶级制度，让高管、经理和劳工各安其位，各有不同的权利与责任。他们表明，许多种类的恶行，尤其是生产越轨行为，最好理解为对封建社会遗留组织制度的承诺与依赖。特别是，经理与工人的冲突往往不可能完全解决，生产与财物越轨的许多策略的根源在于封建思维（认为工人、经理和高管构成不同的阶级，各有其权利、责任和局限性）。

动态文化理论

动态文化理论从"网格"和"团体"两个维度来描述群体和组织，并用这两个维度的组合来预测恶行。第一个维度是网格，它评估的是一个场景中约束力的强弱。例如，当动态文化理论运用于工作时，网格维度反映在是否强调成员的等级划分，是否要求员工穿制服，控制每名员工占据空间的大小，是否有时间约束。网格是自治度的指标。

第二个维度是团体，它评估的是一个群体中通常的交互程度，尤其是面对面交往。比如，军队里的一个排在团体维度上比较高，因为成员的工作和闲暇都以排为基础，排里的士兵常常会做运动，或者做其他集体消遣活动。因此，排是群体认同与群体控制的一个强力来源。相比之下，独立管理顾问在团体维度上就比较低。约束管制与人际交互这两个维度常常反映在不同社会的文化与法律政治制度差异中，而且可以是恶行的重要推动力。例如，在员工无法对决策发表实质性意见的工作组织中，比如高网格度组织，生产越轨的水平可能就会更高，员工借此获得一定的非正式掌控力。

马尔斯（Gerald Mars）给出了职场越轨的证据，主要来自组织按照这两大维度安排工作的方式。阿克罗伊德、邓登（Tony

Dundon）和范登布鲁克（Diane van den Broek）都认为，由于对资本主义制度的强烈承诺，组织加强了对劳动者的控制，而且取消了员工获得和施展权力的机会，从而为更高程度的恶行创造了条件。更普遍地说，一些组织或组织内部团体对成员施加了强力约束，成员协作进步的机会比较少。用动态文化理论的术语来说，就是低网格度，低团体度组织。例如，一些国家的统治是强硬威权主义的，国民表达异议或采取集体行动的机会极少，一种典型的社会反叛是生产越轨。在这些国家有一个老笑话说，"他们假装付钱，我们假装干活"，这句话概括了一种对社会和政治束缚的普遍反应。这些束缚引发的反抗形式与马尔斯在分析低收入、低责任度工作时观察到的现象如出一辙。

恶行的手段、动机与机会

在许多电视剧的警察办案流程中，重头戏就是要证明某位嫌疑人有犯某罪的手段、动机和机会。组织中的某些方面常常为特定类型的恶行创造了手段和机会。例如，员工偷窃在某些店铺（比如服装店、电器店、药店）特别严重，部分原因是店里的商品好卖也好偷。如果你的产品不仅笨重，而且量小不值钱，那员工偷窃问题就会轻一些了。破坏行为在制造业企业发生的可能

第九章 鼓励恶行的情境、社会与组织过程

性高于其他一些行业，因为工厂里有更多损毁产品的机会。在严重依赖电子计算机的行业，窃取信息和转移资源的可能性就会更高。

曾有记者问银行劫匪威利·萨顿（Willie Sutton）为什么要抢银行。据说萨顿回答道："因为银行有钱。"[1] 这句话经过改动进入了医疗培训领域，就是萨顿定律。萨顿定律提出，在诊断病情时，你应该先做那些能让你确定或者排除最显而易见诊断的检查。如果你用萨顿定律来预测恶行，你就一定要认真思考不同场景提供的机会。比如，与成员没有交互的组织相比，要求成员频繁交往的组织很可能会为霸凌和骚扰创造更多机会。与没有篡改账目或便捷转移资金的机会的高管相比，有许多这种机会的高管更可能会做出白领犯罪。

法学里有一个学说叫"保护儿童免受危险场所伤害原则"，主张拥有对儿童极具吸引力，但会带来危险的场所（比如游泳池、建筑工地）的人有义务设置障碍和围栏，如果业主没有妥善给具有吸引力的危险场所设置围栏，儿童进入场地并受伤，则业主负有责任。有人将这一思想延伸到了安全领域，认为如果组织创造了某些条件，让偷窃对员工或高管来说极具诱惑力，但没有

---

[1] 萨顿在 1976 年写的书里否认说过这句话。

■ 害马之群：失控的群体如何助长个体的不当行为

切实监督或预防偷窃行为，那么组织就是对员工和高管施加了不正当的负担，应该对可能发生的偷窃事件承担部分责任。回到第一章中讲过的一个例子，假设有一名珠宝商告诉助手："这是一大袋子红宝石。我不清楚里面有多少枚。我要去吃午饭，我不在的时候，你数一数有多少枚。"珠宝商在极力诱惑员工私拿几枚红宝石，我们可以合理地主张，这种做法不仅不明智，而且不道德。为控制恶行而付出明显努力的组织不仅是对自己有益（偷窃和欺诈让组织损失了数十亿美元，而且如果组织对霸凌或骚扰置之不理的话，就有可能惹上官司），也是在帮助员工避免做出具有破坏性和危害性的行为。

社会与组织因素

本书关注组织中的恶行。上一节考察了影响恶行发生率与性质的组织外因素，比如国家文化与法律制度。本节和下一节将考察可能影响恶行的组织内因素。

组织社会化

当新成员加入一个组织时，他们往往对自己应该做什么，应

第九章 鼓励恶行的情境、社会与组织过程

该怎样做事只有一个笼统的概念。员工学习与自身角色相关的义务、责任和期望,以及组织的非正式规则与规范的过程叫作社会化。社会化为新加入者提供了信息,内容包括新人在组织中的角色、组织其他部分的目标,以及组织本身。或许最重要的是,社会化过程传递了非正式的规范,而这些规范有时界定一些通常认为不可接受(比如霸凌),但"这里就是这样做"的行为,也就是说,符合道德且可以接受的行为。

赵(Georgia T. Chao)等人写道,社会化的范围不仅限于了解自己的角色、义务和责任,甚至不只是学习所属工作群组的非正式规范。作者指出,新人需要学习:(1)历史——传统、群体和组织的惯例、群体背景等;(2)语言——术语、俗语、缩略语、群体和组织内的黑话;(3)政治——了解怎么把事做成、谁掌握信息和资源、不同个人与群体可能追求的动机;(4)人——群体内与群体间关系,谁可以信任,谁喜欢谁,谁讨厌谁;(5)组织目标与价值观——组织正在追求的目标、价值观和战略,你所属群体在其中的角色;(6)业务能力——高效履行自身角色所需的信息。

组织社会化一般涉及多种正式和非正式活动,通常以情况介绍会和说明角色和责任的正式文档(比如职位描述)为起点,但也包括非正式学习,观察和模仿其他角色相仿的人。组织可能会

■ 害马之群：失控的群体如何助长个体的不当行为

安排正式或非正式的导师，导师有一定责任确保你在角色中学习和进步。组织可能会举办正式或非正式的迎新活动，甚至是欺辱仪式，尤其是加入球队或兄弟会这样关系紧密的高地位群体。

组织内常有多个社会化的来源（有时还有竞争关系），包括分部或部门、工作群组、同事。每个社会化来源都会向员工传授规范性期望，监督行为，强化标准执行。比如在职场中，正式的社会化过程会教员工成为一个高效、聪敏、掌握知识的人，为组织的成功做出贡献。与此同时，非正式的社会化过程会帮助新人理解：在这个角色中，在这个组织里，事情**实际上**是怎么做的。接受一个组织的非正式规范的社会化过程可以成为一扇通往越轨行为的大门，如果组织规范提倡不受社会整体规范认可的行为的话。社会化过程（包括正式与非正式）"界定了可接受与不可接受行为的范围……（并且）奖赏可接受的行为，惩罚不可接受的行为"。

越轨社会化

新人有多大可能接受社会化，遵循容忍或鼓励恶行的规范？在这个方面，同事、工作群组和类似群体的影响力似乎特别大。同事群体会奖励符合群体规范的行为，惩罚违反群体规范的行为，以此对行为进行调节。例如，工作群组常常会通过孤立和隐

第九章　鼓励恶行的情境、社会与组织过程

瞒信息的方式惩罚违规者。与工作群组的非正式赏罚相比，组织的正式认可与处分实在是太远端了，且对行为塑造的作用往往也较小。尽管组织可能定下了越轨行为的基调，但"调节员工越轨行为的是工作群组中形成的非正式规范共识"。

尽管大多数工作群组都遵循诚信的社会与组织规范，但纵容或鼓励包括偷窃、破坏、旷工、生产拖延在内的特定越轨行为的工作群组也不少见。对于工作群组内部的研究揭示了令人惊讶的综合性的规范结构，其界定了哪些越轨行为是受到鼓励的、哪些不受鼓励，以及如何将越轨行为合理化。如果一个群体或组织的规范容忍或鼓励特定类型的恶行，那么组织成员做出这些行为的可能性就会提高。因此，理解职场恶行的一个关键议题，就是理解群体或组织在何种条件下容易形成鼓励恶行的规范和期望。第十章会讨论关于失调规范形成和发展的不同理论。

当失调规范在组织内部形成时，组织内认可的事与组织外认可的事之间就会产生冲突。一种处理冲突的方式是，在两套抵牾的规范之间设立心理屏障，将组织成员的关注点集中到内部，而非外部规范和标准上面。如果组织与宏观外在社会问题的隔离程度足够高，那么组织就会构成一个"道德小世界"，将新成员纳入其中。这就能产生一种隔绝式的道德思维与行动，组织成员不加批判地在组织利益与公共利益、道德行为之间画上了等号。

279

■ 害马之群：失控的群体如何助长个体的不当行为

最后要记住，此处描述过程的设计方针、意图和用途往往是培育正面积极的规范与期望。尽管本书中描述的许多社会与心理过程**可能**会脱轨，引发恶行，但这并非常态，你也不应该假定所有组织都鼓励和支持恶行，甚至大多数组织都并非如此。这里描述的过程有支持恶行的潜力，但不一定会将个体引上消极的方向。

吸引—选拔—消耗过程

社会化有助于保证个体与组织的良好匹配，它也是双向吸引、选拔、消耗过程的一个重要部分。潜在成员会被引向目标、价值观、信念与自己相近的组织（吸引）。类似地，组织一般倾向于吸引和招募的成员，其价值观、规范、期望也与组织的主流实践一致（选拔）。规范、价值观、期望与组织有重大差异的成员会倾向于离开组织，或被开除（消耗）。吸引新成员、从潜在新加入者中选拔成员、与角色或组织不匹配的人被消耗，这构成了一个三元结构，对组织发展和运作的方式有重大影响。

吸引—选拔—消耗过程确保了大多数组织的规范氛围是稳定且自我维持的。这个过程意味着，在组织的价值观、规范与特质方面，组织可能会逐渐变得相对同质化。有实证证据表明，吸引—选拔—消耗过程确实让组织更同质化了，例如，在性格方面，属于同一个组织的人常常比属于不同组织的人更相近。

吸引—选拔—消耗模型的另一个推论是，越轨组织或工作群组可能会吸引、选拔和保留越轨成员，从而维持越轨规范的氛围。尤其是，越轨个体可能会寻找、选择和留在符合自身倾向的场景中。马尔斯认为，"不能适应（越轨氛围）的工人会离开；能适应的人会觉得工作环境满足了自己，于是就会留下"。吸引—选拔—消耗过程可能会渗透到组织的所有层级，在多个层次造成相似的社会化压力。在这个过程中，越轨（或诚信）会发生制度化，成为组织文化的一部分。

共事：团队与工作群组

组织成员常常合作完成分内的任务与职责。在工作组织中，你可能要长期每天都与同一个工作群组交互。在其他正式组织中，你与他人的交互频率可能要低一些，但你仍然可能是群体或团队的一分子，而非单打独斗。交互可能在线上，新冠肺炎疫情期间，许多人际交互从线下转为线上。不管交互方式是什么，你以组织成员的身份和其他人共同完成职责的事实，都对组织内的恶行有多个重要意味。

与某一群人持续不断的交互为冲突、霸凌和骚扰创造了机会。冲突不一定是恶行的组成部分或先兆，如果处理得当的话，冲突也不一定会带来坏情绪或坏行为。与任务决策和行动相关的冲突甚至能促进创造力。霸凌与冲突有三个重要的区别：第一，霸凌通常涉及正式或非正式的权力差距，让被霸凌者难以做出回应；第二，霸凌通常涉及蓄意伤害他人，目的往往是建立或加强社会支配；第三，霸凌涉及反复交互，这点最为重要。正因如此，如果在一段可能很长的时间里必须与特定的人交互，霸凌的机会便产生了。

长期频繁交互很可能也会加大骚扰的机会。例如，性骚扰常常是长期的，被骚扰者在工作单位或履行组织角色的情境中反复暴露于不得体的性化环境。组织将成员置于被期望和要求长期与某些人交互的位置上，从而有时无意间制造了让骚扰更可能发生且后果更严重的条件。

越轨的团队

组织内的一些任务是由个人独自或多人协作完成的，但重大任务常常是由团队完成的。团队有多个突出特征，其中不少都与恶行直接相关。团队成员的角色是相互依存的，他们专注于一个共同的目标，拥有共同的社会认同。团队成员对团队的成败负

第九章　鼓励恶行的情境、社会与组织过程

责，而且与构成情况类似但没有依存关系和共同目标的工作群组相比，团队成员对团队的承诺度常常要高得多。

团队成员的依存关系、认同与承诺常常对团队以及团队所在的组织有很大好处。然而，当团队的规范或预期失调时，团队的这些特征也能够放大恶行。沙布拉姆（Kira Schabram）、罗宾逊和克鲁兹（Kevin S. Cruz）写道，组织越轨常常与团队作恶有关。由于承诺与依存关系，团队成员更可能配合团队的可疑行径。

配合不诚信或不道德活动本身就有助于建立和加强团队的团结与忠诚意识，至少在接受团队越轨规范的成员之间是如此。1973年电影《冲突》（Serpico）的主题之一，就是一个腐败警队的成员不信任弗兰克·塞尔皮科（Frank Serpico），因为他诚实又不受贿，于是危害到了受贿的同事们。

破坏性领导

我们在前几章讲过，组织中的领导有时会做出霸凌、骚扰或不诚信的行为，这些行为可以用"破坏性领导"来描述。埃纳森（Ståle Einarsen）、奥斯兰（Merethe Schanke Aasland）和斯科格斯塔德（Anders Skogstad）给"破坏性领导"的定义是：由占

283

■ 害马之群：失控的群体如何助长个体的不当行为

据责任重大的领导岗位的人做出的系统性、重复性行为，这些行为违背了组织及组织成员的合法利益，且会损害组织的成功与组织成员的体验。萨罗古德（Christian N. Thoroughgood）和帕迪利亚（Art Padilla）提出了一个重要的观点，认为破坏性领导不是在真空中产生的，而是需要有一个容忍这种行为，甚至常常予以支持的环境。帕迪利亚、霍根（Robert Hogan）和凯泽（Robert B. Kaiser）在讨论领导者、追随者与环境的"毒三角"时，将上述观点推进了一步。作者指出，破坏性领导的起点是具有某些个人特征的领导者，包括高度克里斯玛、权力欲、自恋、负面经历与消极视角。

潜在的破坏性领导者不太可能做出真正危险的行为模式，除非有容易受害的追随者。帕迪利亚等人描述了两类能够促成破坏性领导的追随者——屈服者（出于恐惧而追随破坏性领导者）和共谋者（主动与领导者合作），并详细说明了追随者屈服或共谋的条件。最后，只有在支持或至少容忍破坏性行为的环境中，毒三角才会顺畅运行。作者描述了不稳定、感知威胁、文化价值观和/或缺乏有效制衡手段何以会推动破坏性领导发生，并促使其更加严重。

这里列出的促成破坏性领导的组织因素意味着，组织也许难以完全控制霸凌、骚扰或以其他方式伤害下属的领导。当然，一些组织层面的应对措施会起到作用（比如建立和推行制衡手段），但一些组织外的因素（比如外部威胁、支持或容忍恶行的文化价值观）也是破坏性领导的重要因素。如果这些外部因素足够强的话，组织可能就会发现，控制破坏性领导是一个艰巨的挑战。

个体差异：对组织的感知与信念

组织成员对组织的感知与信念会显著影响成员的行为。首先，对组织氛围与文化的感知提供了重要的规范性信息，可能会支持、鼓励或遏制某些种类的恶行。其次，组织成员对组织决策与流程的公平性有自己的看法，而且常常是强烈的看法。这些信念可能会促进群体中的亲社会行为与反社会行为。

组织氛围与文化

组织氛围与组织文化是两个相关的概念，人们用它们来描述各种成员对组织的共同感知与信念。文化是一套共同的价值观与规范，界定了组织成员的适当态度与行为，文化反映在组织的历史、故事与仪式中。组织文化对理解恶行是重要的，因为文化会告诉成员哪些行为是组织看重和提倡的。氛围与组织成员的个人体验,以及"组织成员对自身经历的事件、政策、实践和流程,以及对自己看到的受到奖赏、支持和期望的行为所赋予的共同意义"的关系更密切。氛围反映的是反应,聚焦于当下;文化则代表着关于组织重视什么、偏好什么的中长期认识。尽管这两个构念可以做出区分,但在文献中常常几乎不加区别,对两者的研究往往也是共性大于差异。在我筹备这本书而回顾文献时,我震惊地感受到了这两个词的互换程度。有无数篇文章讲"伦理氛围""诚信氛围""药物滥用氛围"等,但其实讲的是文化,或者是氛围加上文化。氛围是重要的,但文化与氛围是有实质性区别的,鉴于文化与规范、价值观的关联更密切,所以我们大概还是应该聚焦于文化。

文化因组织而异,文化差异与多个组织效能指标相关。组织文化差异与组织及其成员的正面或负面结果都相关。文化对个体组织成员的潜在正面结果包括动力与感到满意,而负面结果可能包括工作压力和不安全感。商业媒体常常主张,有力且一贯的文化是组织成功的关键,但组织文化的效果可能很大程度上取决于组织文化的内容。例如,马托斯(Kenneth Matos)、奥尼尔(Olivia Mandy O'Neill)和雷(Xue Lei)描述了"男子气概的对抗文化"如何会带来更多的辱虐式管理与毒性领导,这种"要么赢,要么死"的文化强调竞争、社会支配、身体力量和避免示弱。

第九章 鼓励恶行的情境、社会与组织过程

文化的内容

尽管组织文化是一个重要的构念,但阐述组织文化的文献仍然有些碎片化,不同的学者用来描述文化与分门别类的体系大不相同。如前所述,马托斯等人阐述了一种注重竞争与支配的特殊文化。韦斯特鲁姆(Ron Westrum)描述了医学场景中遇到的三类文化:(1)病态文化——关注个人权势、需求与荣耀;(2)官僚文化——关注角色、职位与争夺地盘;(3)生成文化——关注使命本身。这些不同的文化对待信息、责任、成功与失败的方式都是不同的。例如,病态文化遭遇失败时会寻找替罪羊,而在生成文化中,失败会引发追问(比如,我们下一次怎样才能做得更好)。官僚文化不鼓励创新,将创新视为麻烦的来源,但病态文化会极力抑制创新。

卡梅伦(Kim S. Cameron)和弗里曼(Sarah J. Freeman)发展出了一套颇有影响力的组织文化四分法:(1)宗族文化——凝聚力与参与性强,注重忠诚与团结;(2)应变文化——创新、动态、适应性强,强调承担风险、创新和增长;(3)层级文化——强调秩序、规则、管理,追求稳定性与可预测性;(4)市场文化——竞争性强、追求成就,强调生产力与市场主导。这种分类法基于奎因(Robert E. Quinn)和罗尔博(John Rohrbaugh)的竞值架构模型,后者用两个价值观维度(可预测性与指向性)描

述了四种不同类型的组织。图 9.2 以竞值竞争价值观为情境，展示了卡梅伦和弗里曼的模型。

特龙帕纳尔（Fons Trompenaars）和汉普登-特纳（Charles Hampden-Turner）没有将组织分成离散的类型，而是用表 9.1 中列出的维度来描述组织文化。作者认为，国家文化与相应组织文化的各个方面常常有强关联。

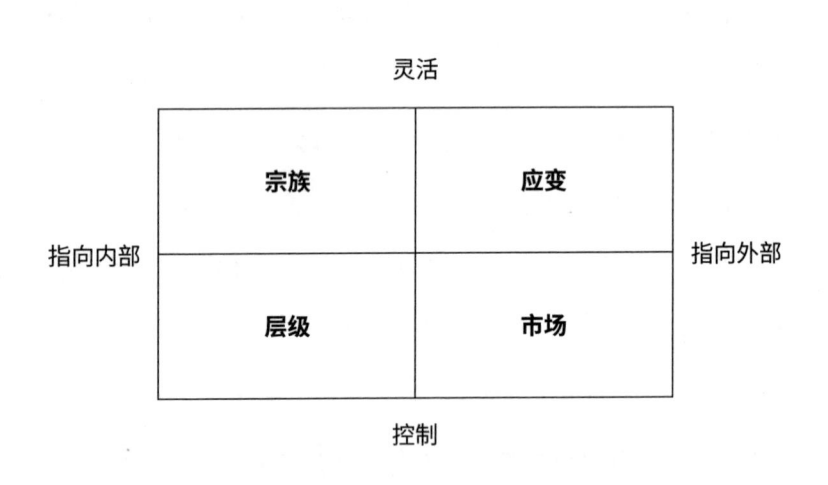

灵活

宗族	应变
层级	市场

指向内部　　　　　　　　　　　　　　　　指向外部

控制

图 9.2　卡梅伦和弗里曼的文化分类示意图

表 9.1　组织文化的维度

1. 一般或特殊——规则标准是固定的，还是取决于特殊的关系与场合。

2. 群体或个人——强调集体（群体、组织），还是强调个人。

3. 情感或中立——交互是带有情绪,还是抽离情绪。

4. 明确或扩散——关系是公事公办,还是公私不分。

5. 成就或先赋——地位是基于成绩与成就,还是基于出身、性别、年龄、人脉。

6. 时间取向——相对重视过去、现在还是未来。

7. 环境取向——强调情境,还是强调个人。

来源:特龙帕纳尔和汉姆登-特纳。

例如,日本文化偏向于集体主义,倾向于根据人的社会阶层、毕业大学等因素来授予地位,而且个体对周遭环境的影响很敏感。美国文化偏向于个人主义,关注个人成就而非先赋地位,注重个体消费者与客户的需求和利益。作者表示,这些宽泛的文化价值观会向下渗透到组织中。于是,在这些维度上有重大差异的组织有时难以有效地合作。

为了理解组织中的恶行,组织文化的几个方面可能是重要的。第一,组织期望和提倡的人际关系类型可能会影响期望的恶行类型。比如,强调组织内部竞争会造成社会内耗,强调支配会造成霸凌和骚扰。第二,组织内权力分配和运用的方式可能会影响恶行。例如,强调管理者的权力与权威、忽视员工权利会增大财物越轨与生产越轨的风险。强调自上而下的管理可能会增大组织成员配合非法活动和大规模欺诈的风险。如果不愿意寻求向上反馈或者自下而上的信息，或者不愿意根据这些信息行动，那么辱虐式管理和破坏性领导的风险就可能会增加。第三，组织与消费者、客户的关系的性质可能会影响恶行。有时，与客户的交互是一次性关系，比如景区小贩卖东西给游客，但有时是与特定消费者和客户的长期关系，不同的关系可能为欺诈创造机会，也可能会对瞒骗制造障碍。如果你给再也不会见面的游客卖纪念品，而不是与一个你认识和仰赖的消费者打交道，那么骗人或者兜售伪劣产品的诱惑力可能就很大了。

文化的强度

各国文化的严密—宽松程度各有不同，组织几乎肯定也是如此。强文化组织对组织规范、价值观和信念有高度共识，且个体内化程度高；弱文化组织对组织的规范、价值观和信念则可能缺乏一致性，个体对此也没有强烈的感情。文化相对严密的国家希望且常能实现规范的整齐划一，强文化组织也可能在规范与价值观上使成员达到同等水平的认可与服从。

"场景强度"这一构念为我们提供了一个有益的框架，可用于理解强组织文化与弱组织文化对组织行为或组织成员可能有何影响。当场景为行为要求或偏好提供了清晰一致的线索时，我们就用"强"来形容这个场景。在强场景中，个体差异（比如性格、价值观、信念）对行为的影响比较小，大多数人相信，行为与场景线索保持一致是更符合期待的。在弱场景中，场景线索对行为的影响比较小，而前面提到的那些个体差异类型起到的作用相对较大。强组织氛围对组织看重什么、组织期望何种行为、哪些行为受赞赏、哪些行为会遭反对这些问题提供了清晰一致的信号。

强文化可能有多方面的好处，但还是那句话，这大概取决于文化的内容。阿基诺（Karl Aquino）和拉默茨（Kai Lamertz）发现了两类文化规范，它们支持着组织文化与职场辱虐的关联。作者提出，当组织有强文化规范，且规范支持"惩罚、攻击性行为和运用强制性权力是有效激励手段"的信念时，职场辱虐的可能性就会提高。其次，当组织具有支持粗暴无礼的人际交往行为的强规范时，职场辱虐的可能性也会提高。兼具强氛围与失调规范的组织可能会成为恶行的温床。

伦理氛围与文化

氛围和文化可以作宽泛的界定，比如宗族结构或应变结构，也可以聚焦于更狭窄的领域。比如，组织管理学研究者讨论过偷窃氛围、药物滥用氛围和揭发氛围。伦理氛围与文化对理解组织中恶行的意义特别大。

■ 害马之群：失控的群体如何助长个体的不当行为

> **讨论 9.1**
> **宾夕法尼亚州大丑闻**
>
> 2012年6月，前宾夕法尼亚州立大学橄榄球队副教练杰里·桑达斯基（Jerry Sandusky）被判性侵未成年人罪，性侵10名男童45次。一部分性侵发生在宾夕法尼亚州立大学校园内。2001年，有人向校方举报桑达斯基与男童在校园淋浴室发生性行为。包括校长在内的高层领导讨论了如何回应该举报，最终决定不报告警察或未成年人保护部门，而是采取了旨在遏制将来发生类似事件的非正式措施。
>
> 2012年7月，前联邦调查局局长路易斯·弗里（Louis Freeh）在受校董事会委托开展独立调查8个月后，发布了长达267页的报告，批判宾夕法尼亚州立大学高层领导无视桑达斯基性侵受害者的安全与福祉。弗里在新闻发布会上说："14年间，宾夕法尼亚州立大学最有权力的一批人没有采取任何措施以保护受到桑达斯基侵害的未成年人。"报告发现，校方重要领导，包括前校长格雷厄姆·斯帕尼尔（Graham Spanier）、橄榄球队教练乔·帕泰尔诺（Joe

第九章 鼓励恶行的情境、社会与组织过程

Paterno)、体育部主任蒂姆·柯利（Tim Curley）和资深副校长盖里·舒尔茨（Gary Schultz），没有报告疑似未成年人性侵案，而是向校董事会、大学社区和有关部门隐瞒了桑达斯基的行径。

格雷厄姆·斯帕尼尔是深受尊敬的校长，乔·帕泰尔诺是深受爱戴的橄榄球队教练。帕泰尔诺曾对大学慷慨解囊 [当外地游客要看乔·帕泰尔诺的别墅时，他们往往会被带到大学主校区的主图书馆，帕蒂-帕泰尔诺图书馆（Pattee-Paterno Library）]，也曾对好几代球员的人生起到了积极的塑造作用。这两个人和其他相关人员怎么会对发生的惨剧视而不见呢？[1]

巴布科克（Pamela Babcock）主张，大学的氛围、文化和领导力缺陷促成了丑闻。大学相对分权的结构（每个学院都有自己的人力资源副院长或类似官员）促成了问题，因为没有人觉得自己有足够的权力去干预，尤其是考虑到帕泰尔诺教练在校内极高的受尊敬程度。乔·帕泰尔诺从1966年到2011年担任宾夕法尼亚州立大学橄榄球队主教练，是美国大学体育协会历史上最成功的教练之一，

---

[1] 我是2000年入职宾夕法尼亚州立大学的，当时桑达斯基对未成年人举止不当的说法已经是尽人皆知，但尚未得到证实。

而且在许多方面也是大学的门面。弗里报告认为，大学之所以掩盖桑达斯基虐童的举报，是担心这会损害宾夕法尼亚州立大学橄榄球队的杰出（而且有利可图的）声誉。

奥尔德弗（Clayton P. Alderfer）认为，只看宾夕法尼亚州立大学本身是不可能理解这起丑闻的。他呼吁大家关注桑达斯基事件涉及的众多组织，从第二英里（桑达斯基创办的基金会）到美国大学体育协会。对所属群体（球队、体育部、宾夕法尼亚州立大学学生）的认同和忠诚影响了许多参与者，忠诚让他们难以采取似乎有损于自身组织的纠正行动。如果大学和其他涉事组织在2002年首次接到举报时能采取及时且透明的行动，而不是拖到最后的话，丑闻不会那么严重。这是类似瞒报行为的常态。

许多企业丑闻中都有一个反复出现的主题，那就是个体面临着两个选择：一个是做社会认为正确的事（比如对贪腐案件吹哨，向当局报告虐待行为）；一个是做看似有利于组织的事。橄榄球在许多美国大学中有着独特的重要性，对于宾夕法尼亚州立大学当时的形象和文化来说更是重中之重。乔·帕泰尔诺几乎是举国敬仰的人物，他把品行人格放在第一位，而且为他的球员和他的大学都做出了重大贡献。如果指望有许多其他大学的管理人员会做出不

第九章 鼓励恶行的情境、社会与组织过程

> 同于斯帕尼尔校长和宾夕法尼亚州立大学领导的行为,那大概是有些天真了。

维克多(Bart Victor)和卡伦(John B. Cullen)将伦理氛围定义为"对具有伦理内容的典型组织实践和程序的普遍看法"以及"工作氛围中决定'什么构成工作伦理行为'的那些方面"。特雷维尼奥(Linda Klebe Treviño)认为伦理文化是组织文化的一个子集,代表与伦理相关的正式(例如规则和政策、绩效管理系统)和非正式(例如规范、语言、仪式)的组织系统之间的相互作用,这些组织系统能够影响雇员做出道德或不道德的行为。

有证据表明,人们对组织中的伦理氛围和伦理文化的感知与这些组织中的不当行为有关。基什-格普哈特等人的荟萃分析研究了三种类型的伦理氛围(利己主义、仁慈和坚持原则)对组织中不道德的选择(意图和行为)的影响,发现利己主义的氛围与不道德的选择呈正相关,而仁慈和坚持原则的氛围与不道德的选择呈负相关。在群体和组织中,伦理氛围和伦理文化是不道德行为频率的重要预测因素。

■ 害马之群：失控的群体如何助长个体的不当行为

组织支持感

组织与成员关系的性质对恶行有显著影响。具体来说，支持性的组织文化有助于减少多种恶行，尤其是针对组织的恶行（比如生产越轨与财物越轨）。组织支持理论认为，员工会形成组织重视员工贡献、关心员工福利程度的总体信念，而且会根据这些信念行事。首先，支持性强的组织文化传达了组织高度重视员工贡献的思想，这会让组织成员产生有义务关心组织福祉的想法。其次，高组织支持感会让员工更可能认同和忠于组织。

近年来，组织的许多变化对组织支持感产生了直接影响。例如，随着就业格局的变化，职业安全感走低，限期合同（与长期合同相对）增多，组织支持感也有所下降。类似地，在经济变动期，组织可能也更难支持员工。

公平与正义

组织文化，尤其是强组织文化，会说明组织想要成员做**哪些**事，不想成员做**哪些**事。对理解恶行来说，关于组织**如何**做事的信念与态度同样至关重要。具体来说，关于组织是否公平对待成员的信念是反生产工作行为（比如财物越轨与生产越轨）的一个

第九章 鼓励恶行的情境、社会与组织过程

重要决定因素，也是决定人们对霸凌、骚扰和辱虐式领导作何反应的重要因素。

组织管理学研究者认为，在组织中，正义的三个不同方面之间有着重要的区别：（1）分配正义——人们是否得到了他们相信自己应得的东西；（2）程序正义——决策流程是否公平；（3）互动正义——人们是否得到了体贴和尊重的对待。对分配正义的判断一般会专注于奖赏（比如升职加薪），主要关注点是奖赏分配是否看上去公平合理。对分配正义的判断对理解组织行为有着明显的意义。例如，组织绩效评估中一个反复出现的主题是大多数员工似乎会高估自己的绩效水平，他们可能会相信自己应该得到更高的评价，涨薪幅度应该更大，尽管从客观绩效水平来看，他们的看法并无道理。

对互动正义的判断既反映了人与人之间是如何相互对待的（比如，领导和第三方对待组织成员的方式是否体面和尊重），也反映了组织是否为具体决策的原因给出了充分的信息和解释。霸凌、骚扰、辱虐式领导等组织中的不当行为可能会引发多种反应，其中之一就是判断受害者没有得到应有的体面与尊重。

对程序正义的判断涉及对组织重大决策过程与程序的评判，这种判断是恶行的一个特别重要的决定因素。例如，关注正当过程与程序一直是美国法学理论的一大特征；《美国宪法第五修正

案》和《第十四修正案》都包含重要的正当程序条款。如果组织成员相信决策是基于有偏见、不一致或任意的过程做出的（比如偏袒、自私、围标），那就不可能承认决策的合法性。相比之下，如果决策是由中立方依据客观一致的规则做出的，那就更可能被认为是公平的，哪怕决策的后果不完全是好的。

对程序正义的判断是多种后果的重要预测指标，包括组织承诺度和员工留在组织中的可能性。最重要的是，对程序正义的判断与遵守组织规则有关。如果人们相信规则的应用是不公平的，一般就不太愿意遵守规则。更重要的是，规则或法律的不公正应用会导致规则失灵，也就是说，正式规则会失去效力与合法性。被视为非法的规则很难执行。

泰勒（Tom R. Tyler）区分了指挥控制模式（由外力执行规则）和人有动机遵守规则的自律模式。现代职场的许多特征都是运用指挥控制模式的结果，比如安装摄像头、监听电话、监测计算机用途、随机药物检查、使用考勤钟和其他绩效跟踪设备。但有大量证据表明，自律的效果更好。不遵循公平程序的组织有牺牲规则与管理合法性的危险。

讨论 9.2
哗变！

1789 年 4 月 28 日，"赏金"号船员在弗莱彻·克里斯蒂安（Fletcher Christian）带领下哗变了。船员驱逐了船长威廉·布莱（William Bligh），布莱和他的 18 名追随者乘着小舟在海上漂流。布莱乘着敞篷小船行驶了 3500 多英里[1]，到帝汶岛报告了哗变，这是最突出体现 18 世纪海员风貌的事件之一。

这起哗变众说纷纭，布莱、克里斯蒂安和其他人在其中扮演的角色至今争论不休。显然，布莱管教严厉，但在当时的英国海军，纪律通常都是严厉的，惩罚也较残酷。大多数对哗变的记载都强调布莱与克里斯蒂安的关系不稳定，布莱一会儿恶意辱骂自己的副手，一会儿又对他们很友善。记载中还暗示，布莱有可能越过了与属下官兵交往的传统边界。例如，诺德霍夫与霍尔的"叛舰三部曲"《叛舰喋血记》《怒海征帆》《孤岛恩仇》是关于这场哗变最优

---

[1] 1 英里 ≈1.61 千米。——编者注

秀的作品，书中主张，哗变发生的部分原因是布莱对官兵的超常虐待。传统规范允许一定程度的严厉对待，但也设定了可接受做法的界限。

科伊（Ray W. Coye）、墨菲（Patrick J. Murphy）和斯潘塞（Patricia E. Spencer）回顾了30起哗变的历史记载，将哗变理解为一种自下而上的颠覆行为，是哗变者对自己感知到的不公正对待做出的极端回应。作者将哗变描述为"成员在组织内进行的有组织运动，其基础是对不公正的感知，特点是不顾障碍，针对上司做出协同角色外行为，意图是篡夺或推翻合法权威，从而颠覆现有秩序"。作者还指出，哗变总是涉及某种集体行动，发生条件是感知到不公正与上告渠道受阻。作者认为，哗变在组织上下层级悬殊的情况下更可能发生，而且令下层成员无处申冤的指挥控制体系会让哗变更容易爆发。作者想表达的更宏大观点是，组织没有为成员提供照顾自身利益的公平高效流程并不能妨碍成员维护自己的权利，这样做只是把这种行为导向破坏力特别大的适得其反的行为，包括起义和哗变。

对组织规则与管理合法性的感知，会显著影响成员服从或不

第九章 鼓励恶行的情境、社会与组织过程

服从规章的原因。泰勒和布拉德（Steven L. Blader）的群体卷入模型认为，组织成员对组织对待自己公正与否的感知会在一定程度上塑造成员的伦理价值观。比如有证据表明，员工对组织内有其他欺骗者的感知，会影响员工欺骗组织（以及相信欺骗合理）的意愿。

不公平或不公正的对待（或者接受方认为不公平或不公正的对待）可能会导致怨恨乃至报复。程序不正义有多种连带效应，所以危害尤其大。如果你没能获得你自以为应得的升职，或者遭到无礼的对待，那你可能会感到失望；但如果你相信组织的程序和政策本身不公平，这种信念就会破坏你对组织规则、管理和规范的尊重。不认可规则与管理合法性的人更容易在机会出现时违规。

总　结

组织是在大环境中存在和运行的，组织所在国家的宏观文化与法律政治制度既会影响恶行发生的可能性，也会影响恶行的类型。国家文化的宏观维度能够将人推向与文化相符的恶行上，比如个人主义还是集体主义，是否尊重权威和地位等。例如，如果组织位于一个有强大的尊重权威传统的国家，你可能会看到更多

集体恶行（比如配合大规模欺诈），独自犯案者则比较少。一些政治制度与意识形态可能会更兼容辱虐式领导与虐待下属。

组织有各自的文化，而组织文化对成员行为有决定性的影响，尤其是在文化有力且一致地传达了组织赞同何种行为、期望何种行为的信息时。某些组织的文化容忍或鼓励特定种类的恶行，比如，与其他文化相比，男性化对抗文化更可能对霸凌和骚扰持正面看法，而如果成员在社会化过程中内化了组织文化的规范与价值观，他们可能就会心甘情愿地卷入与组织规范相符的恶行，不会感觉自己做了任何错事。第十章会考察一些让组织接受越轨或失调文化的过程。

对组织对待成员方式的感知，尤其是组织是否通过公正的流程制定重大决策，似乎是恶行的一个强有力的因素。不公正的程序，或者让组织成员感到不公正的程序危害特别大，因为这种程序可能会破坏支配大多数人行为的法律、规则与管理的合法性。不公正感知常常会让人报复组织（比如生产越轨和财物越轨），极端情况下还会引发起义和哗变。

第十章
组织何以入歧途

组织中的恶行太常见了。我在前几章就说过,很大比例的员工在组织中遭受或目睹过骚扰、霸凌或辱虐式领导。一份2005年的调查发现,半数以上的美国员工在之前一年中至少看到过一起职场不端行为,比如欺诈、白领犯罪,36%的人看到过两起或更多起。在另一份对725名高管和经理的调查中,65%的受调者亲眼见过所属组织内的一种或多种欺诈、浪费、夸大开支或管理不当行为,或者掌握相关行为的直接证据。因此,有大量研究聚焦于如何解释组织中恶行经久不息的问题。

关于组织恶行有两种对立的解释:"坏苹果"和"坏桶"。"坏苹果"思路将恶行与做出骚扰、霸凌、不诚信行为的个人联系起来,试图用性格缺陷或扭曲的态度和信念来解释恶行。"坏桶"

■ 害马之群：失控的群体如何助长个体的不当行为

思路则试图从组织角度来解释职场恶行。例如，许多硅谷初创企业都被批评有"哥们儿文化"，这种文化既有兄弟会生活最恶劣的方面，也有暴富者的傲慢。成员行为的特点是幼稚、厌恶女性以及以男性为导向的行为，组织唯一的规则是"男人就是这个样"，恶行不仅会被容忍，往往更受到鼓励。

有大量证据符合个体导向的"坏苹果"思路。用来解释恶行的个体倾向包括：欠缺诚信、缺乏道德认同、自制力低、缺乏同理心、认知道德发展程度低。脱离道德标准的认知倾向、通过合理化的意识形态来重新表述行为、使用倾向于排除伦理维度的认知脚本，这些也被用于解释恶行。可诊断的精神疾病（包括精神病态倾向）可以解释一部分恶行。这些研究中反复出现的主题是，有些人比其他人更容易作恶，而且在任何减少恶行的战略中，将这些人屏蔽在组织之外都是一个重要的部分。

弗纳姆和泰勒（John Taylor）写道，多种不同的个人差异模式可能会造成同样的行为后果。例如，作者认为以下这些人更可能在工作中做出不道德的选择：仅仅为了避免惩罚就遵从权威人物的不道德指示的人，操纵他人或串通牟利的人（马基雅维利主义者），看不到自身行为与其后果的联系的人（有外在控制点的人），相信伦理选择依情况而定的人（信奉道德相对主义的人）。

另一些研究则指向恶行的组织因素，也就是"坏桶"。这里的假定是，将人置于容忍或鼓励恶行的情境中会提高人作恶的可能性。比如，你有许多同事霸凌或骚扰下属，或者说谎、作弊和偷窃。社会学习理论认为，一个组织的领导者或其他成员可以通过亲身示范来影响个体的反社会与不道德行为。组织规范也是恶行的一个潜在有力来源。不道德的组织氛围与文化不仅会鼓励腐败行为，还会将腐败"合法化"。有时，组织中的工作与角色会要求，或至少鼓励人做出坏的道德选择。例如，假设你的工作是销售一款产品，你知道它没有广告里宣传的效果，当面临说服消费者买伪劣产品还是丢掉工作这样的选择时，许多人会执行工作要求。许多组织中的角色常常会鼓励只盯着完成目标的狭隘视角，还会激励不道德行为。事实上，角色与组织认同都能够将不道德行为定义为可接受的行为，乃至常规行为。

"坏桶"研究试图发现让组织特别容易容忍乃至鼓励破坏性行为的组织特征。例如，许多组织的文化或战略有特别强的"毒性"。有人报道过，从优步到福克斯新闻的多家公司有傲慢自大、无视规则、纵容辱虐的文化。部分程度上，大众尾气排放造假丑闻可以追溯到公司战略问题，大众高层制定目标和方针，但完全不清楚如何才能实现，让工程和制造部门为达成目标负责。最后，有些目标只有通过作弊才能达成，这正是十多年时间里发生的情况。这绝不是大众一家的问题，人们常常认为，高层领导应

■ 害马之群：失控的群体如何助长个体的不当行为

该为腐败行为负责，因为他们制定了不现实的财务目标，并示范、纵容或只是装作看不见用于实现目标的卑劣手段。

有时，组织会直接向成员施压，要求其做出不道德行为，但间接施压更常见。当组织的重要目标没有达到时，做出不道德行为的诱惑就会增强，哪怕目标并不涉及现实经济利益。当只差一点儿就能达成目标的情况下，这种诱惑会尤其强大，在这种情况下，走捷径可能会特别诱人。角色矛盾也可能造成不道德行为。例如，银行工作人员对客户负有责任（保护客户的利益），但也对组织负有责任（利润最大化），这种矛盾常常是一个压力的来源。缓解矛盾的一个常见办法是歪曲信息，或者向顾客或上司撒谎。

齐格利多普洛斯（Stelios C. Zyglidopoulos）和弗莱明（Peter Fleming）认为，"坏苹果"与"坏桶"之争本质上是自由意志与决定论之争。作者认为，个人因素与环境因素都可能有作用，组织恶行最好理解为一种源于个人与组织之间的反馈而逐渐升级的过程。

"坏苹果""坏桶"与坏情境

组织中恶行的个人解释与环境解释都有强大的论据。"坏苹果"与"坏桶"之争最可能的解决方案是两种视角都有其优点，但单独一种都不足以解释恶行。由此得出的一个推论是，组织在

第十章 组织何以入歧途

应对恶行时必须**通盘**考虑个体属性、组织属性以及两者之间的互动。例如，有证据表明，在针对越轨行为的场景干预手段中，个人特质可能起到减轻作用。比如，瑞安（Ann Marie Ryan）等人比较了高诚信群体与低诚信群体对职场诚信行为及场景的感知。他们发现，社会控制（比如组织政策、威慑恶行的措施）对诚信度较高的人（诚实且负责的人）效果更好，而对不诚实、责任心差的人则效果不佳。首先，与高诚信群体相比，低诚信群体会觉得不诚实行为没有那么不诚实。其次，与高诚信群体相比，低诚信群体认为社会控制因素（比如威慑、政策、倡导诚信）对控制越轨行为的影响力更弱。上述结果表明，不诚实的员工可能会觉得在不诚实的世界里，职场越轨就是正常行为。于是，组织用来遏制恶行的社会控制手段对他们的作用较弱。在应对低诚信群体时，直接打击"在不诚实的世界里，职场越轨是正常行为"的信念可能至关重要。

职场恶行的发生率与性质还取决于工作内容和工作环境。我在本章后面会讲到，警察腐败是一个世界性的问题。原因是多样的，但有一个不容忽视的原因是，与警察和其他执法人员打交道的人很愿意送礼行贿，好让官员"网开一面"。上了贼船的同事常常会制造同流合污的压力。同理，员工偷窃在出售高端电子消费品（比如手机和相机）的店里是严重问题，在水泥厂就不是大

■ 害马之群：失控的群体如何助长个体的不当行为

问题，因为偷最新款 iPhone 比偷水泥更容易，也更有赚头。

戈南（Michael Gonin）、帕拉佐（Guido Palazzo）和霍夫拉格（Ulrich Hoffrage）认为，"坏苹果"与"坏桶"之争忽视了宏观社会情境对组织行为的影响。作者指出，我们还应该考虑用"坏橱柜"来解释恶行，这就是说，组织嵌入的情境也可能是恶行的来源。他们指出，有多个趋势倾向于扰乱总体社会规范与组织行为的关联，但其中全球化尤其重要。他们主张，企业走向世界的过程中，企业所处环境中的法律、道德标准与制度薄弱且充满矛盾。奥希金斯（Eleanor R. E. O'Higgins）分析了发展中国家的腐败问题，指出宏观情境是组织会不会屈服于腐败的重要决定因素。作者提出了发展中国家腐败问题的"恶性循环"模型，其中多个利益相关方都在相互依存、自我维持的腐败之网中扮演着自己的角色，从公司到政府，再到非政府组织等。

津巴多（Philip George Zimbardo）分析了多个组织恶行的案例，包括他自己主持的斯坦福监狱实验和阿布格莱布监狱虐囚事件。他指出，坏行为常常反映了三个方面的起因——个人倾向、情境压力、宏观权力结构。第三个要素，也就是恶行发生的制度，是许多系统性辱虐（比如战争罪行）的关键所在。这就是说，人常常是在明确要求或默许罪行的权威结构下犯下罪行的。

图 10.1 展示了组织恶行的情境因素、组织因素、个体因素

第十章 组织何以入歧途

之间的关系。首先,组织所处的宏观文化、经济与法律制度会容忍乃至支持某些类型的恶行。前一章讲过,尽管导致 2008 年金融危机的不诚信交易与银行行为是被法律禁止的,尽管政府官员多次发表声明表示不赞成,但美国并没有制裁对金融危机推波助澜的银行工作人员与交易员。这发出了一个强烈而清晰的信号:美国容忍白领犯罪。

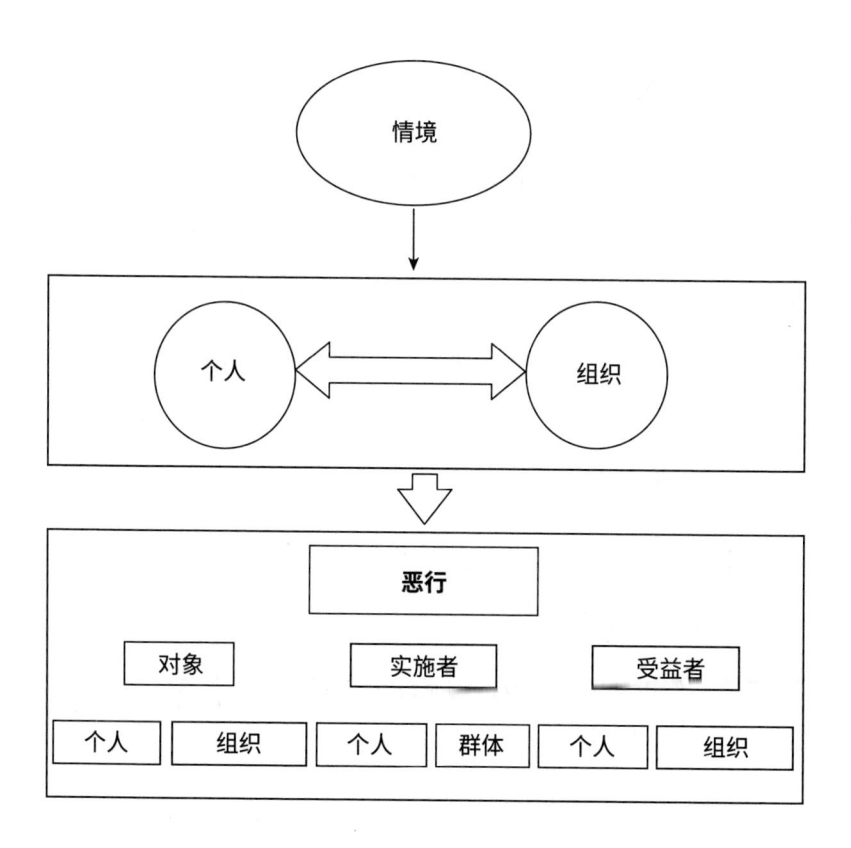

图 10.1 组织恶行的情境因素、组织因素、个人因素之间的关系

■ 害马之群：失控的群体如何助长个体的不当行为

霍夫施泰德等人发展出了一套颇具影响力的国家文化研究与描述模型，这个模型有几个维度有助于理解恶行。第一，前几章讲过，提倡集体主义的文化与提倡个人主义的文化很可能在鼓励或容忍的恶行类型，以及作恶的动机方面也有差异（比如，在集体主义文化中，顺从他人大概是一个更强的因素）。类似地，一些文化有支持尊重和服从权威的文化。例如，在鼓励拉大权力距离的国家，组织成员可能会更愿意配合由组织领导推动的腐败行动，或者服从违法或不道德的命令和指示。其他研究者发现，对传统宗教的强依附等因素也是恶行的重要因素，因为这种依附常常会造成强大的从众压力。在许多情况下，传统宗教鼓励人们顺从亲社会规范，但如果某个宗教鼓励特定的反社会行为，比如回避异教徒、进行宗教斗争，那么从众压力也会导致恶行。

第二，个人和组织会相互影响。后续几节会解释，进入组织的人会促进规范与期望的形成，尤其在组织的早期历史中。组织会吸引、选拔并保留契合组织文化与规范的人。随着时间推移，吸引—选拔—消耗过程与社会学习过程会强化和扩散组织的文化与规范。如果规范支持或鼓励某些类型的恶行，那么这些恶行发生的可能性就会大幅提升。

第三，恶行种类繁多，起因和决定因素也可能有差别。比如，我们可以按照对象是个人（比如霸凌、性骚扰）还是组织

（比如生产越轨）来给恶行分类。针对个人的恶行的前提条件几乎肯定不同于针对组织的恶行。霸凌、性骚扰、辱虐式领导等行为可能反映了个人倾向（比如攻击型人格、性别歧视观念）与支持或至少纵容这种行为的氛围的某种组合。针对组织的恶行（比如财物越轨与生产越轨）则常常是员工感觉受到组织的苛刻或不公正对待从而做出的反应。

按照目标给恶行分类有助于理解恶行的前提与后果。平托（Jonathan Pinto）、利安娜（Carrie R. Leana）和皮尔（Frits K. Pil）提出了恶行的另外两个维度：（1）恶行是群体做出的，还是个体做出的；（2）恶行是为了组织的利益，还是作恶者的个人利益。不同的个人特征、组织特征、组织所处宏观情境的特征，以及这些特征的相互作用都可能会造成不同类型的恶行。例如，平托等人区分了存在个人腐败的组织与腐败组织。在前者中，腐败是个人行为；而在后者中，腐败是组织层面的现象。作者指出，组织的结构性特征往往会提高个人腐败与组织腐败发生的可能性。于是，如果组织将任务分配给一系列自行其是、难以监督管理的职位和角色，那便为个人腐败或做出不诚实行为创造了更多机会。如果组织将同样的任务分配给一组彼此高度依赖的职位和角色，且有明确的权力和影响力结构的话，这就会为组织腐败创造更多的机会。

■ 害马之群：失控的群体如何助长个体的不当行为

第四，当个体或群体作恶时，"受益者是谁？"往往是一个应该提出的问题。例如，墨菲对比了两类大不相同的组织犯罪——从组织偷窃和为组织偷窃。让人偷老板东西的动机和社会因素，几乎肯定不同于让人配合组织腐败的动机与因素。想到从工作单位或客户偷东西的人时，我们可能会根据偷窃物品的不同做出不同的动机推断。在某些行业（比如电子消费品）有偷走体积小、价值高的物品（比如手机）的机会，于是有人可能会为了金钱而偷窃。从水泥厂偷东西的人则很可能有不同的设想，比如报复感知到的不公。甚至个人盗窃案中也可能有社会因素的强烈作用。正如迪顿所说，组织中常有管理私拿行为与组织资源使用的规范，拿走产品、用品或其他组织资源供私人使用的人可能会相信，自身行为是在传统权利范围内的，或者至少是公认可以接受的。

前几章讲过，严重恶行的发生往往是因为表面上对组织有利。合谋参与安然、世通、大众等大规模欺诈案的人有可能是为自己牟利（比如，如果组织貌似状况良好，他们就能拿到更高的奖金），但对参与者的访谈有一个反复出现的显著主题——参与欺诈与犯罪的人常常相信，自己的所作所为对组织生存与成功是必要的。本章的后面会延伸阐发这个前几章就提出的问题：对组织（哪怕是以帮助他人和保护社会为主要职能的组织，比如警察和教会）的忠诚与承诺可以是严重恶行的一个来源。

图10.1中个人与组织之间的双向箭头表示相互影响：（1）个人会影响组织，改变组织的规范，引入新观念、新信息和新技能；（2）组织会影响个人，改变个人对什么行为受期望和赞许，什么行为不受期望和赞许的观念，为亲社会行为与恶行创造新的机会等。很少有组织从一开始就是腐败的或者从一开始就容忍乃至鼓励恶行。详细考察逐渐让组织走向腐败的过程是有益的。

腐败的演化过程

回想你第一次上班的第一天。我敢打赌，没有几个人刚上班就想着霸凌和骚扰同事、偷老板的东西，或者参与欺诈组织的消费者的大规模阴谋。类似地，大多数组织创立时并没想着成为辱虐式管理的蛇蝎老巢，也没想到高管最后会进监狱。这样的假设是公允的。可惜许多人最后做了恶，许多组织最后腐败了。考察他们是如何走上那条毁灭性的不归路是有益的。

这里要说明一下本章说的"腐败"是什么意思。组织腐败的传统定义聚焦于滥用职权、以权谋私，而且大量对腐败的讨论都关注高级经理和高管的受贿和类似犯罪行为。我对"腐败"一词的用法要宽泛一些，原因有二：第一，第三章和第六章讲过，组

■ **害马之群：失控的群体如何助长个体的不当行为**

织中有多种权力和影响力的基础，权力也不仅限于组织的正式领导者。由此可见，许多组织成员都有一定程度的各类权力，这种权力与其正式的头衔或职责关系不大，他们也常常运用非正式权力来霸凌和骚扰同事。新人常常会从资深同事那里习得支持恶行的规范。我们可以合理地认为，将新人变成见利忘义的恶棍，让新人欣然接受一种认可偷窃公物、弄虚作假、欺骗顾客等行径的规范，这样的过程不妨用"腐败"来形容。第二，接下来要梳理的文献中有相当一部分明显是讨论组织腐败的，但未必总会清晰明确地界定什么是组织腐败。本章既会用"腐败"来指代某种过程（组织或组织成员一开始接受社会整体规范，后来变得将恶行视为正常），也用它来指代这个过程的结果。因此，一个相信某些恶行是可以接受的、正常的，乃至可取的人就可以说是腐败的。同理，当恶行已经成为一个组织的标准运作方式的一部分，这个组织就可以说是腐败的。第十一章和第十二章会阐述病态组织与腐败组织。病态组织接受一定程度的恶行，恶行已经融入了组织的规范。而在腐败组织中，不诚信行为已经成为组织商业模式的一部分。

个人的腐败之路：滑坡还是陡崖？

我们常常用"滑坡"来比喻这样的过程：组织成员一开始怀着良好的意图，初来乍到甚至可能有些天真，后来却做出不为社会整体赞同且有可能伤害个人或组织的行径，而且可能是长期的。滑坡论主张，人是从小恶开始的，小恶逐渐变得愈发频繁和严重。如果作恶者没有承受多少负面后果，小恶尤其可能升级成大恶。

人有维护正面自我概念的强烈动机。即使你的行为配不上正面自我概念，你仍然有维持它的需求，这对恶行有着强大的影响。滑坡模型假定，在通往长期严重恶行的路上，每一步都足够小，不会迫使人认真思考自己的行为及其后果，人就是这样一点点变坏的。这就是说，小错不要求人从根本上重塑自我概念，人在逐渐走上腐败之路的过程中，往往能够继续觉得自己是个好人。组织中的腐败也常用类似的语言来解释。人们常常假定，组织腐败与个人腐败一样是渐进的过程，每一步都足够小，以至于组织不需要为自己正在腐化的事实而纠结，但又可以继续将腐败行为视为正常。

在哲学、法学和科研方法论领域，有人在争论滑坡论证是不是逻辑谬误。但是，从心理学角度看，用滑坡论证来解释行为变化是合理的。第四章描述了能够引发恶行的心理过程，比如合理化与道德推脱。这些策略可以用来调和正面自我形象与负面行为，但也要求人严重扭曲自己的感知。如果行为是渐进式的小幅变化，那么调和行为与自我形象就要简单多了。

克比斯（Nils C. Köbis）、范普罗延（Jan Willem van Prooijen）、里盖蒂（Francesca Righetti）和范朗格（Paul A. M. Van Lange）提出，尽管滑坡模型非常流行，但很少有人做严格的检验。他们通过一系列实验表明，相比于先参与轻微腐败的实验条件来说，参与者一开始就直接允许腐败的情况下更可能做出严重腐败。作者认为，个体腐败应当理解为陡崖，而非滑坡。

克比斯等人报告了多次实验得出的趋同结果，有的受试者是学生，有的实验取样于更宽广的总体。实验有许多优点。通过精心设计的实验，研究者可以提出有说服力的因果命题。流程细节有差异（不同实验受试者被要求完成的任务不同）的实验却仍然得出了一致的结果，这极大地增强了我们对实验发现的信心。然而，我们可以对这些实验的外部有效性提出严肃的质疑。在克比斯等人的大部分研究中，受试者都要完成模拟投标任务以换取学分或少量金钱。受试者可以假装行贿，也可以拒绝假装行贿，但也就仅此而已——不过是假装。他们的决定没有实际后果，而且除了与时间空间有限的实验环境里的人以外，他们没有与他人发生真实的交互。因此，尽管实验结果有启发意义，但我们尚不清

第十章 组织何以入歧途

楚在讨论个体腐败的演化进程时能不能抛弃滑坡譬喻。

滑坡模型与陡崖模型并不是互斥的。相反,这两个模型或许意味着,在一个天真的新人变成作恶多端的老员工的途中可能有多个不同的作用过程。当我们思考一步步迈向恶行(滑坡)与巨大突变(陡崖)两种情况的意义时,头一条就是要保持对宏观情境的认知。我前面讲过,人有维护正面自我形象的强烈动机。如果一个人的行为违背了整体社会规范,有可能伤害他人,那么他要如何维护正面自我形象呢?

滑坡理论认为,小幅行为恶化会要求人相应地小幅改变看待自身行为的方式。陡崖式的行为变化,则可能要求人更大幅度地改变对所作所为的看法。第四章梳理了人们用于调和坏行为与正面自我形象的认知机制,包括合理化(比如否认责任——"不是我的错";否认伤害——"又没有人真的受伤")与道德正当化(用对组织的大善给恶行当依据)。目前研究还不足以得出坚实的结论,但我们可以合理地认为,在有规范支持的情况下,人会更容易调和陡崖式行为变化。比如,你所在组织的规范是人人虚报开销(部分原因是组织成员认为薪酬低到不公平),那么你就更容易合理化这种行为。同理,如果你看到组织里有人性骚扰或霸凌别人却没有受到惩罚或承担负面后果,那么你可能就会得出结论:这种行为是组织期望你做的。

317

■ 害马之群：失控的群体如何助长个体的不当行为

小幅行为恶化可能不会引起多少关注，但陡崖式变化更可能被组织内的其他人注意到，从而有可能获得来自环境的反馈。如果你的行为变化得到了负面反馈（比如同事表示不赞同），你可能会停止行为；但如果反馈是正面的，或者哪怕是你的行为被无视了，你都可能得出自己的行为并无不妥的结论。这一切都意味着，陡崖式的行为恶化可能要求有更多的外部规范支持。如果没有这种支持，人可能就会难以将自身行为的突然恶化与正面自我形象调和起来。按照这个逻辑，滑坡变化也许在没有直接规范支持的情况下更可能发生。我要强调一点，这只是推论和预测，我们还没有足够的数据确定真伪。

组织腐败行为的常态化

理解组织腐化，组织成员卷入腐败行为的过程是重要的，原因有两个。第一，涉及数十亿美元损失的大规模企业丑闻几乎已经成为常态。因此，调查这些组织腐化的过程有重大现实意义。第二，腐败行为常常需要有大量知情且配合的员工，而且往往是长期配合。这就是说，企业或其他大型组织的腐败不可避免地牵涉众多个人的腐败。通过理解组织及其成员腐化的过程与原因，我们或许能了解如何避免或减轻这种腐败。

阿什福思和阿南德认为，组织内腐败行为被接受与常态化是一个三阶段过程。在**制度化**阶段，腐败决策或行为嵌入了企业的架构与流程。在**合理化**阶段，企业形成了自利的意识形态，让个体能够将腐败正当化。到了最后的**社会化**阶段，嵌入企业的系统与规范诱使新成员容忍腐败，将腐败视为可以接受的行为。最关键的部分很可能是第一个阶段，制度化。假设组织中有一名高层领导做出某种不端行为，比如，利用内幕消息合谋诈骗客户或消费者。我在讨论个人腐败的演化过程时讲过，陡崖式的行为变化可能会引来组织中其他人的关注与反馈。如果其他有影响力的人不赞同，这种不诚信行为可能就是一次性的恶行，但如果他人容忍或支持这种行为，它可能就会变成常规实践的一部分。反馈不仅会影响作恶者，也会影响旁观者。如果一位领导做了利用内幕消息这样的事却没有受罚，甚至获得奖励，那么这可能会鼓励其他人效仿，从而将这种行为模式制度化，成为组织经营方式的一部分。

合理化阶段会帮助那些行事违反社会整体规范的组织成员与自己和解。第四章讨论过多种合理化策略，比如否认责任、否认伤害、选择性社会比较（别人比我还坏呢），或者诉诸更高的效忠对象（我是为了组织好）。通过这些合理化策略，组织成员就可以觉得自己的行为看上去根本不违反伦理。

■ 害马之群：失控的群体如何助长个体的不当行为

组织腐化的最后一个阶段是社会化，它对传播"腐败行为恰当且得到认可"的信念至关重要。在许多对滑坡假说的讨论中，初始前提就是若要让组织的新成员或者原本没有参与的成员接受腐败行为，关键是先让他们稍稍偏离社会规范或规则，等他们适应了就再偏离一点儿，直到他们接受乃至拥抱腐败行为。阿什福思和阿南德模型中的社会化阶段，可能还包括奖赏或激励朝向这些行为的积极态度改变。

促进腐败的因素

多个因素能够促进腐败的常态化。比如，如果工作或组织特别有吸引力，那么组织成员就有动机让自己适应组织的规范，包括支持腐败的规范。与组织外的人隔绝会形成一种"内外有别"的心态，这也会促进腐败的常态化。

讨论 10.1

作弊亦有道？

纳斯卡车赛（NASCAR）有一句老话"被抓才算作

第十章 组织何以入歧途

弊"，这句话体现的态度是，车手和车队应该尽可能让赛车发挥出更高的性能，包括曲解规则。在这种心态下，足以提高赛车性能但又不会引起主办方注意的曲解规则是道德的，墨守规则却可能被认为是辜负车队。

作弊会不会有符合道德的时候？埃布拉苏（Marian Eabrasu）机智地提出了一种价值中立的作弊定义，"违反规则，同时有意引导或允许别人认为自己是体面人"，并指出，只有在人们普遍认为道德要求遵守规则的环境里，这种作弊才是不道德的。以纳斯卡为例，许多参与者对曲解规则不以为忤，于是作弊也许成了规范，因此并非不道德。这个论证暗示，有些规则并不涉及道德义务，比如绿灯亮才能过马路，但如果街上空荡荡的，许多人就会觉得过马路可以不看红绿灯。在一些特殊情况下，其他更重要的义务会压倒服从规则的义务，比如银行员工可以给房屋贷款人宽限几天去筹钱，免得他们被赶出家门。

关于虚张声势，卡尔（Albert Z. Carr）有一句名言，"当各方都明白不能指望说真话的时候，假话就不再是假话了"。许多文化都相信某种类型的"规则就是用来打破的"。这种信念传播和应用得越广泛（比如，适用于所有规则，还是只适用于某类规则），个体就越有可能作弊，

■ 害马之群：失控的群体如何助长个体的不当行为

> 同时不觉得自己做错了。埃布拉苏甚至引用了多个**善意作弊**的案例，比如查克·费尼（Chuck Feeney）。费尼是一位企业家，十多年里，他一直通过设在百慕大的秘密离岸基金来隐藏利润，他借此为慈善事业捐赠了80多亿美元。

在讨论10.1中，许多企业腐败的报道都有一个共同的因素，那就是巨大的绩效和增长压力。大众柴油引擎造假丑闻或许是一个最生动的例子。大众认定追求增长的最佳路径是开发一款省油、高性能、低排放的柴油发动机。本书已经讲过，当前技术水平不可能三者兼顾时，大众解决问题的办法是造假——安装软件，让汽车能够发现排放检测状态，然后打开污染控制，这样车就会表现出优异的排放值。排放控制装置一般会降低性能和能效，于是等车上路的时候，作弊器就会把控制装置关掉。最后，这项历时多年、横跨多个大洲（这意味着有非常多大众员工参与）的阴谋暴露了，大众被罚了数十亿美元。

泰勒（Alison Taylor）认为，大力强调绩效和增长可能会培养出一种目的为手段正名的文化，领导者会要求员工给出难以用道德手段取得的成果。在组织结构复杂，领导者看不到或装作看不到组织中的腐败行为，高绩效压力的破坏力会特别大。

腐败的传播

一名组织成员的恶行至少有三种方式可以影响到其他组织成员：（1）直接影响——一名组织成员是恶行的目标；（2）间接影响——一名组织成员目睹或得知恶行；（3）氛围影响——恶行弥漫开来，以至于其他人也被鼓励作恶。直接或间接经历恶行的组织成员本身不一定会被引向作恶，直接或间接经历恶行往往会带来压力且令人不悦，不太可能引诱个体做出类似的恶行。然而，当某种恶行在组织中普遍到了一定程度，以至于被视为正常行为和组织文化的一部分，那么新成员或之前未参与作恶的成员做出违背社会总体规范行为的可能性就会大幅提高。因此，理解恶行在组织内传播的方式是重要的。

如果群体或组织的凝聚力强，或者恶行造成的伤害似乎比较小的话，恶行就更容易传播。与低地位成员的恶行相比，高地位成员的恶行更可能会在组织上下蔓延。在设定组织接受或不接受的行为类型方面，组织领导者的影响力特别大。领导者的榜样，还有对特定恶行表现出的容忍、支持或反对态度，都可能会强烈影响组织成员对这些恶行的判断。

平托等人认为，有腐败个体的组织以"坏苹果"开始，但通过扩散与正常化过程，这种腐败可以变成组织层面的现象。例如，安德森和皮尔逊指出，一旦螺旋式上升的不文明行为达到了临界阈值，组织就可能变得不文明，蔓延开来的腐败会成为组织整体的特征。"坏苹果"进入好组织是一种人员选择失误。有多种评估方法可用于筛查容易做出反生产行为的人，其中比较有名的方法包括诚信测验和尽责度量表。然而，一旦足够多的腐败个体进入了一个组织，他们可能就会腐化整个企业。

讨论 10.2
何为临界阈值

安德森和皮尔逊提出，当某种腐败行为的个例数量达到临界阈值时，组织就腐化了。有人提出用阈值模型来研究群体态度变化和群体选择。这一类模型背后的思想是，存在某个集体从一个状态变成另一个状态的转换点（比如从未腐化变成腐化），而且这种变化是不连续的。这就是说，只要腐化人数略有增加，腐化人数低于阈值的组织就可以突然变成腐化组织。

格拉诺维特（Mark Granovetter）为行为变化的阈值效应发展出了多种形式化数理模型，并指出个体对行为的倾向性是理解阈值变化的一个重要部分。例如,暴乱的起点往往是单独一个人的行动,他打破了社会规范(可能也会打破窗户),对一种不可接受的状况采取了行动。格拉姆维特的模型假定这个人比人群中的其他人更倾向于采取激烈行动,在此人行为的推动下,不太倾向激烈反应的人也会加入暴乱。该模型还假定社会关系可能会让人更容易接受反社会影响。例如,作者阐述了社会压力会如何让帮派少年比单独行动时更容易偷窃。

用阈值模型来解释行为的问题之一是,阈值模型更多是事后解释而非事前预测,部分原因是事前难以确定阈值。比如,一个组织必须有多大比例的成员参与腐败行为才会让组织集体腐化?

阈值可能有两个界定因素。第一,大多数组织成员强烈反对的行为的阈值可能会比较高。这就是说,相比于只受到轻微反对的行为,受到强烈反对的行为必须有更多的人参与,组织成员才会决定接受和赞同这种行为。第二,行为参与者的权力、地位和吸引力可能比单纯的参与人数作用更大。这就是说,与没有特殊地位的人做出或赞同恶行的情况相比,如果是组织中地位高的人做出或赞同恶行,其他成员改变态度的阈值很可能会低得多。许多组织

> 腐败案例都涉及顶层高管和领导者的决策。对于某一种腐败来说，如果它不是源于顶层，而是自下而上产生的，那么它在组织中正常化的阈值可能也要高得多。

腐败的合理化

对腐败在组织中的传播来说，合理化阶段至关重要。合理化的主要特征之一，就是用净化的语言重新描述行为，将问题轻描淡写（比如曲解规则、走捷径），强调行为是正常且可以接受的。奇布诺尔（Steven Chibnall）和桑德斯（Peter Saunders）记述了一名被控腐化官员的商人受审的场面。商人说，

> 我从来不相信我做了任何违法的事。我只是在做生意。如果说我曲解了规则，那有谁不曲解呢？如果你要惩罚我，那就把制度一扫而空吧。如果我有罪，那还有许多人应该和我一起站在被告席上。哪家大公司不为请客和抢合同花大钱，而且是越花越多呢？

通过将恶行重新表述为正常和可接受的行为，组织成员能够接受通常会被负面看待的行为，认为它是自身角色的合法组成部

分。于是，大众、安然、世通等企业的员工平常对欺骗作弊持负面看法，却会将长期参与大规模欺诈视为本职工作。事实上，调查组织欺诈有一个反复出现的主题：组织成员觉得"我们这里就是这样做事的"，这大大方便了他们将恶行视为可接受的正常行为。

类似地，如果用更正面的语言去重新表述不可接受的行为，那么这些行为也就更可能融入组织的规范中。组织很少会公开赞同霸凌、性骚扰和违反道德，但可能会以竞争文化、不容忍平庸或高绩效标准自傲，这些都可能会大大促进恶行。正如维克多和卡伦所说，组织对于"什么是道德上正确的行为"的共识会强烈影响组织成员做出的选择。实证证据有力地表明，如果一个工作群组或组织的规范支持不道德行为的话，组织成员就更容易做出越轨行为。

组织何以保持腐败——现实中的吸引—选拔—消耗过程

组织一旦腐化可能就难以改变，部分原因在于吸引—选拔—消耗过程。组织常常会努力吸引和选拔价值观、规范和期望与自身一致的个体，也常常会同样努力地清除不一致的个体。

■ 害马之群：失控的群体如何助长个体的不当行为

吸引与选拔

腐败组织不仅会招揽成员来作为组织牟利的腐败行为，还会发出准许腐败的信号，从而让组织内的腐败正常化和持久化。

布里夫（Arthur P. Brief）等人将隐性准许理解为一种来自顶层的信号（有时是明确表述，有时只是暗示），对完成工作、任务成功和完成销售等方面的重视远胜于以符合法律和道德的手段取得成就。例如，大多数组织的使命宣言都含有高高在上的语句，阐述组织对高道德标准的承诺，但许多中下层管理人员都反映承受着巨大的压力与诱惑，要他们为达目的不择手段。

组织会传递给成员信号，说明是绩效与成就重要，还是达成目标的手段重要。这种信号可能会渗入招聘与选拔过程。组织不太可能发出寻找具有腐败潜质应聘者的招工广告（求恶令），也不太可能设计出排除诚实的应聘者、鼓励不诚实应聘者的选拔流程，但公司的核心价值观与偏好可能会影响吸引与选拔。组织会努力吸引和选拔与自身文化契合的人，而且不管是发给潜在应聘者的公司宣传材料，还是面试中提出的问题类型，都可能会凸显组织的文化，尤其是在组织文化强大且界定明确的情况下。文化中提倡或容忍特定恶行（比如以"只要最优秀的人"为幌子的霸凌和辱虐式领导，"哥们儿"文化中的性骚扰，无视规则乃至法律，自诩为颠覆式创新者）的组织，可能会吸引和选拔那些具有

第十章 组织何以入歧途

同样信念、价值观和设想的成员。

消耗

来自组织的信号会帮助成员确定自己是否契合组织。恰尔迪尼、李（Yexin Jessica Li）、桑佩尔（Adriana Samper）和韦尔曼（Ned Wellman）认为组织会产生选择性消耗效应。领导者做出不道德行为的结果是能适应不诚信行为的成员会留下来。作者给出证据表明，与选择离开的成员相比，选择留在群体里，继续跟着不道德的领导做事的成员更容易在后续任务中作弊。

消耗的主动方可以是个人，也可以是组织。如果一个人对鼓励骚扰和侮辱的氛围感到不舒服，或者不满于组织要求自己参与道德上可疑的工作，那么他可能就有动机去寻找其他组织并加入。腐败组织常常会将诚实的成员视为威胁，有可能会逼迫他们离开，第九章讲过，这正是1973年电影《冲突》情节的重要组成部分，片中拒绝受贿的警察被同事视为威胁。积极揭露和破除腐败的个体往往会承受特别大的消耗压力。第十二章会详细讲述吹哨人的经历，以及让组织回避和惩罚吹哨人的社会因素和心理因素。但现在只要说这一点就够了：组织常常会对潜在吹哨人施加巨大压力，让他们把抱怨埋在心里。

通过寻找持有相同的核心信念与价值观的人，清除观念不同

329

的人，吸引—选拔—消耗过程一般会加强组织文化。这个过程可能会让组织愈发坚持容忍或鼓励特定种类恶行的文化，这一点对恶行有着突出意义。有大量证据表明，如果一个组织的文化是病态或腐败的，它就会拥有愿意做出符合组织文化的行为的员工[1]。

配合恶行：忠诚陷阱

组织恶行并不总是（甚至常常不是）恶意的产物，也不总是组织成员有意识地决定做出自己相信是错误的事。做出辱虐式管理、性骚扰和霸凌行为的人，往往相信这样做符合所在组织的规范、文化和价值观。从组织偷东西的人常常相信这样做是正当的，因为组织对待他们不好。**为了**组织而撒谎、欺骗、盗窃的人常常是出于看似正面的动机，尤其是忠诚意识。

对组织的忠诚与认同可以带来实质性的重大益处，包括高工作满意度、低跳槽率、高工作绩效，但效忠和认同组织有时也有严重的负面效应。尤其是对组织的忠诚也是推动恶行的一个重要因素。为了理解忠于组织何以会让人甘心参加和支持腐败的行为和政策，社会认同与组织承诺研究提供了一个很好的出发点。

---

[1] 第十一章和第十二章会探究这两类组织文化。

组织认同

阿什福思和梅尔（Fred Mael）对组织认同的定义是与组织合为一体的感知。认同不仅仅是成员身份，当一个人对组织有强烈认同时，组织就会成为他的自我概念的一个核心部分。组织认同可以有多种积极作用，包括提高工作满意度、组织满意度和组织承诺度，但也有潜在的弊端。

迪克里希、克拉默和帕克斯指出，强组织认同感会造成"过度认同"，也就是个体需要几乎完全基于组织成员的身份。组织形象与自我形象的强关联具有潜在重要后果，尤其是组织做出或容忍恶行的情况下。如果一个人对鼓励或容忍恶行的组织有强烈认同感，他可能就有强烈动机运用合理化、道德推脱、诉诸高级效忠对象的手段，将组织的不道德行为正当化。

对一个组织有强烈认同感的人容易毫不动摇地支持组织及其成员，怀有内群体偏见和偏袒之心，同时歧视组织以外的群体。强组织从属感会让人更愿意纵容恶劣行为与违反社会规范的行为。因此，当不道德行为的责任属于内群体成员，而非外群体成员时，人们对行为的评判就不会那么严苛。群体认同也可能造成偏见、偏颇行为和对外群体的敌意。此外，人对所属群体的认同度越高，就越会纵容和参与内群体对外群体的暴力行为。

强组织认同的一个重要后果是鼓励不道德的亲组织行为。这

■ 害马之群：失控的群体如何助长个体的不当行为

种行为的意图是为组织谋利，比如做假账和销毁罪证，尽管最终可能会引发犯罪调查、声誉受损、利益相关方失去信心，从而伤害组织。认同感强的员工还可能会知情不报、知情不谏、掩盖行迹、编造正当化借口，从而间接促进不道德行为。在欺骗消费者、违反法律法规、实施长期大范围欺诈造假的合谋行动中，强组织认同感常常起到黏合剂的作用。而能够解释员工为什么愿意配合不诚实且有害的行为的因素，往往正是员工对组织的忠诚。

史密斯-克罗（Kristin Smith-Crowe）和沃伦（Danielle E. Warren）提出，组织认同会促进集体腐败的传播。在组织腐化的过程中，大多数人会感觉到组织规范的压力，而妨碍腐败行为的员工可能会被诋毁和孤立。组织认同感强的员工会更加感到要求自己作恶的规范压力，他们可能会将恶行正当且必要的观念内化，如果不按照组织规范行事，他们会产生羞耻、负罪或尴尬的感受。这种感受会让他们的思想和情绪贴合腐败行为，让他们将来更容易参与腐败。

参与大规模组织腐败的人常常会觉得，腐败是对竞争威胁的一种回应。他们相信"人人都这么干"，组织不腐败就活不下去。这种信念经常被用于洗白欺诈和腐败。苏贝尔（Franziska Zuber）指出，组织认同度高的员工可能会将组织受到的威胁视为对自身的威胁，而且认为受害者不只是组织，还有他们自己。甚至在员工没有受到直接伤害的情况下，这种一损俱损的感知倾向也会让员工通过效仿不道德行为来做出回应。因此，认同感的情绪力量可能会让不道德的后果在社会网络中散播。尤其是对组织的强烈认同感可以让人为了组织的利益做出不道德的行为。为组织利益作恶的人不太可能认为自己或自己的行为是不道德的，而且可能倾向于轻描淡写、合理化或正当化组织内其他成员的不道德行为。

高认同组织

人们会认同各种组织，从保龄球队到跨国机构。有一类组织可以描述为"高认同组织"。在这种组织中，成员会将专业或成员身份视为自我认同的重要组成部分，还会努力维持成员的团结，将成员与非成员分隔开来。例子包括各大军种、准军事组织（比如警队和消防队）和宗教修会。这些组织都会用制服、特殊服饰、徽章等物品来标示成员身份，这不仅会在成员间产生强烈的"自己人"意识，还会创造出强烈的内外之别。这些组织的成员往往会对组织表现出高度献身精神，而这种精神也可以是一股强大的向善力量。军事与准军事组织成员要面对大多数人避之

■ 害马之群：失控的群体如何助长个体的不当行为

不及的危险，宗教修会的成员则自愿放弃了许多人无法割舍的舒适享受，这些行为生动展现了他们对组织的承诺与奉献。这种深度参与也可以是一个严重的恶行来源。尤其是这些组织的成员可能有遮掩组织错误的强烈动机。哪怕这些组织总体上投身于亲社会活动，如果组织成员相信披露其他成员的错误行为有损于组织的话，他们可能就愿意努力掩饰错误。更有甚者，正因为成员不愿意让部分成员的恶劣行为玷污组织——恶行才有可能会持续乃至扩大。接下来要讲述两类组织——警察和天主教会，它们容易落入我所说的"忠诚陷阱"，也就是与组织长期造成的危害相比，成员更看重对组织的忠诚。

警察腐败

有证据表明，世界各地的警察都有腐败现象，撒哈拉以南非洲的警察腐败指数最高，但越来越多的证据表明全球范围内存在腐败，贿赂是一种特别常见的腐败形式。从许多方面来看，警察腐败几乎是不可避免的。因为警察的执法者角色，再加上跟警察打交道的群体的性质（比如刑事罪犯、企图逃避监管或罚金的组织），执法人员比其他大多数人都：（1）更有条件滥用职权；（2）更可能收受贿赂，高抬贵手。

讨论 10.3
探索警察腐败的世界

执法机构成员的腐败与作恶行事多种多样。庞奇（Maurice Punch）描述了多种不同的腐败与恶行形式，包括：

- 回扣——警察为履行公务而收取他人财物。
- 机会性盗窃——偷被捕者的东西。
- 敲诈——警察收受贿赂，换取不再追查案件。
- 保护非法活动——警察保护非法活动，允许其继续进行。
- 暗中作梗——破坏案件调查。
- 栽赃嫁祸——安插或添加证据。
- 极端暴力——对嫌疑人动用明显且过分的强力手段。
- 性骚扰和种族歧视——根据性别或种族区别对待同事、嫌疑人和公众。
- 贩毒——直接参与毒品的分销或零售。

这一连串贪腐行为有几条共同的线索。首先，因为警察负责一线执法，所以他们也有许多机会影响逮捕谁，不

> 逮捕谁，哪些证据会被用于制裁犯案者，哪些证据会被无视或掩盖。其次，执法机构成员常常有特殊的亲自犯案机会（比如贩毒和机会性盗窃）。当然，执法机关内部常常设有以"监察警察"为职责的单位，但这些单位往往缺乏必要资源——最重要的是，还缺乏必要的协调配合——来强制执行被执法人员自己打破的法律。
>
> 与本书考察的许多其他话题一样，我们应该辩证地看待警察腐败。在不同时期，许多（如果不是大多数）大型执法部门中都能发现腐败现象，但这不代表大部分警察都腐败。"沉默蓝墙"可能让许多警察默许腐败，好让自己在局里能待下去，而且我们有几乎确凿的证据表明，警察对组织的忠诚度和认同度都很高——这就是忠诚陷阱。警察常常处于高强度的监视之下，在美国，由于对警察杀害黑人行为的抗议，多名政客要求削减警务部门经费或进行改革。这种监视与批评可能会让警察对组织愈发忠诚和认同（面对外敌进攻时"围车自保"），改革可能会极难推行。

波特（Louise E. Porter）的一篇综述文章中提出，组织因素和社会因素都在警察腐败中扮演着重要角色。组织因素包括组织文化、领导状况、腐败机会（比如卧底工作）和线人处理。社会因素包括社会化与社会文化，因为警察之间的社交惯例鼓励团结，不鼓励打小报告。警察腐败的最后一个方面，也就是不愿意揭发同事的恶行或犯罪，与本节主题直接相关，有力证据表明，不愿揭发的现象与警察忠于警务部门、忠于执法使命的心理有关。

不愿揭露同事腐败行为的现象有时被称作"沉默蓝墙"。韦斯伯德（David Weisburd）、格林斯潘（Rosann Greenspan）、汉密尔顿（Edwin E. Hamilton）、威廉姆斯（Hubert Williams）和布莱恩特（Kellie A. Bryant）调查过的警察中有三分之二以上都认为，举报同事不正当行为的警察会遭到其他警察的"冷遇"；一半以上的人认为，警察常常会对同事的不端行为睁只眼，闭只眼。举报同事不正当行为的警察甚至有理由担心自身安全。许多警察对所属机构和执法部门整体表现出高度的忠诚，这会要求警察对同事的违规举动保持沉默，从而培育出犯罪文化。

有两个因素似乎对维护"沉默蓝墙"特别重要。第一，执法者身份是许多警察的认同和自我概念的重要组成部分。因此，任何会让警务部门或警察局蒙羞的事情都是对自我概念的攻击。第二，军队和准军事组织成员常常会报告说自己有强烈的"内外有别"意识。众多因素（比如制服、要求完成的任务）将执法部门成员与社会其余部分隔离开来，这种隔离可能是维护"沉默蓝墙"的重要因素。举报同事的恶行会带来一种风险：解决问题的方法会落到"大家庭"之外的人手里，而这些封闭圈子的成员常常会偏好内部解决问题。

天主教会中的丑闻

近三十年来，天主教会神职人员侵犯未成年人的指控获得了全球性的关注。这场危机的范围震惊了许多人。例如，宾夕法尼亚州大陪审团最近发布了一份报告，详细说明了30多名神父侵犯超过1000名儿童的指控和证据。许多国家都有神父和其他神职人员性侵未成年人的报道，全球共有数万乃至更多起性侵报告。

我们应当记住一点，尽管神父性侵的故事获得了媒体的极大关注，但性侵并不是天主教会神职人员独有的问题。天主教神父的性侵比例并不高于其他宗教的神职人员，而且实话说，神父的性侵比例还要低于教师和一般人。纽约城市大学约翰·杰刑事司法学院（John Jay College of Criminal Justice）详尽回顾了60年的数据，发现在20世纪后半叶，约有4%的天主教神父性侵过未成年人。放到具体情境里看，在同一时期，约有5%~7%的公立学校教师对学生有过类似的性侵行为。

第十章 组织何以入歧途

性侵事件骇人听闻，但这场丑闻最令人惊讶的方面之一是教会对丑闻做出的表面回应。教会的一个常见回应是动用各种手段来大事化小，遮掩性侵。宾夕法尼亚州的报告中就提到了这一点。这些手段包括将涉事神父跨教区，甚至跨国调动，向受害者支付"封口费"，用约束性的保密协议确保受害者沉默。作为一个组织，天主教会积极遮掩无数性侵事例，也取得了比较大的成效，有时还得到了受教会政治上支持的政府官员协助。通过大陪审团、报纸（比如电影《聚焦》（Spotlight）讲述了《波士顿环球报》调查性侵案件并公之于众的故事）和机构［比如位于爱尔兰的天主教会儿童性侵理事会，又称赫西理事会（Hussey Commission）］的不懈努力，神父性侵案详细、可信的细节才大白于天下。威尔（George F. Will）提到，这起丑闻与后续遮掩行为涉及的范围如此大，地域如此广，简直算得上是美国历史上最大的犯罪事件之一。

性侵儿童者有时是深受困扰的人，其中有许多人自己小时候就被性侵过，他们也可能患有各种严重的心理问题。这不是为他们的行为开脱，但将实施性侵的神父与多年来努力化解和掩盖骇人罪行的主教、枢机，甚或教宗做一比较是很重要的。很少有证据表明教会高层有心理缺陷或者遭受过某种虐待。相反，他们通常是聪明精干的人，有着各种真正的高尚行为，但他们也心甘情

339

■ 害马之群：失控的群体如何助长个体的不当行为

愿地成了腐败与欺诈机器的一部分，严重损害了教会的道德权威。问题在于为什么这么好的人会持续做出这么坏的事。

首先，我们要记住，遮掩性侵似乎是一种广泛而普遍的本能。作为一个机构，天主教会在全球各地努力化解和遮掩性侵，而且往往延续多年。这意味着，这种行为有着系统性的起因，而不仅仅是个别人德行有亏的结果。在对组织恶行的研究中，人们常常会区分"坏苹果"（有问题的个人）和"坏桶"（有问题的组织）。在这里，问题似乎出在组织上，而不出在个别主教、枢机等人物上。

在许多方面，教会丑闻与许多警察丑闻有相似之处。这就是说，两者都涉及两个关键的思维模式——"内外有别"以及对组织的强烈承诺。神职人员不同于公司员工，神职人员与社会其余部分有众多区隔（比如特殊的头衔和服饰），他们将教会视为自我认同的关键组成部分，而不仅仅是偶然的工作场所。从许多方面看，这种程度的特殊性、认同感乃至奉献意识都是一份巨大的财富，但它在组织受到威胁时也会是一个实实在在的问题。当这种机构受到威胁时，成员会有"围车自保"、不惜一切代价保护组织的强烈倾向。正是因为教会在众多神职人员的认同中占据的地位如此重要，所以他们才愿意做出看似与教会宣扬的道德背道而驰的事情，比如将神父在教区之间反复调动，不让他们有机会犯事（一位在宾夕法尼亚州被控性侵的神父据说被开除神职，受主教区推荐进入迪士尼乐园工作）。

人们常说，"掩盖比犯罪更坏"。在这个案例中，这句话大概并不完全正确，因为罪行本身就太可怕了。但是，认识到掩盖罪行与犯罪本身**大不相同**是很重要的。性侵往往是个人行为，性侵者可能觉得非这样做不可，也可能受到自身受虐经历的影响。情况并非都是如此，我们几乎可以肯定，许多神父性侵受其监护和照顾的儿童时是冷漠、理性和精明的。然而，掩盖往往是掌权者的行为。教会是他们的自我认同的核心组成部分，他们错误地相信掩盖是保护教会的最佳手段。忠诚和认同常常被认为是宝贵的特质，但对一个机构的忠诚会把人推向恶行，最终会毁掉他们无比珍视的机构。

总 结

长期以来，组织恶行的起因与解释一直有争议。大量研究考察了两种对立的理论——"坏苹果"与"坏桶"。两种解释都包含着部分真相，组织中的恶行是个体作恶倾向与组织规范、期望和压力的**共同**结果。此外，组织处于宏观社会情境之中。对一些形式的恶行来说，国家文化等情境因素的责任可能与个体因素、

■ 害马之群：失控的群体如何助长个体的不当行为

组织因素一样大。

组织腐败或组织内的个人腐败是一个逐渐发展的过程，涉及第三章和第四章中阐述过的诸多社会与心理过程。应对组织腐败的一大挑战是，骚扰或霸凌组织成员的人，从组织偷窃或为组织偷窃的人，还有组织和参与大规模欺诈乃至更严重罪行（比如战争罪行）的人常常相信自己没有做错任何事。作恶者有强烈的动机将恶行合理化，或者按照社会可以接受的方式加以解释，而组织常常会推波助澜，尤其是在恶行符合组织规范与文化，或者恶行被认为对组织的兴衰存亡不可或缺的情况下。

效忠和认同组织能够为个体和组织带来正面影响，但也会造成参与或掩盖腐败的压力。在执法部门，"沉默蓝墙"常常会挫败、揭露或制裁腐败的企图。警察和类似机构的成员常常对组织有着高度的认同感与忠诚度。由于不愿意让组织暴露于外界批评之下，所以成员往往很难反对或揭露腐败。同理，教会上下屡次试图遮掩而非直面案件，从而放大了神父性侵未成年人的丑闻。主教和教会高层对组织的忠诚常常对受害者、社区和教会自身造成悲剧性的后果。

第十一章
病态组织

对许多成员来说，组织常常是一个麻烦，有时甚至是危险的地方。有些组织的相当一部分员工会目睹、参与或遭受霸凌、骚扰、辱虐式领导、偷窃欺诈或暴力行为。有些组织甚至会威胁到成员的生命，职场死亡人数中约有 10% 被认为是他杀。然而，在恶行的频率和强度方面，一些组织几乎肯定比其他组织更糟糕。本章将讨论特别容易发生恶行的组织，我称之为"病态组织"。

病态组织是广泛容忍乃至鼓励某类恶行的组织。恶行在这种组织中司空见惯，简直算得上是组织文化的特征或副产品。例如，文化中强调坚强或完美主义的组织可能会滋生霸凌和骚扰。文化中强调不惜代价也要赢的组织可能会成为偷窃或欺诈的热点地带。恶行未必会遍布整个组织，但如果越轨亚文化在组织中出现并受到容忍，就可能会成为系统性恶行的重要来源，即便正式组织规范与价值观不鼓励这种行为。

本章讨论病态组织，下一章讨论腐败组织。在腐败组织中，违反公认社会规范且可能伤害他人的行为不仅会发生，而且构成了组织商业模式的核心部分。阅读这两章时都应该时刻记着宏观情境，病态组织可能是病态社会的一种症状，同理，腐败组织可能也会盛行于对腐败宽容度较高的社会中。例如，有证据表明国家腐败水平与个体不诚信行为之间存在关联，病态或腐败的社会可能会滋生病态和腐败的组织。因此，组织外的因素可能会影响组织对特定种类恶行的宽容度或参与度。

病态文化

本章的核心前提是当组织中出现了系统性的恶行，这往往表示组织的文化容忍且可能鼓励这种行为。这里的关键词是"系统性"。任何组织都可能有成员作恶，但许多组织会真诚地努力减少或消除恶行。当恶行普遍到了会伤害组织、成员和社群的时候，恶行就成了一个组织层面的问题。病态组织忽视、容忍或鼓励这种恶行。

罗宾逊和奥利里-凯利指出，有两个不同的过程会让组织形成和维持容忍或宽容恶行的文化。首先，社会学习理论表明，如果在场有榜样表现出反社会行为，这种行为散播的可能性就会提高。组织成员是从社会群体和榜样那里了解什么行为是可以接受的，而如果他们看到位高权重的人作恶，他们就可能得出组织认可恶行的结论。其次，施耐德（Benjamin Schneider）、戈尔茨坦（Harold W. Goldstein）和史密斯（D. Brent Smith）阐述的吸引—选拔—消耗过程表明，一旦病态文化在一个组织中建立起来，有反社会倾向的人就更容易被吸引到这个组织中，而成员也会倾向于适应组织中已经发展出来的规范。随着失调组织文化的发展与强化，这两个过程都会自我维持。对群体或组织的高度依附被认为会增强社会学习过程与吸引—选拔—消耗过程，这种依附也会促进恶行。

领导者的角色

组织的资深领导者被认为是组织文化最强大的决定因素之一。"有毒"的领导可以对组织价值观和规范造成严重负面影响。尤其是当领导支持或认可越轨行为时，他们的价值观和规范就会成为下属的效仿对象，最终塑造组织中的越轨行为并将其合理化。

伯顿（J. Burton）认为，领导者造成失调文化的方式往往不仅限于做出坏榜样。作者引述了"有毒"的领导如何用各种更直接的方式来造成失调文化，比如向下属展示出威胁性行为，表现出负面情绪、言语羞辱和霸凌、骚扰下属，甚至殴打下属。

领导者常常对组织文化有显著影响，但不一定是病态组织文化的唯一来源。我之前提到过，能够影响恶行的国家文化与容忍恶行之间存在重要的差别。恶行可能一开始发生在底层，领导并未积极支持或明确准许。然而，如果没有领导的默许，或至少装作看不见，那么恶行不可能融入组织文化。第十章里神父或其他神职人员性侵未成年人的案例讲述了数十年间天主教会领导者在其中扮演的角色，并指出对教会的忠诚与认同可能是教会领导者决定调离涉事神父，掩盖性侵案件的一个重要因素。同样的过程在其他组织中也可能发生。高层领导往往对组织有强烈认同感，可能更倾向于无视或掩盖成员的恶行，原因恰恰是他们渴望维护组织的正面形象。

病态文化的类型

组织文化有多种描述方式。巴尔塔扎（Pierre A. Balthazard）、库克（Robert A. Cooke）和波特（Richard E. Potter）发展出了一

套关注三类行为的文化模型：攻击性/防御性（比如竞争和完美主义）、建设性（比如从属和成就）和消极性/防御性（比如回避和依赖）。这三种行为风格中有两种可能是失调的，尤其是防御性的一面占据主导的情况下。例如，作者对消极性/防御性回避文化的描述是，有功不赏，有过则罚。注重掌控行为、规避错误、推卸责任、墨守一切规则与政策的文化可能会导致低绩效、低满意度、低组织承诺度。

巴尔塔扎等人还提出了另一种模型，分类依据是特定的恶行种类与最符合这些行为的组织文化。组织恶行涵盖的行为范围很大，不同类型的组织文化提倡或容忍的恶行种类也不同。表11.1描述了四类病态文化，它们可能会引发特定类型的组织恶行。

表 11.1 病态组织文化

	核心特征	恶行种类
虐待文化	支配	不文明、霸凌、性骚扰、暴力
虚伪文化	虚伪	歪曲事实、欺诈
报复文化	感知受到虐待	财物越轨与生产越轨
刻板文化	不宽容	种族歧视、性别歧视、无视规则

一些组织的文化容忍或鼓励对部分成员的虐待。一些组织的

■ 害马之群：失控的群体如何助长个体的不当行为

文化中普遍存在不诚信现象。一些组织的文化是成员（往往正确地）相信自己受到了系统性的虐待（比如工资低、工作条件差、管理水平低），有权利为此报复组织。最后，还有一些组织有刻板文化，不容忍对规范、规则和惯例的偏离，规范、规则和惯例牢牢地控制着组织成员的行为。有些组织的文化可能结合了多种文化的特征；一个组织可能既撒谎成风，又频繁虐待部分成员。不同文化的组合可能会助长特定类型的恶行。

虐待文化

在一些组织中，许多成员常会恶劣对待其他成员。这种虐待下至微歧视（时间短但反复出现的，传达出敌意或轻蔑态度的交往行为与微妙怠慢），上至殴打和暴力。我们从一开始就应该区分虐待与其他可能对部分组织成员造成负面影响的组织行为。各种虐待的共同点是无理。可能对他人造成负面影响的行为不一定就是虐待。比如，你得到了一份极其负面的绩效评估，如果负面评估是基于公平准确的流程得出的，它就不算虐待。同理，你可能会因为经济形势恶化或者公司经营不善而失业，但失业不一定是虐待。按照定义，虐待一定是无理或过分的。因此，如果你犯了一个小错，然后主管予以纠正，并向你展示了如何做得更好，

第十一章 病态组织

这就不是虐待。如果你犯了一个小错就招来痛斥、抨击或严厉惩罚,这就更可能构成虐待了。

微歧视

虐待文化可能体现在多种行为中。例如,微歧视泛滥可以是虐待文化的一个迹象。休(Derald Wing Sue)、卡波迪卢波(Christina M. Capodilupo)、托里诺(Gina C. Torino)、布切里(Jennifer M. Bucceri)、霍尔德(Aisha M. B. Holder)、纳达尔(Kevin L. Nadal)和埃斯奎林(Marta Esquilin)研究了微种族歧视,为这个时常被误解的概念给出了简明的定义。作者指出,"微种族歧视是时间短且常见的,有意或无意的,缺乏尊重的日常言语、行为或环境,表达了对有色人种的敌意、贬低或负面的种族蔑视、侮辱"。微歧视往往是轻度的蔑视,尽管可能完全是无心之过,但仍然传达了一定程度的敌意或轻蔑态度。尽管单次的蔑视或许无伤大雅,但微歧视可能造成严重的负面后果,因为微歧视不是孤立的,而是长期的敌意事件。反复出现的微歧视造成了一种负面的氛围,会严重影响被歧视者的态度、健康和福祉。在容忍或鼓励虐待某些成员的组织文化中,这种微歧视可能会频繁发生且无人质疑。

■ 害马之群：失控的群体如何助长个体的不当行为

不文明

微歧视通常被认为是针对特定群体的，对微歧视的研究往往关注基于种族或性别的虐待。另一种可能的情况是，对众多组织成员造成明显困扰的行为模式并非针对具体人群。不文明就是此类行为的一个好例子。不文明的定义是"违反相互尊重的职场规范，具有伤害对方的模糊意图的低强度越轨行为。不文明行为的特点是粗鲁无礼，不尊重他人"。多份研究记述了不文明行为的普遍程度、成本和相关因素。这些研究表明，遭受或目睹职场不文明行为会对人造成个人层面和工作层面的伤害，组织也会面临金钱的损失和生产效率的降低。

我们常常将不文明理解成周遭环境中有害的一面，一种令人不悦和紧张的氛围，类似于空气污染。不过，我们也能想到一些不文明现象（选择性不文明）是维护权力与支配的策略。这就是说，粗鲁行为可能代表着对特定群体的偏见，尤其是过分针对这些群体的成员时。选择性不文明往往是一种维护权力与支配的策略，能够对受害者和目睹者造成严重的负面影响。例如，有证据表明，过分的不文明对待有助于解释组织上层中女性和少数族裔偏少的现象。还有证据表明，负面的人际交往，比如女性会遭受更多的不文明行为可能会塑造成员对组织整体氛围的感知，包括对性别歧视氛围的感知。然而，并非所有研究都发现污名化群体

第十一章 病态组织

遭受不文明行为的风险更高,从而引出了关于情境与个人调节因素的重要问题。

骚　扰

一些组织的文化鼓励或容忍基于种族、性别等人口学特征上对部分组织成员进行骚扰。例如,种族歧视在组织中常见得令人郁闷。玻璃门网站(Glassdoor)发布的《2019年多样性与包容性研究报告》(Diversity & Inclusion Study 2019)称,40%以上的美国受访员工目睹过职场种族歧视行为。就业机会平等委员会描述了各种违反联邦法律的职场行为,包括聘用、报酬、升职等方面的种族歧视和造成充满敌意的工作环境的行为,比如使用种族歧视用语,发表基于种族的轻蔑言论,展示种族歧视性质的符号。在1997—2012年间,就业机会平等委员会收到了超过45万起针对职场种族歧视的投诉。

组织可能有种族歧视而不自知。比如,许多组织鼓励或要求成员举止"专业"。格雷(Aysa Gray)认为,"专业"是一套偏向优势人群的隐性规范,偏向的手段是制定符合优势(白人)文化的着装、言谈、交往等方面的标准。如果一套标准告诉组织成员有一种最好的行为方式,那么成员行为就一定会被导向最符合优势文化的方向。

■ 害马之群：失控的群体如何助长个体的不当行为

孤立的种族歧视行为不一定会让组织变成种族歧视组织。判断一个组织的文化是否支持或容忍种族歧视，更关键是看组织如何回应种族歧视或骚扰行为，尤其是在掌权者做出这些行为的情况下。得知种族歧视或骚扰行为时未采取行动的组织可能要负更大的法律责任；无视、容忍乃至鼓励种族歧视或骚扰行为的组织，可以被认为存在虐待文化。

种族歧视与种族心态的性质随时间发生显著变化，从而增加了识别种族歧视环境的难度。几十年前，公然的种族偏见在许多组织中还是得到许可的，而如今在大多数组织中都已经不被接受了，但这并不意味着种族歧视消失了。当代种族歧视的核心信念是：歧视是过去的事情，纠正歧视已经过头了，对白人不公平了。信奉这种观念的人常常认为自己遭受了偏见，他们可能不愿意给一个围绕这种观念形成的组织文化贴上"种族歧视"的标签。

与种族歧视一样，性骚扰在组织中广泛存在。2010—2019年之间，就业机会平等委员会收到了约12.5万起性骚扰投诉，年际变化小得惊人。第八章讲过，25%～75%的职场女性反映遭受过职场性骚扰。这种骚扰有多种形式，包括性强迫（性挑逗，将配合性行为作为聘用条件）、不受欢迎的性表达（比如不受欢迎的、单方面的、冒犯性的恋爱或性爱的兴趣表示）或性别骚扰（一大类言语或非言语行为，其目标不是配合性行为，但表现出了对某性别人士的侮辱性、充满敌意和贬低性态度）。这三类行为的动机似乎都是企图对女性展示权力，贬低女性的价值。更宽泛地讲，性骚扰往往被理解一种维护社会地位的手段，骚扰者的地位更可能高于被骚扰者。

《就业机会平等委员会职场骚扰研究专案组联席主席报告》分析了就业机会平等委员会收到的骚扰投诉，指出员工和其他组织成员遭受着多种多样的骚扰，骚扰基于的人口学特征包括：性别（45%）、种族（34%）、残障（19%）、年龄（15%）、出身国家（13%）和宗教（5%）。[1]作者发现了骚扰的多个风险因素，包括：（1）员工同质化——多样性匮乏会让骚扰增多；（2）文化与语言隔阂；（3）社会趋势——职场外部的粗鲁社会话语；（4）年轻员工多——年轻员工更容易遭到骚扰；（5）有高地位、高价值员工；（6）权力差距过大；（7）依赖客户服务或顾客满意度；（8）工作任务单调且低强度；（9）工作场所与外界隔绝；（10）允许上班饮酒；（11）权力分散。作者还发现了能助长骚扰的若干组织文化的具体方面：（1）成员觉得举报性骚扰行为会为自己带来风险；（2）组织对性骚扰者不加惩罚；（3）成员觉得举报性

---

[1] 这几个数字加起来超过了100%，因为许多投诉涉及多种类型的骚扰。

■ 害马之群：失控的群体如何助长个体的不当行为

骚扰行为不会受到重视。

有明确证据表示，容忍或支持性骚扰的组织文化会提高组织成员遭到骚扰的可能性。容忍性骚扰的文化会增加被骚扰者举报自身遭遇的难度，因为他们相信举报了也不会受到重视，或者自己会遭到打击报复。

霸凌与辱虐式管理

霸凌是动用威胁、强力、言语辱骂或身体虐待，以支配和威慑他人的行为。它常常会涉及长期反复性的负面交互。辱虐式管理是持续表现出言语或非言语敌意行为，不包括身体接触。霸凌和辱虐式管理都涉及利用敌对性和攻击性策略来维护权力与支配。两者都会对个人和组织造成显著的负面后果。辱虐式管理与消极工作态度、个人与家庭幸福感低、绩效差、不公平感知有关联。霸凌对工作态度和幸福感也有类似的影响。

霸凌和辱虐式管理都常见于职场和类似的组织。例如，尼德哈默（Isabelle Niedhammer）、戴维（Simone David）、德焦安尼（Stephanie Degioanni）、德拉蒙德（Anne Drummond）和菲利普（Pierre Philip）发现，高达12%的员工接触过职场霸凌。第八章讲过，接近20%的员工报告在职场遭受过霸凌，同等数量的员工目睹过霸凌。霸凌有时是个体行为，但群体霸凌（即暴徒）同样频繁发生。

宽纵的组织文化被认为在霸凌和辱虐式管理中都扮演着重要角色。与前面提到的其他形式的虐待一样，霸凌和辱虐式管理成为组织文化的一部分的可能性在很大程度上取决于组织的回应方式。如果组织系统性地无视或纵容这种行为，虐待文化就会形成，霸凌和辱虐式管理不仅会被容忍，其发生频率与严重程度也可能会升高。

暴　力

接近20%的暴力犯罪发生在职场中。员工超过1000人的工作单位中有一半爆出暴力事件，超过三分之一的职场暴力事件发生在同事之间。这些事件小至口角，大至谋杀，他杀是职场死亡的主要原因之一。狄龙（Bobbie L. Dillon）对职场暴力的起因进行了评估。作者认为，决定暴力事件是否会复发的最重要因素之一，就是组织是否对暴力做出回应。

学界对其他类型组织中的暴力事件研究得不如职场暴力深入，但暴力显然普遍存在于其他一些组织中。尤其是，威权主义政党常常依靠暴力来营造选举势力和控制党派成员。当总体支持率低迷时，政党特别容易诉诸暴力。

职业体育中也常常发生球迷暴力行为，足球流氓现象是一个长期困扰整个欧洲的问题。有时体育赛事中的暴力事件是意外，但也有许多流氓帮派或组织专门资助和组织球迷与对立球队的球迷进行暴力对抗。

最后，犯罪组织常常依靠暴力来执行自身意志和保护组织。与威权主义政党一样，它们也可能将暴力作为控制成员的手段。

虐待行为的共性

虐待文化可能会纵容或鼓励多种不同的行为，从微歧视到杀人，但本节引述的各类研究有着一以贯之的主题。第一，虐待常被用作维护权力和支配他人的手段。甚至在可能有其他动机来进行虐待的案例中，支配似乎依然是理解虐待行为的核心要素。例如，性骚扰可能是为了满足性欲，但它涉及权力的可能性要远高于性。类似地，霸凌有可能是特定个人之间的特定冲突或敌对关系的结果，但在大多数情况下，霸凌都会遵循和强化等级关系。

第二，组织处理虐待行为有多种选择，而许多组织的选择是无视。这是一个致命的选择，因为组织不回应虐待就是给成员发出了一个明确的信号，表示哪种行为是可以接受的，哪种行为不可以接受。通过选择无视虐待，组织可能无意间提高了未来发生虐待的可能性。虐待还可能是由组织主流观念与规范造成的。哈克尼和佩尔韦指出，一些组织信奉的文化认为，惩罚、强制权力和攻击性行为是有效的激励工具。这种文化特别容易容忍乃至鼓励虐待。

第三，所有类型的虐待都有可能对遭受虐待者、目睹虐待者和组织本身造成显著伤害。虐待可能带来严重的压力，影响身心健康。虐待会助长成员对组织的负面态度以及不公平感。自身遭受虐待的员工甚至会更可能虐待组织里的其他人。

讨论 11.1
性别歧视的科学家

如果让你思考在什么地方估计会遇到性别歧视和性骚扰，你大概会说出一些传统男性职业，比如消防员或机械师。当你发现性骚扰横行于自然科学、工程和医学领域时，你或许会感到惊讶。伊列斯、豪泽曼、施沃绍和斯蒂巴尔的荟萃分析文章表明，58%的学术界女教职工遭受过性骚扰，这个数字与美国军队中存在的性骚扰频数相当。

海尔曼（Madeline E. Heilman）的符合度不足模型有助于解释学界普遍存在的性骚扰。科学家或工程师等工作不一定涉及传统的男性特质（比如身体强壮），却是高度男性化的领域。举个例子，如果让你思考科学家或工程师在你心目中的形象，你的脑海中可能会最容易出现一位男性。女性不符合我们对科学家或工程师的刻板印象，这会导致歧视女性，包括造成敌视女性的环境的行为，比如性骚扰。

科学、工程和医学领域有四个方面会助长骚扰，并增加骚扰受害者举报的难度：（1）这些领域仍然主要由男性主导；（2）科学家、工程师和新任医生的职业发展依赖于导师；（3）部分领域存在"男性至上"文化；（4）通过非正式的沟通网络，流言和指责会在专业项目和领域内外传播。在这些领域中，人们为减少性别歧视与性骚扰做出了各种努力，特别注意搭建更好的渠道，方便女性进入这些领域。具体来说，有人致力于提高女童对STEM（科学、技术、工程和数学）领域的兴趣和信心，也有许多高科技企业努力让更多女性进入技术岗位，这些都是针对上述领域普遍存在的性别歧视与性骚扰现象的一种潜在长远解决方案。

第十一章 病态组织

虚伪文化

在一些组织中,组织及其成员的表象与相关言论一直和实际情况存在差距。虚伪文化可能只是很简单的东西,比如广泛使用的口号("人是第一位的产品")和组织实际待人方式之间的差距。在极端情况下,说谎与歪曲事实可能是根深蒂固的,以至于组织或其成员说的话全都不能当真。如果一个组织文化是谎言与歪曲横行且广为接受,那么这可能为一大批涉及歪曲事实的违规与恶行(比如欺诈、不当对待消费者与客户)打开闸门。

我们应该承认一点:组织中的一部分工作和角色要求人扭曲自己的观点和感受。客服人员尤其常被要求"微笑服务",这就是说,与消费者和客户交往时要表现出沉稳积极的形象,哪怕对方发火或者不耐烦。格兰迪(Alicia A. Grandey)等人考察了组织要求员工笑对消费者和客户的影响,并用情绪劳动的概念来分析这种要求。这些研究认为,表面行为(做出沉稳和愉快的样子)和深层行为(在紧张场景中改变心境与情绪,让自己变得更沉稳和愉快)之间有着重要的区别,并指出两种策略都要求员工做出相当的努力。整体来说,要求压抑情绪的表面行为更可能对员工福祉造成负面后果,但两种情绪劳动都会使员工感到紧张。

第十章讲到了卡尔的一句断言,"当各方都明白不能指望说

■ 害马之群：失控的群体如何助长个体的不当行为

真话的时候，假话就不再是假话了"。在客服岗位上，摆出笑脸大概不应该被认为是撒谎或误导，因为不管客服人员有何感受，人们都期望且要求客服是沉稳和积极的。甚至有证据表明，微笑能够缓解紧张，哪怕是被迫微笑。[1] 客服人员保持积极形象几乎是一项普遍的要求，大概不应视为虚伪组织文化的证据。虚伪文化指的是在通常不期望出现撒谎和误导性言论的场景下，一个组织仍然普遍存在这种行为。

不幸的是，在组织中，普遍存在谎言和误导性言论的场景数量超出了我们愿意承认的程度。比如，有人认为30%～50%的简历中包含一项或多项关于职务、学位、工作经历、所获成就等方面的谎报。这种虚假陈述不能归咎于收到造假简历的组织，而可能是反映了一种普遍的信念，即简历造假是普遍现象，不仅无伤大雅，而且必不可少。这就是说，如果你相信其他大多数应聘者都在简历中抬高职位、虚报学位，那么你就更可能会做同样的事。

政客几乎一致被认为不诚实，许多政治组织也创造或助长了虚伪文化。例如，很少有全国级别的政客没有一支媒体顾问团队，这些顾问的工作就是尽可能美化政客在新闻中的形象。话说回来，有人可能会主张，因为人们预期政客会掩盖部分事实，所

---

[1] 连锁酒吧餐厅品牌"迪克的最后避难所"（Dick's Last Resort）反其道而行之，培训服务员用开玩笑的语气"责骂"顾客，营造出粗暴与冷漠的氛围。

以从业者或受众不一定会按照赤裸裸的谎言来解读政治信息。然而，有些政府和政治运作已经接受了虚伪文化，以至于宣传和误导性传播成为标准的运作手段。例如，普京治下的俄罗斯被认为在长期进行极其活跃的广泛宣传，目的是在国内外支撑政权，扰乱敌国政府。然而，以谎言和歪曲事实为家常便饭的最清晰案例，当属唐纳德·特朗普总统政府。

特朗普总统政府因虚假宣传而臭名昭著。最早的案例发生在他刚就任的时候，他的新闻秘书声称参加特朗普就职典礼的人群数量比上一任总统多，尽管有确凿的照片证据表明事实恰好相反，以至于许多新闻机构都组建了全职的事实查证栏目。《华盛顿邮报》的查证员声称，特朗普总统平均每天公开发表15～16条谎言或明显失实言论，而且随着任期临近结束，假消息变得更多了。《华盛顿邮报》定期查证政客与政府官员的公开言论，并根据偏离事实的程度评定每条言论，最低为1个匹诺曹，最高为4个匹诺曹。他们觉得有必要开设一个新门类——"无底洞匹诺曹"，代表反复出现的明显虚假言论，这些言论几乎全部出自特朗普总统或其政府成员。其他更同情特朗普总统的新闻渠道列出的谎言和误导性言论较少，但少有可靠信息来源认为该届政府是诚实的，如果按照国家政客的通常标准来看。

我们通常假定，撒谎是出于险恶用心（比如谋财），但在组织环境中，撒谎可能会服务于一个截然不同的目的。例如，在许多组织中，当组织似乎受到威胁时，撒谎是一种用于维持组织正面形象的工具。在不确定的情况下，谎言和误导性言论可以是建构和维护共同社会现实的一部分。然而，对真相的态度模棱两可的文化会造成严重的负面后果。撒谎，哪怕是对看似无关紧要的事情撒谎，都被确认为组织腐败的一个关键前提条件。

虚伪式领导

过去15年间，学界一直有对真诚式领导的研究。真诚式领导理论是一种规范性理论，而非描述性理论。它阐述了领导者**应该**如何做事，而非描述领导者必然**会**如何做事。真诚式领导者的形象如下：（1）深刻了解自身的思维与行为方式；（2）了解所处情境；（3）在他人眼中，其行为是出于完善的价值观与道德框架；（4）自信、乐观、有韧性、品德高尚。乔治（Bill George）用一组特性来描述真诚式领导，比如使命感、价值观和自律。伊瓦拉（Herminia Ibarra）指出，真诚式领导的定义是复杂的，对真诚内涵的不同观念可能会导致不同的行为或行为预测。

尽管文献中对真诚式领导有不同的定义，但有两个主题总是出现在对这一构念的讨论中：（1）真诚的领导者了解自身的价值观与道德责任；（2）他们会做出相应的行动。这便提示了一种界定真诚式领导者的反面（虚伪式领导者）的方式。虚伪式领导者的实际行为与其号称遵守的价值观或规范背道而驰。他们可能不了解自身的价值观或行动，如克兰德尔（Major Doug Crandall）所说，真诚式领导既需要自知（比如，我的行为是否符合组织价值观）和自制（比如，在要求我做出不道德行为的环境压力面前，我能否控制自己的行为），同理，虚伪式组织的运作方式违背了它宣称的价值观与规范。例如，一个组织的使命宣言可能大言煌煌，说重视员工发展，但投入员工发展活动的时间和资源可能只是聊胜于无。同理，几乎每一个工作组织都自诩就业公平，但许多组织使用的员工筛选、升职和薪酬方案依然歧视女性、老年员工、少数族裔等。

虚伪的领导者会引发犬儒主义，尤其是宣扬的价值观与行为之间存在明显且巨大差距的情况下。这种领导者不会获得信任，尤其是他们的行为动机被认为是私利，而非组织利益的时候。犬儒和不信任会侵蚀组织，两者都会让成员不尊重组织的规范和组织宣扬的价值观与规章制度，进而提高恶行发生的可能性。

印象管理

在面试和绩效评估等多种场合下，人们都会努力留下好印象。在一些组织中，营造正面印象的任务不仅限于面试一类的场

■ 害马之群：失控的群体如何助长个体的不当行为

合，而是一项频繁进行的活动，许多成员都会努力表现出特定的形象，不管真心还是假意。组织成员可能会用多种手段来管理给他人留下的印象，包括有策略的自我表现、恭维、吸引别人，以及设法使他人欣赏自己。

印象管理的原因多种多样，包括：（1）争取表扬，避免批评；（2）维护正面的自我形象；（3）获取权力与影响力；（4）实现重要的目标。印象管理有多种不同的形式，可以是战术性的（短期）、战略性的（长期）、主动性的（由行为者发起）或防御性的（行为者对不想要的形象做出回应）。印象管理甚至可以用于减轻威胁，戈夫（Walter R. Gove）、休斯（Michael Hughes）和吉尔肯（Michael R. Geerken）探讨了"装傻"战略，这一战略的目的是避免对他人造成威胁或避免遭受批评。

印象管理并不总是欺骗，一些很简单的做法也可以被理解为印象管理，比如确保其他组织成员了解你对重大项目做出的贡献。然而，印象管理往往含有一丝令人反感的意味，因为它常常是吹牛（自我表现）和拍马屁（恭维）的结合体。印象管理甚至可能会弄巧成拙。比如，组织中有许多亲社会行为（比如帮助他人）可能是印象管理，而非真心助人。虚伪文化的一大特点正是印象管理泛滥。

克洛茨（Anthony C. Klotz）等人认为，持续印象管理可能带来多种负面效果。印象管理需要不断做出努力（很像情绪劳动），会把人榨干。持续情绪管理所需的紧张和努力会耗尽人的认知资源，让人更容易犯错乃至作恶。

虚伪文化的后果

容忍乃至期望撒谎和歪曲事实的文化，可能会对组织造成两种有害影响。首先，虚伪文化鼓励犬儒和不信任他人。如果组织的行为与公开表达的目标不一致，组织宣扬的目标和价值观就可能被无视。组织成员之间交流时可能会心怀戒备，大家感到沟通困难，因为大家不能轻易无视外在动机。

有一些恶行的形式可能与虚伪文化有关联。比如，一个组织中普遍存在蓄意歪曲事实或事件的情况，那么当组织成员与消费者、客户或其他组织交互时，这种文化就可能会催生类似的行为。这就是说，如果组织内部的诚信标准低下，那我们就有理由相信，成员与组织外部人士的交互也会受到相应的影响。

我之前说过，简历造假是一个普遍现象。人们常常自称拿到了根本没读完的学位，抬高自己的头衔和负责的职务。对这个发现的一种解释是，许多求职者**预期**其他求职者会虚报简历，并且相信如果自己不美化一点儿，就无法与别人竞争。同样的现象也可能发生在组织层面。如果组织成员相信组织里有许多人隐瞒真

■ 害马之群：失控的群体如何助长个体的不当行为

相，表现出有才干、有成绩的虚假形象，而且在做出关键决策时无视组织宣称的价值观，那么成员就更可能做出类似的行为。于是，与虐待文化一样，虚伪文化会形成自我增强的循环，一句假话引来更多假话。

报复文化

如果在一个组织中，（1）成员相信自己受到了恶劣或不公正对待，而且（2）成员相信自己缺乏有效手段来抗议或改变不公正的对待，那就会形成一种成员相信自己有正当理由报复组织的文化。这就是报复文化。在报复文化中，组织成员可能会觉得做出让组织蒙受损失或难堪的事情是正当的，而且常常将报复视为恢复公平的唯一有效方式。

有清晰的证据表明，让成员处于困窘或紧张环境中的组织恶行数量可能会飙升，尤其是针对组织的恶行（比如偷窃、破坏、说组织的坏话）。当人们相信自己受到不公平对待时，这种效应还会放大。尽管压力和不公正是组织恶行的重要因素，但仅凭它们未必就足以造成报复文化。第二个关键因素是缺乏纠正不公正的有效手段。如果一个组织的成员相信自己受到了虐待，但也相信存在纠正不公的有效手段，那他们可能就不会觉得需要诉诸报复手段。然而，如果没有抗议和扭转不公的有效手段，成员可能就有自力救济的动机。

报复文化与多种其他组织文化的区别在于，它常常是自下而上而非自上而下的现象。这就是说，在复仇文化中，无力直接回应不公正待遇的组织成员发展出了一种规范，这种规范支持或至少容忍间接的回应方式，比如偷窃或破坏。这就是说，在组织成员不能通过常规渠道对不公正待遇做出有效回应的状况下，他们可能会形成一种规范，认为通过伤害组织来实行报复是回应不公待遇的恰当方式。

对员工偷窃与破坏的研究中有一个反复得到的发现：相信自己受到不公平对待的员工常常会诉诸破坏（比如破坏财物、机器，磨洋工，干扰生产）或偷窃等策略以报复组织。报复并非这些行为的唯一动机，但如果报复融入了一个组织的文化中，那么报复就会成为偷窃、破坏和其他报复组织行为的一个重要解释因素。

讨论 11.2
想阻止偷窃？让它变无聊吧！

莱瑟姆（Gary P. Latham）讲述了一次对锯木厂员工偷

窃事件的研究。员工讲了许多偷东西的理由，包括偷东西本身的刺激，还有成功顺走厂里东西的人会出名，哪怕东西根本没用处，也卖不出去。有人问他们，如果安装监控摄像头，他们会作何反应。他们回答说，摄像头只会大幅提升偷窃带来的刺激感，他们最后会把摄像头也给偷了。

莱瑟姆提出了一种干预方案，要让员工偷窃不再具有刺激性。公司制定了一套"资料库"系统，员工可以去查看零件或工作用具，公司还设置了"大赦日"，员工当天可以归还任何之前拿走的东西，既往不咎。莱瑟姆报告称，"偷窃数量马上降成了零，而且在干预之后的三年里……一直微不足道"。

多年前，我有过与著名反恐专家约翰·霍根博士（Dr. John Horgan）合作的机会。我们提出的一种减少恐怖主义活动的方案是**真实工作预览**。约翰·霍根职业生涯的一大部分都是在采访前恐怖分子，一个反复出现的主题是恐怖主义并非一项充满刺激性的事业。大多数恐怖分子的大部分时间都是在阴暗角落里闲着，等待命令或情报，而且真正参与过行动的人少之又少。我们提议制作一系列针对恐怖主义团体潜在新成员的多媒体资料，向他们展示这份工作是多么平淡乏味。多个部门表现出了兴趣，但我们没能

> 付诸验证。
>
> 让恶行不再刺激是一条被低估的预防策略。许多杂货店会在新鲜水果区附近放一个试吃台或试吃盒供人随意品尝。设立试吃盒的原因有很多,但有一条就是减少偷窃的诱惑力。有了这个盒子,被盗走的水果可能就会少一些。

过去50年间,从社会角度阐述员工偷窃与破坏的研究源源不断。这些研究认为,偷窃和其他旨在伤害组织的行为有多种可能的解释。例如,肯珀(Theodore D. Kemper)提出了"交叉越轨"假说,认为如果一个组织不遵循自己的规则、不履行自己的义务,那么组织成员可能就会觉得自己也没有必要遵循规则或履行义务。马尔斯认为,组织中常常会形成界定明确的复杂规范,说明组织会容忍哪些种类的恶行。于是,在一间面包房里,下班时偶尔拿一条面包回家可能被认为是正常和正当的,但如果一下子顺走一打面包,那么面包房和员工也许都会认为这是无从辩解的偷窃。

格林伯格提出了STEAL模型,以体现员工偷窃行为的复杂潜在动机。这一模型取决于偷窃者的动机是亲社会还是反社会,偷窃对象是组织还是同事。因此,偷窃可能有亲社会的动

■ 害马之群：失控的群体如何助长个体的不当行为

机，涉及**支持**（Support；偷窃是符合工作群组规范的）或**赞同**（Approval；偷窃与主管的规范或行为一致）。反社会的规范可能涉及**扳回**局面（Even；为了报复组织）或**妨碍**其他组织成员（Thwart；比如偷窃是为了伤害其他组织成员，蓄意违反群体规范可以表明自己的行为不受群体规范约束）。

设法扳回局面是报复文化的核心概念。人们经常引用亚当斯的公平理论，将报复概念解释为对不公正的回应。比如，设想你的工资太低（或者你相信工资太低）。公平理论认为，一个人有两种回应工资太低的方式：（1）提高收入——跟老板谈涨薪；（2）减少投入——干活少出力。现在把这个理论用于组织的不公正行为。假设组织对你造成了某种伤害，而且你没有纠正不公的有效手段，那么你或许可以回过头来伤害组织，从而恢复一定的公平。

第八章讨论过组织与成员之间的心理契约——双方认可的职责义务界定了组织与成员的关系。心理契约的最简单版本是"做一天公平的工作，得一天公平的工资"，但这种契约往往会发展到包含一套复杂的规则与期望。当一方未履行对对方的义务时，心理契约就被打破了，这会造成"一种特殊形式的分配正义，可能会引发相关各方的独特且激烈的态度、行为和情绪反应"。违背心理契约不仅会让人感到分配不公正，还会感到程序不正义。

心理契约被打破后，成员感到不公正，这一点是报复文化的核心，因为成员正是意识到了违约，才会想要找组织"扳回局面"。有实证证据表明，组织未履行对员工的义务或对待员工不公正与针对组织的越轨行为有关联。类似地，对分配正义与程序正义的感知也与多种职场越轨行为有着可靠的关系，包括财物越轨（比如偷窃和破坏）和生产越轨（比如旷工和磨洋工）。

组织中的报复有多种目的。例如，不满的员工可能会做出损害组织的行为，以此抵消与不满相关的负面感受。因此，不满的员工更可能会偷老板的东西，上班期间吸毒、饮酒，做出更多反生产行为，表现出更高的旷工和跳槽意愿。

最后，个体报复行为与普遍支持、鼓励报复的文化之间的区分是重要的。报复文化的核心特征是对报复组织者的普遍社会认可乃至仰慕。莱瑟姆讲述了一套旨在减少锯木厂员工偷窃行为的干预手段。他的一个观察发现是，偷东西胆子特别大的人赢得了同事的尊敬和仰慕。如果同事或组织中其他成员奉行的规范支持和正当化偷窃、破坏或其他损害组织的行为，那么抑制针对组织的恶行可能就很困难了。

■ 害马之群：失控的群体如何助长个体的不当行为

刻板文化

刻板文化容忍的行为范围受到广泛且严格的限制。刻板文化的口头禅是，"不听我的就走人"。这种文化可能采取多种形式，其中一些表面看来似乎并不失调。例如，一个组织的文化可能极其强调高标准、尽善尽美等。坚持"善道唯一"的组织文化能带来令人惊讶的负面后果。

假设你所在组织的文化以一套相当刻板狭隘的行为预期为核心，对偏离预期的行为容忍度很低。我之前讲过，一种极为注重"专业"的文化会无意间助长种族歧视与性别歧视，因为界定了"专业"的着装、谈吐、交往、时间管理等方面的规范，本质上是上层阶级白人男性的规范。在一个有强势"专业"规范的组织中，不严格遵守规范的人会被贴上越轨的标签，遭到严厉批评。更一般地说，刻板文化对容忍什么行为、不容忍什么行为设置了非常狭隘，有时还是专断的规则，并且会严厉处置偏离刻板规定的做法。第三章提到的贝拉克·奥巴马总统第二届任期内的"淡黄色正装"争议就是一个例子。

2014年8月28日，贝拉克·奥巴马召开了一场白宫新闻发布会，讨论用军事手段应对叙利亚伊斯兰国的问题。伊斯兰国是中东的一个圣战者组织。他和其他总统在这种场合通常会穿黑色正装,但这次却穿了一件定制的淡黄色正装。有线电视网与共和党政客群情激愤,批判总统形象不严肃。他看似有失体面,但其实之前有多位总统穿过类似的正装。如果完全不考虑种族因素的话,我们就很难解释奥巴马政敌的怒火。这就是说,黑人总统的得体行为范围大概要比白人总统更狭窄。这次看似微不足道的偏离预期行为引起了激烈的反应,往最小了说,这肯定反映了美国的严重政治极化,奥巴马的政敌摆好了姿势,哪怕看到最细微的恶行也要扑上去。

刻板文化强调尽善尽美与唯一善道,对于哪怕微不足道的越轨(比如淡黄色正装还是黑色正装)也不纵容。此外,还有一种世界主义的文化,以文化多元的态度对待规范、习俗与传统的差异。比较这两种文化是有意义的。在决定要如何应对文化与传统多样性的问题上,组织面临着多种选择。组织可能会压制多样性,坚持让所有组织成员服从一套严格且明确界定的准许行为规范。组织也可能设法适应这些差异。如果说刻板组织文化定义了回应方式的一端,那么另一端大概最好定义为多元文化。

多元文化有各种可能的解读方式,从纯粹的描述性解读(比如,某个国家境内生活着多个文化群体)到规范性解读(比如,一切文化与生活方式都有着同样的价值),而且我们并不总是确切知道一个人是在什么意义上使用这个词。如果是作为坚持只有

■ 害马之群：失控的群体如何助长个体的不当行为

一种可接受行为交往方式的刻板文化的对立面，那么多元文化就是接受信念、传统和认同多样性的文化，可能还会珍视多样性。一个有世界主义或多元文化取向的组织会拥抱这样的观念：在一个特定场景中可能有多种恰当的行为模式，没有哪一种模式永远是优越的。

压制多样性与弘扬多样性是两种对立的多样性应对策略，各有利弊。我们有理由认为，没有规范、信念或传统的极端宽松文化可能与极端严密文化同样问题很大。盖尔芬德探究了国家文化宽严的不同影响，认为严密文化（规范约束更严格，对违反规范的宽容度低）能帮助国家应对威胁，比如全国性的灾难。莫利（Michael J. Morley）、墨菲、克利夫兰、赫拉蒂（Noreen Heraty）和麦卡锡（Jean McCarthy）将文化严密度的概念用于研究跨国机构的人力资源实践，认为如果部分实践与普遍文化规范相冲突的话，严密文化中的组织在人力资源实践方面的选择自由度较低（比如，在强调等级和权威的文化中实行同事互评）。

尽管严密文化或许能帮助国家应对外部威胁，但过分严密的组织文化会让某些种类的恶行更可能发生。我之前提到，严格的"专业"文化与种族歧视、性别歧视的出现之间有潜在关联。界定"专业"的规范和标准很可能反映了强势群体（往往是白人男性）的规范和标准，而女性和少数族裔成员可能会因为不符合专业标准而出局，哪怕他们的行为只是略微偏离了狭隘的行为规范。比如，我以前有一位同事去参加一家财富500强企业的面试，没有通过。他得到的反馈是，公司要求员工必须穿黑鞋，而他面试时穿的是棕色的鞋，所以他没有被录用。

除了创造出有利于性别歧视与种族歧视的条件外，刻板文化还会消磨成员对合法权力的感知，尤其是行为约束被认为是专断的情况下。合法权力的基础之一在于它不是绝对的，而是存在于一个有边界、有约束的体系中，这一体系使权力得到社会的认可，从而具有了合法性。

如果刻板文化越出了正常理解的管理者或领导者权限（比如，试图控制与组织合法目标无关的行为），那么领导就会堕落为支配组织成员，组织成员可能会被迫遵守专断的标准与期望，他们对领导者施行标准的**权利**（与领导者强迫组织成员服从的能力相对）的敬意就可能会减退。

刻板文化会使种族歧视与性别歧视增多，尤其在将白人男性上层的狭隘标准奉为唯一可接受行为的情况下。然而，这并非刻板文化的唯一相关风险。如果一个文化过于刻板，组织制定和推行与目标无关的规章制度，那么组织的权威合法性就会受损。一旦部分规则被视为过于专断因而是不值得遵从的，那么所有规则便都可能受到同样的审视。如果规则与规范失去合法性，那可能就会造成支持几乎一切违规行为的条件,尤其在强制执行规则困难的场景中。试图严密控制组织成员的文化往往会引发反抗与反叛。如果一个组织的文化企图过度规范行为,组织的生存能力就会受到致命的削弱。

总　结

本章讨论的是容忍,有时甚至鼓励特定种类恶行的组织。我们描述了四种组织文化,每一种都可能会导致一种特定的恶行增多。虐待文化鼓励不文明、霸凌、骚扰和攻击性行为,这些行为都可以理解为一种维持支配的策略。有虐待文化的组织对这些行为的回应一般是无视、轻描淡写或纵容。

虚伪文化容忍或鼓励说谎和歪曲事实。这种文化的主要特征之一是,说的任何话、做的任何事都很难让人当真。在虚伪文化中,成员可能会将大量时间、精力投入印象管理和营造假门面中。因此,这种文化会滋生欺诈、歪曲事实和缺乏信任等现象。

如果一个组织的成员相信自己受到不公正待遇,又缺乏有效手段来解决或扭转虐待的局面,报复文化就可能会形成。这种文化为损害组织的行为(比如财物越轨、生产越轨、说组织坏话)提供广泛的社会支持。报复文化的核心是恢复公平的需要。因此，如果一个组织伤害了你，你可能会产生以牙还牙的冲动。

最后，刻板文化设立了涵盖广泛的期望、规则、章程和规范，严密控制成员的行为。严密控制可能会招来怨恨、激发反抗，尤其是在看上去与组织使命无关的方面。与严密文化相关的典型恶行包括种族歧视与性别歧视。这些组织的规则与规范几乎总是反映了一小撮领导者的偏好与体验。大多数情况下，这一小撮人是上层白人男性。如果组织只认可这一小撮人熟悉和适应的行为模式，那么组织中的其他群体（比如女性和少数群体成员）可能就会被边缘化。过分刻板的文化可能会损害组织及其规则的合法性。

鼓励或容忍恶行的文化未必只有这四种，而且有的组织可能会兼具上述多种文化，或者表现出一种不同的规范与期望模式，让组织容忍某些种类的恶行。这一分类体系阐述了组织恶行研究中经常讨论的四种组织文化变体。我们不应该认为这种分类法是不容更改的，而应将其视为思考组织何以会成为恶行温床的起点。

第十二章
组织腐败

第十一章讨论了病态组织与腐败组织的区别。在病态组织中,某些种类的恶行(比如霸凌、性骚扰)广泛存在且普遍被容忍。而在腐败组织中,违反公认社会规范与相关法律法规的行为是组织商业模式的重要组成部分。在黑帮等一些腐败组织中,违反规则、规范和法律几乎写在了组织的定义里,这就是说,这些组织的存在就是为了进行非法活动或者做社会普遍认为是错误的事。另一些腐败组织有或者有过合法的目标,但在某个时刻,腐败手段成为它们行事方式的有机组成部分。

本章首先会讨论以腐败或非法活动为宗旨的组织,比如黑帮、有组织犯罪、恐怖组织。接下来,我会聚焦于既进行腐败活动,又提供真正合法服务的组织,比如,大众、奥迪等车企在全

第十二章 组织腐败

球实施尾气造假计划的同时,也在生产大量优秀的轿车和卡车,组织在这个过程中腐化了。最后,会回顾第十章中做过深入探讨的"坏苹果"与"坏桶"之争。

腐败在组织运作中的位置:中央还是边缘

区分两类组织是有益的,一类是以腐败为宗旨的组织,比如有组织犯罪,另一类组织的宗旨虽然合法甚至值得赞赏,但将腐败手段接纳为正常运作方式的重要组成部分。我将后一类组织称作"腐化组织"。

判断组织是否腐化有时是容易的。大众汽车与富国银行是腐败手段正常化且对组织成功至关重要的教科书式案例。但这两个组织的大部分日常活动既不违法,也不腐败。按照这个标准,我们有理由将天主教会称作腐化组织。

第十章讨论了天主教神父及其同谋性侵未成年人的丑闻,性侵案件遍及全球,跨度达数十年。我说过,尽管性侵案骇人听闻,天主教神父的性侵比例仍然**低于**其他与未成年人交往频繁的相似职业(比如教师)。更大的丑闻在于教会处理性侵举报的方式。有确凿证据表明,教会惯于遮掩案件并将性侵神父调至外地,这样既能逃避先前犯罪的制裁,又能与一批新的孩子重新开

379

■ 害马之群：失控的群体如何助长个体的不当行为

始。威尔称之为美国历史上最大的犯罪。我们有理由认为，尽管天主教会做了许多善事与值得赞赏的事业，但有些时候也有腐化组织的作风，而且至今依然如此。与大众和富国银行一样，教会的许多活动（如果不是大多数活动的话）都是值得赞赏而非腐败的，但在处理与神父性侵儿童相关的丑闻时，教会上层（主教、枢机乃至教宗）似乎采取了腐败手段。

腐败组织

在一些组织中，腐败是组织使命与存在的核心要素。最明显的例子是犯罪群体和组织，但也有其他一些群体的核心使命违反法律和公认社会规范，比如恐怖分子。

有组织犯罪与黑帮

通过《教父》《好家伙》和《赌城风云》等电影，还有《不可触犯》[*The Untouchables*，播出于1959—1963年，八卦专栏作家沃尔特·温切尔（Walter Winchell）的旁白令人难忘]以来的电视剧，我们"知道"了许多有组织犯罪的事。当然，问题在于我们"知道"的东西可能有不少是错误或者夸大的。不过，**从组织的**

层面讲，我们确实知道一些关于犯罪组织的有用知识。

从 20 世纪 30 年代开始，美国的一些犯罪活动就具备了相当的组织程度，最早的是"幸运儿"卢西亚诺（Lucky Luciano）建立的"委员会"组织。委员会的运作方式类似于正常的董事会，它协调各大黑道家族之间的冲突。当杜奇·舒尔茨（Dutch Schultz）企图杀害特别检察官（后来成为总统候选人的）汤姆·杜威（Tom Dewey）时，委员会的势力迎来了第一次重大考验。委员会相信杀死杜威会导致非法活动瓦解，最后下令谋杀杜奇·舒尔茨。舒尔茨还没刺杀杜威，他就在纽瓦克被枪打死。

委员会以各种形式继续存在了 50 多年，有人说它至今依然存在，只是势力大衰。莱曼（Michael D. Lyman）的评述文章指出，如果我们把目光放到传统黑手党家族以外，就会发现有组织犯罪颇似松散的工作组织，如小型合伙企业。犯罪组织一般并非权力集中，也没有正规制度或部门划分，并且少有成文组织架构图或职位描述。犯罪组织更依赖于个人关系与成员内化规范，而非正式角色和职位描述。犯罪组织新成员融入集体的社会化过程往往与新员工入职的社会化过程不无相似（由其他成员介绍加入，听别人讲各种信息和资源要去找谁要，了解非正式指挥链等）。讽刺的是，由于新冠肺炎疫情，合法企业与犯罪组织也有了一些重要的相似之处，它们都出现了分权化、组织成员独立作业、低频人际交往的现象。与黑帮成员一样，许多组织的员工不去办公室上班也不会每天被严密监视，而被期望进行指定的活动并继续为组织工作。

范度因（Petrus C. van Duyne）指出，犯罪组织处于敌意的环境中，面临着特殊的信息与风险管理问题。因为犯罪组织的核心活动一直受到执法部门的监视或调查，所以它们与非犯罪组织中常见的可预测性、结构性与责任性无缘。由于自愿采取非法活动，犯罪组织的存续不断面临挑战。尽管如此，我们用于分析和理解其他类型组织的许多概念（比如文化、规范、奖赏与控制体系、承诺），对理解犯罪组织成员的行为可能同样是有意义的。

莱曼回顾了多种试图解释有组织犯罪的理论。例如，他说理性选择理论认为，对参与犯罪活动的收益感知超过了风险感知。差异接触理论认为，犯罪活动是通过与他人接触习得的。另一些研究者则指出，共同价值观与规范（比如传统意大利黑手党组织强调男子气概与荣誉）在吸引成员加入有组织犯罪时起到一定的作用。有组织犯罪家族与黑帮不是没有规范，只是接受了一套在他们眼里将犯罪正当化的规范与信念，违反他们嵌入其中的社会的规范也得到了正当化。

与其他组织一样，犯罪组织有正式和非正式的领导结构，也面临着招募、选拔、留住成员的问题，面临着用分配赏罚来控制成员行为的问题。它们可用的赏罚手段大概比其他组织更多（如果你泄露了公司机密，你大概不至于被枪杀），但它们也面临着许多与其他组织同样的问题，而它们解决这些问题的方法有时与合法组织选择的方法很相近（比如升职、安排继承人）。

黑帮，尤其是成员相对年轻的黑帮，与传统的有组织犯罪家族有两个区别。第一，黑帮的组织化程度一般，甚至比有组织犯罪家族还低。黑帮通常规模小或局限于一地，不过也有扩展至全国乃至全球的黑帮（比如，美国司法部和多个欧洲执法部门将摩托车俱乐部"地狱天使"视为有组织犯罪集团）。第二，也是更重要的一点，黑帮对成员有着重要的社会功能，而且常常明确以培养强社会认同感为目标。帮派规范、服饰风格和其他身份宣誓手段（比如特殊的交通工具）都有助于塑造成员对自身和其他成员的看法。对于接触不到其他社会化来源的年轻帮派成员来说，这些力量尤其重要。帮派不仅提供了归属感，还有助于处理无法预测的危险环境。

群体凝聚力和群体认同与帮派成员的暴力犯罪活动有正相关关系。一个人对帮派的认同感越强，就越会重视帮派规范提出的期望。阿莱恩（Emma K. A. Alleyne）和伍德（Jane L. Wood）指出，帮派内的社会地位也是预测帮派犯罪活动的一个重要指标，尤其是在反权威心态构成帮派认同的重要组成部分的情况下。

■ 害马之群：失控的群体如何助长个体的不当行为

恐怖主义团体

阐述恐怖主义的文献浩如烟海。在本章中，我将关注我们**在组织层面上**对恐怖主义团体的了解。从许多方面看，恐怖主义团体类似于黑帮。首先，有大量证据表明，集体认同是恐怖主义行为的最有力动机之一。

在研究人为什么会被吸引加入恐怖主义团体时，韦伯（David Webber）和克鲁格兰斯基得出的结论是，有三个因素对激进化至关重要：（1）个体需求，它提供了参加政治暴力活动的动机；（2）意识形态叙事，它将政治暴力活动正当化；（3）社会网络，人在它的影响下决定走上恐怖主义道路。阿里纳（Michael P. Arena）和阿里戈（Bruce A. Arrigo）指出，对没有与所处社会形成强烈认同联结的人来说，这种社会网络尤其重要。作者得出的结论是，缺乏健全认同为个体提供了转向极端主义组织的动机，个体借此寻求集体认同，获得生活目标与意义。尤其是，作者主张人之所以被极权主义或极权主义运动所吸引，是因为他们在组织的威权主义教条中找到了安稳与意义。人在生活中常常缺乏明确感与使命感，而威权主义教条为他们提供了这些。青少年帮派和恐怖主义组织的相似之处在于，它们都有助于回答有意加入者的一个问题："我是谁？"它们为成员提供了锚点与认同，否则的话，这些成员与大社会只有松散的联结。

其次，恐怖主义团体有时比其在媒体中的形象更加松散。有一些恐怖组织有严密的指挥链和准军事结构，但许多恐怖分子和恐怖团体都是业余的应变式组织。美国战略与国际研究中心分析了当代美国面临的恐怖主义威胁，认为在可预见的未来，最严重的恐怖主义威胁是与极右翼和白人至上主义有关的松散组织与联合体。这些群体的成员通常是流动的，权力关系模糊，而且常常运行于社会边缘。难怪恐怖主义组织与有组织犯罪常常有联系。两者都在法律之外运作，而且能够互通实施核心活动所需的信息和物资（比如情报、爆炸物、枪支）。

腐化组织

迄今为止，本章描述的组织都是以腐败目的为主要存在意义，它们的存在理由就涉及非法活动和违反社会规范与规则，比如抢劫和毒品走私。本节将讨论**腐化组织**，这些组织过去乃至现在的存在目的是光明正大、符合法律与普遍社会规范的，但在履行原本合法的部分重要职能时，它们采取了腐败的手段。前面的几章（比如第八章、第十章）详细讲述了大众柴油车排放丑闻。尽管腐败成为大众商业模式的重要组成部分，但大众在那段时间

■ 害马之群：失控的群体如何助长个体的不当行为

里一直合法经营，继续生产着大量优质汽车。富国银行案也类似。

富国银行成立于加利福尼亚淘金热期间，提供航运、公共马车和银行服务。20世纪90年代，富国银行发起了一系列银行收购案，1998年与西北银行合并。西北银行行长出任富国银行总裁兼首席执行官，开始向银行客户大力推介多种金融产品（比如信用卡、贷款、新账户）。他把之前在西北银行实行的"争八"行动（Going for Gr-eight）带进了富国银行，要求员工卖给每名顾客八款金融产品。销售压力很大。为了"解决"要卖给客户这么多产品的问题，员工最后的办法是造假。具体来说，员工为客户开设了上百万个新账户，客户往往既不知情，也没有同意。与大众一样，当富国银行员工被逼着做根本不可能的事情时，他们采取了唯一可行的办法——造假。造假最终被披露了，富国银行被处以巨额罚款，数千名员工被开除。与大众一样，富国银行在大规模账户造假的同时，也在为数百万客户提供有价值的金融和投资服务。

组织一边进行欺诈活动，一边进行诚信的正常活动，这是常见的模式。有一些公司的活动看上去几乎完全属于欺诈和腐败。德国领先的金融支付公司Wirecard宣告破产，举世皆惊。Wirecard的技术让低成本快捷转账（比如信用卡购物）成为可能。公司自称取得了破纪录的利润，但人们一直不完全清楚其盈利模式。2020年年中，Wirecard的金融帝国轰然倒塌，公司被迫承认其资产负债表上有20亿从未存在过的资金。公司首席执行官被逮捕，受到为了吸引投资者而编造收入、虚报营业收入的指控。一名前首席运营官逃离德国。

讨论12.1
传销与合法生意：安利案例

安利是一家大型多层次营销公司，2018年产品销售额超过80亿美元。1999年，安利公司更名为安达高（Alticor），销售部门更名为捷星（Quixtar）和捷通（Access Business Group）。经销商要付大笔费用成为"独立企业主"，招到下线有钱拿，下线再招到下线还有钱拿。安利长期被批评为传销组织，也因被指控不公平贸易行为或欺诈经营而缴纳了几千万罚金。

安利这种公司算不算非法传销？这个问题复杂得惊人。有一段时间，法律判断标准是直接卖给消费者、没有进入下线招募网络的产品比例。不过，近年来法庭判决的关注点是，公司的主要目标是招募新成员还是出售产品。

多层次营销公司往往有相当一部分收入来自招募新成员和出售资料（比如励志书和磁带），这些资料据说能帮助新成员卖出组织的产品。确定产品收入和拉新收入的比例是一个复杂的问题。

更有趣的问题是，多层次营销公司本质上是不是邪教？多层次营销公司，包括但不限于安利，常常会吸引对公司形成强烈认同感的人，这些人有时甚至不再与家人和朋友进行积极的接触。大量多层次营销公司有一些共同特点，那就是动用魅力非凡的招募人员和举办旨在煽动人群情绪的大型集会，企图支配成员的时间和思想，让成员形成高度的认同感。许多成员就算没挣到钱，也对组织极为忠诚（最近有人起诉安利及其后继公司，指控其收入模式达不到最低工资标准）。在第十章中，我评述了高组织认同感的潜在危险。多层次营销组织常常会努力让组织成为个人认同的重要组成部分，这对个体和组织都有正面效应。而如果在多层次营销组织的鼓励下，个体投入大量时间与精力却收获甚微，连本来应该能赚到的最低工资都达不到，那么组织认同感也会造成不利后果。

有犯罪倾向的组织

什么类型的组织容易腐化？格罗斯（E. Gross）认为，"所有组织都有内在的犯罪倾向"，也就是说，都有犯罪或腐败的倾向。比如，企业成功往往需要取得对竞争者的某种优势，走捷径有着难以抗拒的诱惑力，如果你相信其他人已经在走同样的捷径，那就更是如此了。然而，即便制度（比如竞争性市场）能够鼓励犯罪行为或腐败，但不是所有组织都腐败，只有一部分组织让腐败行为变成了日常活动。

人们普遍相信，组织腐败至少有一部分是由组织文化造成的。下一节将描述能够造成组织腐败的三类组织文化。但是，组织腐败不仅有文化一个因素。吸引和选拔过程也可能有作用。阿佩尔（Robert Apel）和帕特诺斯特（Raymond Paternoster）提出，特定类型的人会被特定行业或企业所吸引。例如，吸引较高风险承受度人士的企业或行业，可能会有做事不惜承担风险的历史或文化，经营活动也可能逼近（或刚刚越过）合法界限。

第十章说明了腐败如何会被接纳为企业正常活动的一部分。例如，阿什福思和阿南德讨论了腐败的合理化问题，也就是组织成员承认腐败和犯罪行为是一种可接受的行为模式。这是一个在内心中将腐败犯罪行为重新表述为正常经营活动的过程，它对组

■ 害马之群：失控的群体如何助长个体的不当行为

织腐化过程至关重要；组织领导者和成员通常不太愿意做自认为是错误的行为。白领犯罪研究中有一个反复出现的主题，那就是被判有罪者一般会承认自己可能违反了某些规则，但常常否认自己的犯罪意图，反对给自己贴上罪犯标签。在后面阐述腐化组织的文化的一节里，我会探讨一些腐化组织成员用来正当化自身行为的理由。

受益者是谁

为什么腐化组织的成员会配合犯罪或腐败活动？理解这种行为的一种方式，就是问组织腐败的受益者是谁，是组织还是腐败者个人。平托、利安娜和皮尔指出，腐化组织的成员是为自身谋利，还是为组织谋利，这一点对我们理解组织腐败有很大的影响。

当然，有一些人参与组织腐败主要是为了自己的腰包，比如巴林银行员工尼克·李森（Nick Leeson）这样的违规交易员。李森的欺诈交易导致声誉卓著的巴林银行于1995年破产。但组织腐败现象的性质意味着参与者更可能是为了组织及其业主或股东的利益，而不仅仅是为自己谋利。腐败规模如果大到足以影响组织的商业模式本身，则必然涉及一大批组织成员的积极参与，至少也要默许。例如，大众柴油车排放造假丑闻刚爆出来的时候，曾有人试图归咎于几颗"坏苹果",也就是擅自行事的基层工程师和职工。但情况很快就明朗了,这起丑闻牵涉顶层高管和分布于多个组织的众多经理、工程师、技师和销售人员。

为了解释组织成员为什么愿意参与主要对组织有利的腐败犯罪行为,有两个因素似乎最为关键。第一,组织文化常常会引导组织成员将腐败犯罪行为重新表述为正常经营活动。第二,正如第十章讲过的那样,对组织的忠诚与承诺会让人为了帮助组织存续与发展而做出违背规范、法律和规则的事情。平托等人提出,对于配合腐败或犯罪行为的做法,最好的理解方式往往是将其视为"变坏"的组织公民身份,意思是组织成员常常愿意遵循组织的规范与做法,哪怕他们认为类似做法放在其他地方就是错误的。陷入组织腐败中的人常会声称只是为了组织好,以此为自己的行为辩护。

本节讨论了有利于个体的腐败和有利于组织的腐败,但这样的二元结构大概是过分简化了。配合组织腐败的人自己几乎也总会获利,至少有短期利益。这就是说,为了帮助组织而做出不诚实、腐败或犯罪行为的人常常会直接受益,从保住工作到赚取与腐败行为直接相关的丰厚奖金。再来看大众的案例,在大众看似解决了制造高性能、省油、清洁柴油机的问题的那段时间里,大量高管、工程师和员工从公司的成功中获益。因此,我们不能认为参与以组织利益为目标的腐败行为的人毫不为己，专门利人。尽管如此，除非有大量组织成员心甘情愿地配合腐败行为，否则大规模腐败几乎不可能发生。这些行为的动机常常涉及帮助和支持组织，尽管参与的个人也会有好处。

腐化组织的文化

第十一章描述了"病态"组织中可能出现的几种组织文化。接下来，我要描述腐化组织中可能会出现的三种文化与相应的典型恶行。三种分别是竞争文化、防御文化和去伦理文化。

表 12.1　腐化组织的文化

	典型特征	恶行种类
竞争文化	恶性竞争	欺诈、阻抑
防御文化	外部威胁	合理化恶行
去伦理文化	回避道德判断	道德漂移

竞争文化

竞争文化的特点是强调目的大于手段，且内部竞争激烈。这两个因素会给员工造成极大的压力，让员工被迫走捷径，做出不端行为，欺诈消费者和顾客。这种文化提倡的内部竞争会引发恶性竞争与社会阻抑（social undermining）。富国银行和大众都被描述为竞争文化。

富国银行和大众这样的案例有一个惊人的共同点，即对消费者和客户的大范围、系统性欺诈可以追溯到一个强烈的信号：不切实际的目标必须达成，而目标**如何**达成则鲜少顾及。如果一位高管发布了难度极大的目标，然后明言或暗示下属目标是如何达成的都无所谓，那么他相当于在要求员工造假。这些组织的顶层高管有时会表示支持高道德标准，但许多中下层官员只看到"为达目的不择手段"的强大压力和诱惑。看似不可能的目标竟然实现了，这个事实本身大概就应该视为造假的迹象。但无数欺诈事件与庞氏骗局的受害者可以证明，高额回报与令人目眩的利润会把老谋深算的客户和投资者变成冤大头，让他们心甘情愿地参与腐败计划。

例如，富国银行有一套所谓的"压力锅销售文化"，特点是向员工不断施压，要求提升业绩和拿出更高的利润额。富国员工不经客户允许，就大肆在客户名下开设账户，还劝说客户贷款负债，提升不必要的信用额度，这种文化被引述为重要原因之一。许多其他银行和金融企业也被爆出有类似的文化，此类文化被认

■ 害马之群：失控的群体如何助长个体的不当行为

为会鼓励员工的不道德行为。

这种文化不仅限于银行和金融机构。奥多涅斯（Lisa D. Ordóñez）、施魏策尔、加林斯基和巴泽曼（Max H. Bazerman）阐述了高难度绩效目标造成众多组织破产与丑闻的方式。平托是福特推出的一款车型，油箱布置在后桥后方，压溃空间只有10英寸[1]，因此更容易追尾起火。为了在规定预算内按时投产，福特砍掉了本来能够降低风险的小修改。

竞争组织文化的第二个特点是内部竞争激烈。在"狗咬狗"或"压力锅"环境中，对升职、资源等目标的内部竞争会带来走捷径的诱惑。当组织成员相信组织规范容忍乃至鼓励不诚信行为时，这种诱惑就会尤其危险。个人常常有能力和意愿抵御多种诱惑，但如果他们相信公司或组织的"做事方式"涉及歪曲规则或其他不诚信行为的话，那他们自愿做出自己一个人不会做的事的可能性就会大大提高。

内部竞争会导致社会阻抑，尤其是你相信他人的成功可能会以你为代价的情况下。阻抑行为包括对其他组织成员提出负面评价，也包括主动破坏其他组织成员的工作。在"做大利润"心态强势的组织中，阻抑同事的激励会特别强大。

1　1英寸＝2.54厘米。——编者注

第十二章 组织腐败

前面的几章里讲过，对组织的高度认同与忠诚会让竞争文化更容易对组织成员产生侵蚀性影响。组织常常会努力强化员工投入承诺与依附感，但组织或许应该认真思考自己要的是什么。有犯罪倾向的组织文化在短期是有利可图的，在长期却是灾难。在一些组织中，达到这种文化所需的最后一味原料正是高承诺度。

讨论 12.2
通灵诈骗

玛丽亚·杜瓦尔（Maria Duval）是一位通灵师，在给别人写的信中说她能消财免灾。她是有史以来最大的骗子之一。收到信的人要是不给她送钱，就等着招灾吧。20 年间，据说有上百万人给她送了两亿多美元。这位诈骗犯采用写私信的办法（常常会利用公开数据库中的个人信息），专门针对病人和老年人。

诈骗案的发起者是出身意大利、号称能通灵的玛丽亚·卡罗琳娜·甘巴（Maria Carolina Gamba），花名"玛丽亚·杜瓦尔"。甘巴在法国做过通灵师，最后把"玛丽亚·杜瓦尔"的通灵师资格卖给了一伙人，这伙人以她的名义推销星座命盘。经过一系列错综复杂的过程，玛丽亚·杜瓦尔版权的买家及其后来的合伙人将诈骗推向了全球。他们给潜在受害者寄去私信，提出只要交一小笔费用，就能获得玛丽亚·杜瓦尔的占卜服务。受害者会收到所谓玛丽亚·杜瓦尔的亲笔信，信中会给出看似量身定做的通灵建议。2016年，美国司法部彻底查禁了该诈骗团伙。

第八章描述了一位电话通灵师的工作。在电话上给你通灵建议的人常常知道自己并没有特殊的通灵能力。关于玛丽亚·卡罗琳娜·甘巴本人对玛丽亚·杜瓦尔骗局有多少了解，以及她后续在骗局中扮演何种角色，外界一直议论纷纷，甚至有人质疑甘巴的真实身份。这种骗局依然经久不衰的原因倒是不神秘，通灵诈骗几乎总是涉及两个要素：诈骗对象脆弱且渴望相信。

玛丽亚·杜瓦尔团伙蓄意针对老年人和病人诈骗，这些人常常需要某种帮助，也缺乏分辨真假建议的能力。其次，也是更重要的一点，通灵师给出了我们许多人求之不得的东西——预见未来，或者见人所不能见之物的能力。通灵师在一个不确定的世界中贩卖确定性，这种诱惑力常常足以拿下疑心最重的客户。

防御文化

在考察组织腐化的动力机制时，坎贝尔（Jamie-Lee Campbell）和格里茨（Anja S. Göritz）指出，采访专家和其他参加过腐败组织的人时，有一个反复出现的主题，"腐败组织感觉自己在打仗，于是理所当然地假定'目的为手段辩护'"。这些组织的成员认为"竞争组织是敌人，为了确保自己公司的存续，需要将竞争者击败"。这样看来，腐败便被视为求存的必要举动，而非犯罪或错误行为。通过这种"目的为手段辩护"的思路，腐败组织的成员能够将大量腐败与非法行为合法化，视为对生存威胁的回击。

战争类比有着很重大的意义，因为在战争中，几乎任何事情都可以合理化。我们来看第二次世界大战期间同盟国对轰炸民用目标的立场转变。盟军在战争初期下令，如果可能造成的平民伤亡过大，则严格禁止轰炸民用目标。1940年8月，德国空军意外在伦敦投下了几枚炸弹（这违背了希特勒的命令）。英军对柏林展开了报复性空袭。接下来，同盟国与轴心国就进行了一连串以牙还牙式的城市空袭。部分程度上因为盟军无法连续从空中打击军事目标，所以联军最后采取了区域轰炸战术——无差别轰炸整座城市或整片城区。到战争结束时，许多德国城市都化为了废墟。

上面一段话不是为了争论盟军空袭是否道德，甚至是否合理，而是为了鲜明地展示一个观点：战时几乎无事不可，各种平常认为不可接受的行为（比如蓄意轰炸民用目标）都可以被合理化。更重要的是，战争常常会引发升级。只要一个组织相信自己在进行战争（尤其是战事不利），那么，原本不可接受的行为可能就会被视为必要乃至可取之举。如果一个组织因为相信自己在进行战争而采取防御文化，选择这样来建构自己与竞争者之间的关系，那可能就会带来灾祸。真正的战争会产生真正的存亡危机，但公司之间的竞争不是战争。公司业绩可能会下滑，员工可能会受苦，但市场竞争者之间的冲突不会带来真正的战争危机，一般也不能将"目的为手段辩护"式的回应正当化。

公司时常会面临各种外部威胁。竞争者可能开发出了更好的产品或工艺，可能夺走了你的公司希望拿下的合同，可能撬走了骨干员工。防御文化的关键就是回应这些威胁。如果一个组织让自己及其成员相信了战争危机的存在，那便是打开了恶行的闸门。一旦组织成员相信自己在打仗，那么为了赢得战争，他们就没有什么是不愿意做的了。

非伦理文化

反伦理文化会主动采取违背伦理的手段，竞争文化与防御文化都可能变成反伦理文化。**非伦理**文化则是在制定重大决策时不认真考虑伦理问题。维克多和卡伦从组织中对于什么是伦理上正确的行为,以及应该如何处理伦理问题的共同感知角度出发,对组织的伦理氛围进行了界定。多份研究表明,组织的伦理氛围对员工的伦理行为有显著影响。

组织常常有多套体系来传达组织所重视和珍视的事物。在职场中,目标设定、绩效管理、奖赏分配体系都在向成员传达信息,表明组织重视哪些行为与成果。非正式组织会采用非结构化的方法(比如新成员的社会化),但也会传达大量关于组织看重什么的信息。如果一个组织不注重决策的伦理维度,或者在伦理方面明显只是放空话,那就是在传达一个信息,伦理不是组织决策的重要组成部分。

对伦理问题不太重视的组织文化可能比其他文化更容易出现道德漂移,也就是说,在并没有有意识地选择这条道路的情况下慢慢腐化。向着反伦理行为方向缓慢漂移是可能的,特别是在每个新的反伦理行为所产生的危害都比较小的情况下。吉诺和巴泽曼指出,可能存在一种**滑坡**效应,一些从社会伦理标准来看的微小偏差不会引起太多注意。这些微小偏差的累积效应可能是实质性的,但在一个决策的伦理维度没有得到太多关注的组织中,朝着腐败方向持续地微小移动几乎不会引起关注或反对。

■ 害马之群：失控的群体如何助长个体的不当行为

忽视伦理考量之所以是组织的一个特殊问题，一个原因就是伦理考量往往是对行为的约束。当这种约束被废除、无视或者仅仅是成员感受不深时，组织成员的自由选择余地就大了。尽管这本身并不自然意味着成员会选择作恶，但在许多场合下（比如多家组织在同一个市场中竞争），通常会受伦理考量约束的行为可能至少会造成短期优势（比如监视竞争者、围标），而这种优势可能又足以促使组织走向不诚信或不道德的做法。

竞争文化与防御文化的定义是存在特定的信念和行为（比如绩效压力大、内部竞争、对外部威胁的感知）。非伦理文化要更难界定，因为它的定义是通过一种属性的**缺席**，也就是，关注决策与行为的伦理后果。不过，有一些具体迹象会表明组织接受了一种不重视伦理考量的文化。第一，几乎所有现代大企业都号称支持伦理价值观，组织的使命宣言也常常满是陈词滥调（比如，人是我们最重要的产品），组织领导者油嘴滑舌地表示支持符合伦理的选择。这些企业常常设有资深经理或高管负责调查投诉和确保合规（监察员或者合规官）。理解非伦理组织的关键是，这些组织可能在公开言论中大谈伦理的重要性，但实际行为却并非如此。

非伦理组织的使命宣言可能充斥着陈词滥调，组织内似乎也遍布监察员，但是可能这些话没有多少分量，这些人也没有什么实权。因此，问题往往不在于违反道德的行为有没有地方举报，

第十二章 组织腐败

而在于举报了以后会发生什么。第九章讲述了宾夕法尼亚州立大学丑闻。橄榄球队副教练杰里·桑达斯基在校内和校外性侵男童多年。多年以来，大学的不同部门收到了许多举报和投诉，但直到丑闻最终进入大众视野，校方都没有采取切实举措。这起丑闻对我有着特殊的个人意义，我博士学位是在宾夕法尼亚州立大学拿的（1979年），2000—2011年间执教于宾夕法尼亚州立大学，丑闻爆发前夕离职。早在我回宾夕法尼亚州立大学教书之前，对桑达斯基行为的指控就已经尽人皆知，直至我离职时人们依然风言风语。尽管我在校期间，宾夕法尼亚州立大学及其成员做了许多好事，但我还是无可避免地得出一个结论：当伦理与橄榄球发生冲突时，胜出者总是橄榄球。

讨论 12.3
石油探测仪大骗局

1979年，法国石油公司埃尔夫阿基坦（Elf Aquitaine）在一场涉及"机载石油探测仪"（Avions Renifleurs）的骗局中损失了超过1.5亿美元。比利时伯爵阿兰·德比列加斯（Alain de Villegas）对阿尔多·博纳索利（Aldo

■ 害马之群：失控的群体如何助长个体的不当行为

Bonassoli）开发的脱盐设备产生了兴趣。当设备没能达到宣传的效果时，他们成立了一个团队，号称开发出了能远程勘测地下水源和油田的设备。据说，这些设备基于一条广为人知的科学原理，即高灵敏度重力仪可以探测地下物体。但德比列加斯和博纳索利遮遮掩掩，不允许对其设备进行独立的科学评定。尽管如此，油价在赎罪日战争爆发后节节攀升，埃尔夫阿基坦对两人的成果萌生了兴趣。他们将设备装上一架运输机，飞过一片已知油田的上空（确保飞机上没有独立科研人员），让埃尔夫阿基坦的官员相信他们的机器能够准确勘测地下油田。

之后多次空中勘测活动都没有发现新油田，于是有人提出质疑。但博纳索利演了一出戏，表示他的机器能够探测到隐藏的物体，从而安抚了批评者。最后发现，原来他的设备里有一台影印机。不管他打算让设备探测什么东西，他都会提前手绘好图纸，到时候再让影印机打出来。尽管欺诈的证据确凿，这项计划的主要支持者仍然为它辩护，包括一位法国前总统瓦莱里·吉斯卡尔·德斯坦。最后，埃尔夫阿基坦退出项目，后续丑闻影响了多人的政治生涯。

这种丑闻为什么会成功？原因往往是它们许诺了受骗者迫切想要的东西。当时，埃尔夫阿基坦手头没有几个产油的油田，开发新油田的前景渺茫。拉罗什（Hervé Laroche）、施泰尔（Véronique Steyer）和泰龙（Christelle Théron）记述了诈骗者取信于埃尔夫阿基坦工作人员，打消对方疑虑的种种手段。然而，作者的叙事恰恰表明，要不是埃尔夫阿基坦迫切需要成功，欺诈根本不会成功。

谁腐蚀了谁

是坏人腐蚀了组织，还是坏组织腐蚀了人？这就是第十章详细讨论过的"坏苹果"与"坏桶"之争的本质。这个问题的答案可能会因时而变。本章区分了两种组织，一种组织的主要存在目的就是腐败的，另一种组织的存在不是为了腐败目的，但将某种形式的腐败采纳为商业模式的核心要素（即腐化组织）。我们有理由相信，大多数腐化组织一开始是接受社会公认规范、价值观、法律和规则的，只是后来因为正式和非正式领导者的选择而腐化。[1] 在这些选择做出的时刻，我们可以用"坏苹果"来解释

---

[1] 罗恩·彻诺（Ron Chernow）撰写的《格兰特》（*Grant*）是一部广受赞誉的格兰特（Ulysses Simpson Grant）传记。作者主张，为修建横贯铁路而组建的公司可能从一开始就是腐败的，反映了政界与业界腐败横行的状况。那段时期后来被称作"镀金时代"。

■ 害马之群：失控的群体如何助长个体的不当行为

组织腐败。然而，一旦组织腐败变成了常规，也就是说，组织接受了腐败的运作方式，腐败成为组织许可和期望的行为，那么，"坏桶"解释似乎就更加有力了。

"坏苹果"与"坏桶"之争是一种过度简化，因为在大多数情况下，个体因素（"坏苹果"）和组织因素（"坏桶"）可能都在组织腐败过程中发挥了作用。例如，吸引—选拔—消耗过程可能会让组织吸引和选拔出更愿意腐败的人，而不愿意腐败的人在组织里就干不长久。因此，一个人有多大可能被组织腐化，或许部分取决于这个因素：对于其他大多数组织都会认为是不道德的行为，此人有多大的兴趣，以及多高的容忍度。

第十章深入讨论过的两个组织过程也可能影响个体腐化——合理化与社会化。前面几章（比如第一章、第六章、第十章、第十一章）提到，大多数人都非常重视维护正面自我形象。如果你的组织期望或要求你做不道德或违法的行为，那么合理化这些行为就对维护正面自我形象至关重要。于是，在组织中做出腐败或犯罪行为的人可能会相信，他们**其实**并没有做错事，或者这样做是为了某个更高的目的（比如组织的生存）。社会化是一种重要的工具，能让组织的新成员相信，他们被要求参与的腐败行为得到了组织的认可与重视。在合理化与社会化的合力作用下，人可能就会相信，自己配合组织腐败是诚信的、正直的、道德的做法。

大部分犯罪的发展轨迹，与组织内腐败犯罪的发展轨迹之间有一个鲜明的差别。偷窃、贩毒、人身伤害等犯罪主要是年轻人（通常是年轻男性）的事。也有些中老年人犯罪，但大多数犯罪活动的高峰年龄是比较小的，随着年龄增长会逐渐减少。白领犯罪的模式则截然不同。白领罪犯一般年龄偏大，部分原因在于年龄和组织内职级有强关联。持续性的严重组织腐败通常需要有资深经理与高管的参与和批准，而二三十岁的人一般是到不了这个位子的。研究年轻人犯罪行为的理论往往强调缺乏自制力或早年的不良人际交往。这些解释用到组织犯罪与腐败行为上面就不太有说服力了。

在腐败已经成为组织常态的情况下，组织最有可能腐化其成员，或者为原本就愿意做出腐败行为的人提供发泄的出口。在吸引—选拔—消耗、合理化、社会化过程的综合作用下，组织越来越容易吸引和选择愿意腐败的人，也越来越容易让新成员相信，看似腐败的行为其实是正常的、可接受的，甚至是必要的。

总　结

在腐败组织中，不诚信、犯罪或不道德行为不仅受到认可，而且是组织日常运作的重要组成部分。一些组织的根本存在意义

■ 害马之群：失控的群体如何助长个体的不当行为

就是腐败的（比如有组织犯罪、少年帮派、恐怖组织），另一些组织虽然主要投身于合法事业，却将腐败的手段接纳为商业模式的关键要素。与其他组织一样，有组织犯罪、黑帮和恐怖组织对成员履行着重要的社会功能。它们构成了成员社会认同的重要部分。此外，因为这些组织的活动倾向于让成员在一定程度上与社会脱节，所以它们可能在塑造成员的自我感知中扮演着关键角色。

有组织犯罪家族或黑帮成员为什么会参加违反法律和普遍社会规范的行为，这个问题容易理解。如果你反对犯罪的话，你就不可能加入或留在一个以犯罪为宗旨的组织里。而加入了主要目的完全合法（比如生产汽车）的组织的人为什么也可能愿意参加犯罪或腐败活动，理解这个问题就要难一些了。对组织的承诺与忠诚似乎是关键。有人参与组织腐败完全是为了自己的腰包，但大多数白领犯罪或组织腐败欺诈行为的参与者之所以违背法律和社会规范，似乎是为了帮助和保护所属的组织。

我讨论了三种屈服于犯罪和腐败的组织文化：（1）竞争文化；（2）防御文化；（3）非伦理文化。绩效压力大、内部竞争和外部威胁都能让原本合法的组织的成员采取腐败行为，并将其合理化。不过，就算组织没有对成员施加过大的绩效压力，也没有受到竞争者的有力威胁，如果组织在决策中不重视伦理考量的话，它同样可以腐化。几乎所有组织都声称支持伦理价值观，但许多组织只是停留在口头上，因此容易朝着腐败的方向漂移。

最后，回顾一下第十章深入讨论过的"坏苹果"与"坏桶"之争。争论点在于，是人腐蚀了组织，还是组织腐蚀了人。最可能的答案是两种情况都有，发生的时间可能不同。很少有合法组织一开始就腐败透顶，而组织后来之所以走上腐化之路，很可能是因为某个时候有几个正式或非正式领导者（"坏苹果"）做出的决定。组织一旦腐化，吸引—选拔—消耗过程（组织会吸引、选择和保留更愿意接受腐败行为的人）以及合理化与社会化过程（将腐败行为重新定义为必要的、可接受的，甚至值得赞扬的行为，并塑造新成员的规范，使其接受和参与腐败活动）就会帮助维持腐败。

第三部分

组织中的积极行为

▼

POSITIVE BEHAVIOR IN ORGANIZATIONS

第十三章
组织中的亲社会行为

第一章至第十二章关注的是理解组织中的恶行。本书最后两章则会考察积极的一面。本章讨论组织中的亲社会行为,第十四章则探究组织如何摆脱病态或腐败的文化与行为模式。

亲社会组织行为的定义是:(1)由一位组织成员做出;(2)指向该成员履行组织角色期间与之发生交互的个体、群体或组织;(3)目的是造福于行为指向的个体、群体或组织。于是,按照宽泛的定义,亲社会组织行为可以理解为旨在帮助个人和组织的行为。

亲社会行为通常符合普遍社会规范,并受到社会规范的支持。事实上,符合社会规范正是亲社会行为定义的重要组成部分。我在第十一章讲过,多种组织腐败行为都是为了在短期内帮助组织，但从长远看，帮你的组织欺骗消费者和供应商，或者规避法定税费是没有好处的，一般也不会被认为是亲社会行为。

角色内亲社会行为

亲社会组织行为既包括组织角色职责内要求或期望的行为（角色内行为），也包括自愿行为（角色外行为），也就是不属于正常要求或期望范围内的行为。对于员工角色内要求的行为，组织常常会极力鼓励乃至强制执行。例如，在工作组织中，你的职位描述会列出一组行为、义务和责任，它们界定了你在组织中的角色，忠实履行它们可以视为亲社会行为。工作组织会认真设置一系列与履行角色内行为相关的赏罚规则（比如加薪、升职、停职）。乍看起来，赏罚似乎就足以解释角色内亲社会行为的原因。然而，对组织赏罚的研究表明，大多数人完成工作要求的原因不能简单用赏罚来解释。

角色内亲社会行为的动机是什么

理论上，未完成核心工作职责的人应该担心被炒鱿鱼，尤其是在美国的公司。美国多个州有自由度极大的"自由"就业法，

■ 害马之群：失控的群体如何助长个体的不当行为

在纸面上赋予了雇主以多种理由解雇员工的权利。然而，即使在实行自由就业法的地区，解雇员工也有法律风险。如果解雇具有歧视、报复（比如开除提出合法薪酬主张的员工）或恶意性质，公司就要负法律责任。因此，不管在公共部门还是私营部门，解雇单个员工都比较罕见。

一种对角色内行为的解释是，员工想要避免惩罚。另一种解释人为什么会自愿履行角色内行为的方式是，员工想要获得奖赏。例如，许多组织都实行绩效工资制度，绩效好的人会拿到更多奖金。绩效工资制度的相关研究有很多，表明绩效工资有效的证据少得惊人。尤其是少有证据表明工资与绩效挂钩会提高绩效。

绩效工资制度的部分问题在于，组织常常不愿意为绩效奖励投入实质性的资源。墨菲、克利夫兰和汉斯科姆指出，额外绩效工资一般在年薪的2%～3%之间。有证据表明，除非额外绩效工资能达到年薪的7%以上，否则领到绩效工资的人就不会觉得有意义。墨菲等人指出，额外绩效工资比例在2%～3%的组织更可能会助长犬儒思想，起不到激励员工的作用。在一般的绩效工资制度下，绩效确实出众的人与绩效中下水平的人拿到的绩效工资相差无几，拿到的奖金通常也远远达不到员工心中有实质意义的水平。

非正式组织不太可能制定赏罚制度以鼓励或推行对于角色内

行为的期望。例如，我是多家专业协会的会员（比如美国心理学会、工业与组织心理学协会、欧洲劳动与组织心理学家联合会）。这些协会都有对于严重违反执业准则会员的惩处规定（比如，美国心理学会每年会发布因违反职业道德而被除名的会员名单），对做出突出贡献的会员也有一些有限的奖励（比如年度大奖、晋升院士）。但是，与工作组织用来让员工完成角色期望的制度相比，这些都是小巫见大巫。既然很少有证据表明解雇等惩罚手段与加薪等奖励手段对员工行为有实质性影响，那么非正式组织采取的象征性赏罚就更不会有多大效果了。

规范与角色内亲社会行为

在正式组织和非正式组织中，规范都对理解内角色亲社会行为有着关键作用。大多数工作都包括一些大多数人避之不及的任务和活动（比如开会）。人们之所以还会天天上班，参加会议，哪怕工作做完了也要等到下班才走，最好的解释之一就是，他们被期望做这些事情。正式群体（比如工作群组）和非正式群体（比如保龄球队）都有完善的规范，这些规范说明了不同角色对人的行为期望与要求，而群体也会努力执行这些规范。违反社会规范的群体成员可能会遭到反对乃至惩处，尤其是权力地位等级比较低的成员。几乎每个人都属于一个或多个交往频繁且重视成

■ 害马之群：失控的群体如何助长个体的不当行为

员身份的小群体（比如家人和朋友圈子），这些群体的规范对个体行为的影响特别强。

要想理解人为什么会忠实履行角色要求的行为，哪怕是令人不愉快（比如开会）、令人厌烦（比如接待不满的顾客）或危险（比如进入火场解救被困居民）的行为，群体规范是一个重要因素。内化的群体规范尤其强大。一旦组织成员接受了规范，从听命行事变成同意和相信自己**应该**做某些事，规范执行过程就会发生由外而内的转移，之前的行为是受群体成员的赞扬或批评来控制的，现在变成了自我审查，背离群体规范的意愿随之降低。

在组织松散的群体中，规范内化对调节成员行为的作用尤其大。在一些群体（比如专业协会）中，你与其他成员可能只有零星的交往，这意味着其他群体成员的规范调节作用很小。那么，为什么还有那么多人投入时间和精力，履行这些松散团体的会员职责和义务呢？或许最有说服力的答案是，会员身份是个人社会认同的重要组成部分，正是在群体认同感的推动下，人们才会履行角色的责任和义务，将自己应该投入时间和精力的规范内化。

奖赏、惩罚和规范或许是影响角色内行为的最重要因素，但并非唯一的因素。就算没有奖赏、惩罚或规范的支持，许多人还是有动机做出亲社会行为。博利诺（Mark C. Bolino）和格兰特（Adam M. Grant）指出，组织中的亲社会行为是一个复杂的现象,涉及亲社会动机(希望造福他人,或出于关心他人而付出努力)、亲社会行动(造福个人、群体或组织的行动)和亲社会影响(通过自身的努力对他人生活造成了积极变化)。亲社会动机、亲社会行动和亲社会影响之间的关系并不总是坚固或单纯的。

亲社会动机的性质与起因存在争议,亲社会行为可以既利己又利他(比如,帮助他人可能有助于维护正面自我形象),亲社会动机与纯粹利他(哪怕有损自身利益,依然关切他人福祉)的界线也并不总是清晰。亲社会动机与更宽泛的人格特质有关,尤其是宜人性。也有证据表明,亲社会动机与同理心有关,这意味着亲社会动机可能是有限度的。例如,有大量证据表明,相比于与我们不同的人和群体,我们更容易对与自己相似的人和群体表现出同理心,亲社会行为可能也是如此。与和我们相似的人或群体交往时,我们可能会更愿意遵守社会规则与规范,而与和我们不同的人或群体交往时,我们可能就会更不愿意遵守社会规则与规范。

角色外亲社会行为:组织公民身份

亲社会行为包括角色内行为(群体或组织角色期望或要求的行为)和角色外行为(角色期望以外的行为)。针对角色外行为的大量研究聚焦于组织公民身份。奥根（Dennis W. Organ）用"好兵"综合征来描述组织公民身份。所谓"好兵"，就是为了组织利益而超额完成角色要求、做角色要求之外的事情的人。奥根将这种组织公民身份定义为"为执行任务时所处的社会与心理环境提供支持"的行为。

在职场中，组织公民身份行为（organizational citizenship behavior，简称OCB）常常是这样定义的：完成个人职位描述列出的具体任务不需要做这些行为，大多数组织的正式奖励制度中也不包含它们，但它们对团队和组织的平稳运行来说是不可或缺的。例如，奥根将组织公民身份描述为利他、礼貌、尽责、公民德性、运动员精神、维护和谐、鼓舞士气等行为或特质。范斯科特（James R. Van Scotter）和莫托韦德洛（Stephan J. Motowidlo）提出，组织公民身份主要有两个维度——人际促进行为（比如帮助同事）和敬业精神（比如发挥主动性、努力工作）。

对组织公民身份的最完整阐述很可能是由博尔曼（Walter C. Borman）等人提出的。他们认为，组织公民身份可以归结为三大维度：（1）利人行为；（2）利群行为；（3）尽责主动。利人行为包括助人为乐、配合协作、待人礼貌等行为。利群行为包括忠于组织、遵守组织规则和政策等行为。尽责主动包括自我发展、发挥主动性、坚持不懈等行为。表13.1更详细地描述了组织公民身份行为的三大维度。

表 13.1 组织公民身份行为模型

维度	例子
利人行为	帮助他人,替他人完成任务
	教授和指导他人
	提供情绪支持
	配合他人
	通知他人消息
	交往中待人周到体贴
利群行为	妥善代表组织形象
	向他人宣传组织
	表达对组织的满意
	表达对组织的忠诚与承诺
	支持组织的使命
	遵守组织的规则与政策
尽责主动	表现出额外的努力与坚持
	发展对组织有价值的知识和技能
	完成任务后找其他工作做
	发挥主动性,确保达成重要目标

来源:博尔曼等人。

上述组织公民身份行为模型有一条共同的线索:组织公民身

■ 害马之群：失控的群体如何助长个体的不当行为

份是一组行为，有助于建立和维护群体或组织的社会结构。职场组织公民身份研究的假定之一是，如果所有人都完成了分内任务，但没有人愿意做职位以外的必要的助人活动、发展新技能、确保每名组织成员都得到了礼貌体贴的对待、给其他人鼓劲儿，那么组织就很难维持。就拿运动员精神来说吧，它指的是在工作中毫无怨言地自愿承担微小的不便。很少有职位描述中会包含"不许抱怨"这样的内容，但如果大多数组织成员一旦愿望没有得到满足，或者遇到了小的烦心事，就去找上级领导抱怨申诉，那么职场就会变成不可理喻的"有毒"场所。类似地，如果一个组织里谁都不给别人帮忙，谁都不为自己的行为负责，人人说组织的坏话，没有人将群体利益或组织利益置于自身利益之上，那么组织很快就会变成一个处境艰难、毫无吸引力的工作场所。

大多数组织公民身份的模型都聚焦于内容，这就是说，它们描述了构成 OCB 的行为。另一种组织公民身份行为的分类和描述方式是根据行为的对象。威廉姆斯（Larry J. Williams）和安德森（Stella E. Anderson）区分了指向其他个体的组织公民身份行为（OCB-I）和指向组织的组织公民身份行为（OCB-O）。例如，作者提出，奥根提出的利他维度正是 OCB-I 的一个绝佳例子，因为它的意图是帮助其他个人。另一些组织公民身份行为，比如讲礼貌、维护和谐、鼓舞士气的目标则是帮助组织，属于

OCB-O 的例子。本章后面会讲到，这个区分之所以重要，是因为有证据表明 OCB-I 和 OCB-O 行为常常有着不同的前提。

凡戴恩（Linn Van Dyne）和勒平（Jeffrey A. LePine）提出，还可以根据意图产生的行为来给组织公民身份行为分类。作者认为，从属性组织公民行为与变革性组织公民行为是一个重要的区分，前者的目标是维持和保护现状，后者的目标是改变（且行为者认为会改善）所在组织。

区分不同组别或类别的组织公民身份行为有概念层面的意义，但有清晰的证据表明，不同种类的组织公民身份行为往往相互关联。这意味着，我们有理由将组织公民身份行为作为单一实体来讨论，这就是说，有些人表现出的组织公民身份行为水平高于其他人，道理和总体绩效水平一样，尽管我们知道"总体绩效水平"具有多个维度，但讨论这个单一构念也是合理的。做出符合组织公民身份行为（比如礼貌和运动员精神）多的人，很可能做出其他符合组织公民身份行为也多。

第八章讨论过反生产职场行为（CWB），比如财物越轨和生产越轨、霸凌和骚扰、偷窃和白领犯罪。组织公民身份行为与反生产职场行为的概念有一些相似之处。与组织公民身份行为一样，反生产职场行为可以描述为两类，一类以个人为对象（CWB-I），一类以组织为对象（CWB-O）。早期研究表明，组织

■ 害马之群：失控的群体如何助长个体的不当行为

公民身份行为与反生产职场行为并非绝对的镜像关系，但两者有负相关关系，这意味着做出组织公民身份行为的人更不容易做出反生产职场行为。后续研究得出了一幅更复杂的图景。组织公民身份与反生产职场行为一般是正相关关系，有时不明显，有时更显著一些，这两个构念之间的关系可能取决于组织公民身份行为的测量方法。于是，一个在工作中礼貌且富有运动员精神的人，也可能会偷窃公物或者配合全组织层面的欺诈活动。

讨论 13.1
专业是组织公民身份的代名词吗

美国劳工部将专业形容为重要的"赚钱技能"之一。劳工部对专业的描述如下：

- 做事有责任心，诚信，有担当，水平优秀。
- 工作时着装整洁得体。
- 沟通有效得体，总能找到建设性的方法。
- 准时上班，能有效管理时间。
- 为自己的行为承担责任，与他人有效合作。

- 表现出高职业标准，诚信正直。

这种对"专业"的表述与组织公民身份有许多共同之处，它暗示只要我们鼓励人们采取更专业的工作态度，组织公民身份就会水到渠成。这个思路的一个问题是，专业可能会妨碍多样性。

格雷认为，"专业"只不过是一套偏向优势群体的规范的代名词，手段是制定符合在组织中占据优势的白人上层阶级文化的着装、言谈、交往等标准。如果你具备许多上层阶级成员拥有的那种支持体系，比如，有人（通常是妻子）做家务和照顾孩子，那么你就可以为工作投入额外的时间和精力，也就更容易"专业"。许多公民身份行为至少隐含着"高贵者的义务"，比如，我们在工作中要帮助别人，那些人大概运气或才华不够，管不好自己。与上层阶级成员相比，工人阶层成员可能就不太会支持这样的观念：为了组织的利益，你应该做角色职责要求以外的工作。

■ 害马之群：失控的群体如何助长个体的不当行为

对组织公民身份的解释

与恶行一样，若要解释包括组织公民身份在内的亲社会行为，我们要依赖个人因素和场景因素两方面。首先，许多个人属性（比如人格特质、稳定的态度）会影响一个人做出组织公民身份行为的可能性。其次，组织公民身份行为所处的组织情境可能会促进，也可能会压抑组织公民身份行为，包括领导力、成员对组织的感知、组织氛围与组织文化。

决定组织公民身份行为的个体因素

组织公民身份与他人导向、关切他人、亲社会价值观、亲社会人格方面的个体差异有关。也有人用尽责性、宜人性、正向情感等更宏观的人格特质来预测亲社会行为。组织公民身份行为与组织中的其他伦理行为也有一致的相关关系。在组织中表现出的伦理行为水平较高的人，也倾向于表现出更多的组织公民身份行为。

亲社会组织行为在时间中是比较稳定的，包括组织公民身份行为。如果组织公民身份的动机主要是稳定的个体差异，这也在意料之中。另一方面，影响组织公民身份行为的场景因素往往也相对稳定，这意味着，我们未必能用组织公民身份行为的时间稳定性来主张个体差异占主要作用。若要最明白地检验个人因素与场景因素谁更重要，就要有大量的这种研究对象：他们频繁更换组织，**而且**进入的组织在氛围、文化、领导力方面截然不同。可惜，这种数据很难获取。

不同类型的组织公民身份行为可能有不同的前提。例如，乌伊玛（Ali Osman Uymaz）指出，指向组织的亲社会行为与组织支持感正相关，而指向个体的亲社会行为似乎更依赖于人格特质。类似地，对组织的态度与指向组织的组织亲社会行为之间关联较强，与指向个体的组织亲社会行为关联较弱。

组织公民身份行为甚至可能受到个人心境的影响，人在心情好的时候更可能向他人（包括个人和组织）伸出援手。奥根和科诺夫斯基给出的证据表明，心境与组织公民身份行为之间有一致的关联。但作者也得出结论：相比于短暂的心境，对工作和组织的态度要稳定一些，这种态度对组织公民身份行为的影响力要更强。

最后，组织公民身份行为与利他不是一回事，有些人做组织公民身份行为是为了自身利益。[1]博利诺指出，尽管员工做出组

---

[1] 尽管组织公民身份行为有时在组织中会得到奖赏，但有证据表明，为组织公民身份行为投入时间和精力会对职业生涯造成负面后果（比如涨薪少）。对个体来说，表现出"好兵"的样子带来的收益与这种行为模式的成本孰重孰轻，可能是一个需要考虑的问题。

■ 害马之群：失控的群体如何助长个体的不当行为

织公民身份行为常常是因为他们是"好兵"，关心组织或同事的福祉，但也可能有一些员工会装出组织公民身份行为，目的是成为"好演员"。这些组织公民身份行为能提升员工在单位的形象，而且我在下一节中会讲到，这些行为常常能够直接带来宝贵的奖赏，比如升职加薪。

决定组织公民身份行为的场景因素

有清晰的证据表明，场景因素对组织公民身份行为有影响，而且影响力至少不低于个体差异。[1] 例如，员工做出组织公民身份行为的意愿与领导者的行为有关，尤其是领导者行事是否看起来公允。当员工干着有意义的（你在做的事情是否有意义？）、完整的（你是否承担了整个的任务而不仅仅是任务的一小部分？）、技能多样的（你在工作中是否会用到多种技能？）、自主的、能得到反馈的充实任务时，他们就更可能会表现出公民身份行为。在任务常规刻板、员工角色矛盾模糊的情况下，组织公民身份行为就不太常见了。工作态度，比如满意度和组织承诺度，被认为是人对自身工作和所属组织的认知和情感反应。工作态度的指标与助人为乐、礼貌、主动性、运动员精神、公民德性、遵

---

1 场景因素也是反生产职场行为的一个重要决定因素。

守规则等组织公民身份行为的指标正相关。

组织支持感是理解组织公民身份行为的一个重要构念。组织支持感指的是,组织成员在多大程度上相信组织重视自己的贡献、关心自己的福祉,并为自己提供心理和情绪支持。组织支持感与组织公民身份行为正相关,相信组织重视和支持自己的人更可能表现出组织公民身份行为。这种关联的一种可能解释是互惠规范,也就是说,如果你相信组织对你格外好,那么你就会感到有一定的回馈义务,除了承担工作或角色的最基础要求之外,你还应该额外地去帮助组织及其成员。

组织氛围与组织文化常常被引述为组织公民身份行为的重要决定因素。奎因和罗尔博的竞值架构模型给出了一种基于组织所追求目标的组织文化分类法,有助于理解诱发或抑制组织公民身份行为的组织文化类型。这一架构对组织文化的分类依据是:(1)组织注重稳定与控制,还是注重应变与灵活;(2)组织是关注内部,还是关注外部。图13.1是竞值架构模型的 2×2 示意图,描述了四种存在根本差异的组织文化类型。

	关注内部	关注外部
灵活	注重依附、信任、支持——**宗族结构**	注重对环境的迅捷灵活反应——**应变结构**
稳定	注重成就与目标设定——**层级结构**	注重承担风险、创造力、适应性——**市场结构**

图 13.1 组织文化的竞值架构模型

在这个模型中,关注内部的灵活组织文化是宗族文化。宗族文化的隐含假设是,如果组织的首要价值观反映的是依附和支持,人们也信任和忠于组织,那么人们就会举止得当。因为这种宗族式结构注重信任和支持,所以它可能会培养组织公民身份行为,尤其是指向组织的组织公民身份行为。

关注内部的稳定组织文化是层级文化。层级文化的隐含假设是,如果组织的首要价值观反映的是沟通与正规,且人们有界定明确的清晰角色可以参考,有正规的政策流程可遵循,那么人们就会举止得当。这种文化强调正式规则与政策,为亲社会角色内行为(做你该做的事)提供了相当多的支持,但不太可能支持组织公民身份行为。

关注外部的灵活组织文化是应变文化。应变文化的隐含假设是,如果组织的主要价值观反映的是成长和自主,且人们懂得自己被要求做的任务的影响与重要性,那么人们就会举止得当。这种文化会支持一些类型的组织公民身份行为,尤其是涉及为群体或组织的成功承担责任的行为。

关注外部的稳定组织文化是市场文化。市场文化的隐含假设是,如果组织的主要价值观反映的是成就与胜任,且人们有清晰的目标,取得成绩会得到奖赏,那么人们就会举止得当。与层级文化一样,这种组织文化可能会支持与角色要求相符的行为,但不太可能支持角色外行为,尤其是帮助他人的角色外行为。

有清晰的证据表明,健康的文化会培育组织公民身份行为。马里诺娃(Sophia V. Marinova)等人认为,我们不应该把竞值架构模型视为四种互斥的组织氛围,而应该理解为一套对信念和行为的分类体系,其中有许多信念和行为都可以出现在同一个组织中。作者这样定义具有建设性的组织价值观氛围:表现出较高程度的市场、人际交往、创新氛围和中等程度的官僚氛围。作者还提出,具有建设性的组织价值观氛围既能帮助个体与组织形成健康的纽带,也能提升成员做出组织公民身份行为的意愿。

假设你的目标是建立和培养一种鼓励员工行事遵守伦理的组织文化。我们有多种方式通过组织文化来提升成员做出伦理行为的可能性,降低成员做出损害个人或组织的行为的可能性。班杜拉提出,大部分人都受个人行为伦理标准的指导,所以组织应该设法激活和支持这些标准。例如,如果一个组织的成员在制定重大决策时被要求考虑自身行为或建议的伦理后果,那么成员的伦理标准就可能会凸显。这些标准被激活时,就会在人身上发挥自我调节作用,引导善行(符合标准的行为),抑制恶行(违反标准的行为)。这样一来,"预判性的自我惩罚"就会保持行为与个人标准相一致,帮助个体避免那些会引发自我批评的不道德行为,从而发挥重大的伦理行为调节作用。

维达弗-科恩(Deborah Vidaver-Cohen)提出,在组织的使命宣言中强调关切和重视员工或许有助于提升道德氛围。然而,使命宣言往往不过是陈词滥调,如果只是修改使命宣言而不改变组织成员的行为,那么道德行为不可能有大的改观。维达弗-科恩提出,组织若要建立伦理氛围,成功可能性最大的方法就是关注上层领导的行为。例如,如果一个组织的上层领导做出了明显的伦理与亲社会行为,那么这些行为就会更加突出,也就更能让成员感知到。确实有证据表明,当领导者行为符合伦理时,下属做出职场越轨等反社会行为的可能性就会降低。维达弗-科恩还指出,伦理议题应该成为组织社会化过程的一个关键组成部分。例如,组织可以在新员工入职培训中强调组织对伦理行为的承诺。

有证据表明,遵守伦理的组织文化能够减少组织内的不道德行为。我们有理由期望这种文化会提高角色内与角色外亲社会行为发生的可能性。首先，伦理文化会鼓励你在决策时保持视野开阔，考虑你**应该**做什么，而不仅仅是你的角色或职位描述要求你做什么。其次，伦理文化会要求组织成员批判性地反思自身行为，而不仅仅是奉命行事。

组织公民身份行为受到重视

职位描述里很少会写利他、礼貌、尽责、运动员精神、维护和谐等公民身份行为，非正式群体或组织的角色界定中也很少考虑这个因素。然而，这些行为公认对组织重要且珍贵。比如，在工作组织中，大部分职位描述中都不会包括组织公民身份行为，但主管在评价下属绩效时还是既会关注任务履行，也会留意组织公民身份行为。在关于奖金和升职的决定中，组织公民身份也会纳入考量。波德萨科夫（Nathan P. Podsakoff）等人总结了多项研究给出的证据，发现组织公民身份行为与个人及组织的重要成果有关，而且这些行为确实有助于组织的顺利运行。在许多情况下，组织公民身份行为对组织的重要性似乎不亚于任务的履行。如果主管相信某个公民身份行为是出于对他人的关切，那就尤其容易予以嘉奖。

有证据表明，主管和下属都相信在工作绩效评估时考虑组织公民身份行为是恰当且公平的。在员工之间有交互且彼此依赖的工作中，情境绩效大概更为重要。例如，巴克拉克（Daniel G. Bachrach）、鲍威尔（Benjamin C. Powell）、本多利（Elliot Bendoly）和里奇（R. Glenn Richey）给出证据表明，与员工独立完成任务的情况相比，组织公民身份行为在员工依存度高的任务中会更受重视。

还有证据表明，组织公民身份行为平均水平较高的群体往往绩效更好，不管是从任务完成方面看，还是从保持群体内与群体间健康关系的角度看。组织是由社会网络构成的，而组织公民身份行为对维护社会网络至关重要。各类组织都非常依赖这样一种认识：在角色的最低要求之外，成员会为建立和维护社会网络持续投入实质性的努力，社会网络是所有组织的基础。

组织公民身份的阴暗面

尽管组织公民身份行为有益于组织及其成员，但也有潜在的问题。第一，组织公民身份行为与完成角色的核心任务之间往往是有权衡关系的。在职场中，任务履行与组织公民身份行为常常会对员工提出相互矛盾的要求，为公民身份行为投入大量时间和精力的员工可能会完成不了分内任务。我在本章前面讲过，如果一个员工只关注职位描述中列出的任务与职责,从来不向需要帮助的同事伸出援手,从来不在顾客面前给组织说好话,那么他也许不是一名高效的员工。反过来看,如果一名员工有求必应,但从来做不完自己的主要任务,那他可能也同样低效。

埃林顿(J. Kemp Ellington)、迪多夫(Erich C. Dierdorff)和鲁宾(Robert S. Rubin)研究了任务履行与组织公民身份行为之间的潜在权衡。作者得出的结果表明,权衡取决于工作所处的社会情境。当工作依存度高时,组织公民身份有时可能是多多益善。总体来说,对任务履行能力强的员工来说,组织公民身份的回报更高(根据总体评价与获得的奖赏来看)。当任务履行能力较弱时,高水平的组织公民身份行为之得,可能就会不及未完成核心工作任务之失。

组织公民身份行为与任务履行之间的权衡可能存在男女差异。伯杰龙(Diane M. Bergeron)、希普(Abbie J. Shipp)、罗森(Benson Rosen)和弗斯特(Stacie Furst-Holloway)指出,对女性的组织公民身份行为期望往往高于男性。这会让女性比男性更难完成分内的核心任务,在职业生涯中也更难进一步。

第二,组织公民身份行为会造成更高的角色过载、更多的工作—家庭冲突。博利诺等人指出,尽管组织公民身份行为常被认为是自发且自愿的,但如果组织公民身份行为得到非正式的鼓励和奖赏的话，那么员工往往会感受到压力，好像被逼着表现出组织公民身份行为。亲社会行为可以是一个重要的紧张和消耗来源，尤其是员工感受到助人压力的时候。如果组织公民身份行为普遍和频繁到了成为工作群组规范的程度，个体可能就会感觉不得不表现出组织公民身份行为，哪怕他们宁愿只管职位描述中列出的义务与责任。博利诺和特恩利（William H. Turnley）对组织公民身份的**升级**发出了警告，在这种状况下，组织成员普遍渴望做分外工作，以至于人人竞相表现出更多的组织公民身份行为。职位描述通常列出了一名员工必须做的事，但员工可以做的公民身份行为是上不封顶的，可能会有人做得过火。这会造成组织公民身份疲劳，也就是组织公民身份行为耗尽了员工的精力。

第三，也是最重要的一点，"好兵"成员可能更愿意犯法违规，配合腐败，如果他们认为这些行为对组织是必要的或有益的话。第十章阐述了对组织的强依附与强承诺何以会是白领犯罪以及其他大规模组织恶行（比如遮掩天主教神父性侵儿童）的一个因素。对组织的承诺与忠诚是组织公民身份的重要组成部分。在博尔曼等人的模型中，承诺与忠诚都是"组织支持感"这一更宽泛的维度的重要组成部分。类似地，大众、富国银行、安然、世通等企业诈骗案的许多参与者都愿意配合腐败活动，因为他们真心认为那样做对组织有帮助，甚至可能对组织的生存是必要的。

第十三章　组织中的亲社会行为

在第二章中，我讲述过两个骇人听闻的群体暴力案例，南京大屠杀中的强奸和犹太大屠杀。在两个案例中，日、德两国士兵与其他官员就算没有接到直接命令，也心甘情愿地杀害、残害和强奸平民。事实上，暴力发生的直接原因，往往是士兵、看守、警察等人预判上级的命令和偏好，扮演"好兵"，做出角色正式要求以外的骇人行为。

组织公民身份行为中有可能造成组织恶行的方面不止是忠诚和承诺而已。一旦腐败变成了一个组织的常态，那么表13.1中列出的几乎所有公民身份行为都可能会为腐败推波助澜。比如在腐化组织中，一位积极主动、格外努力、发展对组织有用的知识技能的员工，可能会将全部工作投入推动腐败事业中（比如开发和安装大众汽车的作弊装置）。类似地，一位帮助、辅导、培训新员工，或者为同事提供情绪支持的员工之所以这样做，也可能是为了让虚假银行账户的数量源源不断地增加（据说富国银行就是如此）。努力宣传组织，支持组织使命可能会大大有利于追求腐败目标的组织。第二次世界大战期间的法本公司（IG Farben）就是一个例子，它建在奥斯维辛集中营附近的合成橡胶厂使用奴隶劳工。

我们可以这样说，如果没有一支愿意配合并努力推动恶行的优秀组织中的公民队伍，组织中的腐败行径根本不可能发生，最起码发动难度会大大增加。许多白领犯罪与组织欺诈的一个必要因素，正是这些优秀组织中公民的承诺，还有他们愿意做为了组织成功所需要的任何事。这代表着组织公民身份行为最黑暗的一面。

不受欢迎的公民：吹哨人

尼尔（Janet P. Near）和米塞利（Marcia P. Miceli）是这样定义"吹哨"的："组织成员向或许有能力采取行动的人或组织……揭露由雇主控制的违法、不道德或不合法行为"。吹哨可以理解为国家公民义务（应该举报违法或腐败行为）与组织公民义务（应该忠于组织）之间发生冲突的结果。吹哨的决定涉及两套责任（对社会的责任与对组织的责任）之间的冲突。对于组织成员发现组织的明显不当行为于是决定吹哨的现象，学界有大量研究。

安瓦里（Farid Anwari）、温策尔（Michael Wenzel）、伍德亚特（Lydia Woodyatt）和 S. A. 哈斯拉姆指出，吹哨的决定涉及社会认同与权力感知这两个考量。例如，如果你对违规群体有认同感的话，那就更难吹哨；如果你认同某个不赞同违规行为的上位群体（比如专业协会），那你就更容易吹哨。类似地，如果你相信自己有能力对变革造成影响的话，你就更容易吹哨。梅斯梅尔-马格努斯（Jessica R. Mesmer-Magnus）和维斯韦斯瓦兰（Chockalingam Viswesvaran）的荟萃分析发现，女性、职位更稳固的员工、绩效较高的人、职务较高的人更可能会吹哨。作者还发现，道德判断与吹哨意图显著相关，但与实际吹哨行为无显著相关。作者表示，吹哨意图与氛围、报复威胁、主管支持、违规严重程度、与违规者的亲近程度等情境变量之间有实质性的关系。

安瓦里等人指出，社会认同理论为理解吹哨行为提供了一个实用的框架。吹哨涉及向外部机构举报组织成员感知到的违规行为。安瓦里等人提出，如果成员对组织有强烈认同感，那就不太可能对外人举报。我在之前几章里讲过，大多数人认同多个群体（比如朋友、家庭、工作群组），而成员决定是否吹哨，往往取决于组织和其他群体哪一个是更强的社会认同来源。成员与上级群体（比如社会）的关联越是强于成员与组织的关联，吹哨的可能性就越大。

吹哨人可能认为自己的做法是亲社会行为，但组织里的同事往往不这样看。吹哨人可能会遭到所属群体的侧目与报复。第一，吹哨人被认为是不忠的。吹哨人自己可能会相信，他们对社会的忠诚超过了对组织的忠诚。第二，吹哨隐含着对其他没有吹哨的组织成员的道德批判，而通过排斥吹哨人，同事们就更容易

■ 害马之群：失控的群体如何助长个体的不当行为

在配合违法腐败行为或知情不报的同事中维护正面自我形象。吹哨人之所以对组织有威胁，部分原因是吹哨往往意味着向外部机构举报有违规嫌疑的行为（向老板举报违规嫌疑一般认为不是吹哨）。于是，吹哨人与团队成员就产生了割裂，这几乎是写在"吹哨"的定义里的。这正是激发对吹哨人进行报复的诸多因素之一。

报复可能来自组织（比如吹哨人被降职或开除），但同侪和同事往往也是报复行为的一大来源。例如，在对举报性骚扰的军人的调查中，有大量吹哨人被同单位成员虐待的报告。甚至在领导或经理认真保护吹哨人权利的情况下，吹哨人也难免受到同侪的报复，尤其是吹哨人被认为背叛了所属单位的情况下。

吹哨人受到一些法律保护。1989 年的《吹哨人保护法》(*The Whistleblower Protection Act of 1989*) 旨在保护供职于联邦部门的吹哨人免遭报复，如果吹哨人举报了违法违规或严重款项挪用行为。此外还有具体保护吹哨人的大量法律法规出台。许多组织，尤其是政府组织都设置了吹哨人保护制度和吹哨热线。甚至还有纪念日，6 月 30 日是美国国家吹哨人感谢日，6 月 23 日是世界吹哨日。然而，这些保护措施的实际效果时常遭到质疑。例如，在一通与乌克兰总统的电话中，特朗普总统请求乌克兰调查自己的政敌约瑟夫·拜登。亚历山大·S. 文德曼中校（Lt. Col.

第十三章 组织中的亲社会行为

Alexander S. Vindman）是一位参加了这场通话的乌克兰专家，他认为特朗普的要求有损美国利益，于是向国家安全官员举报了电话。这通电话是导致特朗普总统弹劾案的一个重要因素。尽管有吹哨人保护法，文德曼中校的晋升申请还是被驳回了，他还被总统及其盟友赶出了军队。

讨论 13.2
吹哨人：英雄还是叛徒

我们应该如何看待吹哨人？答案或许取决于引发吹哨的事件（比如，组织是严重违法，还是违反了一条技术性的次要规则）、违规的后果（比如，福特决定忽视平托汽车油箱的追尾易爆发问题，造成多人丧生。修正缺陷需要的成本很低，损失似乎大得不成比例），还有你与被吹哨人的关系（相比于共和党人，民主党人对文德曼中校遭受的苦难要同情得多，因为中校举报了特朗普与乌克兰总统的通话）。答案可能取决于被吹哨的是其他组织，还是**你所在**的组织。答案可能还要看吹哨看上去是出于什么动机。出于道德关切而吹哨的人有时会被视为"世俗文化的

437

圣人"。如果吹哨人是为了经济利益，人们的看法可能就大不相同了。

吹哨人可能会因为自己的行为而遭受损害。吹哨人压力更大，更常滥用药物和酒精，工作中的偏执行为更多，还会表现出严重的焦虑，他们更可能做噩梦，出现闪回和不由自主的想法。虽然受到法律保护，但吹哨人还是会遭到孤立和报复，而且通常他们在吹哨时也很清楚自己面临的危险。尽管如此，我们不能自动将吹哨人视为英雄。例如，安瓦里等人指出，大多数吹哨人都是先向主管或其他组织内有权势的人报告了自己的担忧，只是当他们发现内部举报显然不会产生实效或改变的时候，他们才决定向组织外举报。如果吹哨人没有先尝试通过正常渠道向上级报告，而是一上来就向外部机构举报，他就更可能被视为叛徒。如果吹哨人先在组织内做出了真诚的努力，直到组织明显不愿意做出回应时才向外部吹哨，他就更可能受到正面看待。

亲社会行为与恶行的异同

第一章到第十二章的主题是理解和解释恶行。如本章所述，许多用来解释恶行的概念也适用于解释组织中的亲社会行为。第一，两者都有个人和场景两方面的解释。有一些稳定的态度和人格特质会影响反社会行为与亲社会行为的可能性。第二，在有规范支持的情况下，亲社会行为与反社会行为都会盛行。如果你认同你的组织或者组织内的群体，而它们的规范表示你应该做亲社会行为，那么你表现出亲社会行为的可能性就会提高，而且可能会显著提高。同理，如果你所属组织的规范认为恶行是正常的、可被普遍接受的，乃至值得赞赏的，那么你作恶的可能性也会提高。一个常常与恶行相伴的信念是"大家都这么干"，而事实上，做出亲社会行为的人中间也有一个对应的信念，他们相信亲社会行为并不突出，也不特殊，只是"大家都这么干"罢了。第三，许多种恶行都被作恶者视为亲社会行为。比如，白领罪犯很少觉得自己做了任何错事，反而常常觉得自己的罪行对组织的生存与成功是必要的。

最后，被揭露的恶行常常会受到反对，但至少某些种类的亲社会行为也可以说是如此。设想工作群组来了一个新员工，他表现出了高度的勤奋、坚持和主动性。我们几十年前就知道，定额

■ 害马之群：失控的群体如何助长个体的不当行为

破坏者（比同侪工作更努力或者产出更多的人）常常会受到同侪的讨厌和憎恨。定额破坏者不仅会显得同侪差劲，他们的行为还会对同侪造成负面影响，同侪可能会被要求向这些人看齐。

尽管亲社会行为与反社会行为有相似之处，但两者的起因也有重大区别。首先，亲社会行为通常得到社会的正面看待，而恶行的定义里就包括违反普遍社会规范、规则、章程和法律。亲社会行为可能会与你所在组织或工作群组的规范相左（或者无关），但社会普遍规范与亲社会行为之间则少有冲突。这意味着，合理化或正当化亲社会行为所需的认知资源可能会比较少，人很可能相信，至少在一定程度上相信，亲社会行为代表着自己应该做的事，或者被期望做的事。

最后，尽管强规范支持对两类行为都有促进作用，但规范支持亲社会行为与反社会行为的过程可能有所不同。亲社会行为一般符合普遍社会规范，后者界定了什么是对、什么是错、什么行为是可取的。支持恶行的规范则必然更加复杂，因为它必须包括或加入一些理由，解释为什么社会公认的错误行为，在你的组织中倒成了可以接受乃至值得赞扬的行为。因此，如果一个人从小就被教导说偷东西不对，那他就必须内化组织的遁词，遁词的用处是让成员相信他们做的事情**其实**不是偷。一些腐败组织有"两本账"，一本显示实际的贸易、采购、支出等情况，另一本是符合法律规定的假账。如果你接受了一套支持或容忍组织恶行的规范,你就必须同时采用两套道德标准,一套描述了社会整体对你的行为期望,另一套描述了"我们这里做事的手段"。有人平常善良、慷慨,但进入组织角色时就变得无情、不诚实、残忍,这样的例子有很多。但相比于在家里和在组织角色中秉持相同道德标准的人,过着作恶生活的人需要另外一套更复杂的道德计算。

总　　结

本章讨论的是亲社会行为。与恶行一样,个人因素和场景因素都能解释人为什么会做角色要求的事,有时又为什么会超越角色要求,为组织及其成员提供帮助。对角色内亲社会行为的标准解释是,组织为了执行角色要求而赏罚兼用。这种解释是有益的,但并不完整。比如,在工作组织中,奖赏常常微不足道(绩效优秀的员工能拿到3%的额外工资,其他人是2.25%),惩罚常常无关痛痒(哪怕是在"自由雇佣"州,将员工开除或降级也常常会受到显著抑制)。与解释恶行一样,规范似乎是解释亲社会行为的一个重要因素。

人们常常会做超出工作或角色最低要求以外的事,帮助他人、造福组织。这些行为常被称作组织公民身份行为,往往对建

■ 害马之群：失控的群体如何助长个体的不当行为

立和维护组织的社会结构至关重要，对组织的生存与成功也能起到关键作用。组织公民身份行为很少会包含在组织的正式职位描述中。很少有职位描述会包括"给予他人必要的帮助""不要过分抱怨""工作没做完要加班"之类的内容。然而，这些行为常常是重要的。如果一个组织里的所有人严格按照合同或职位描述办事，超出要求的事一律不干，那它就有大问题了。

组织公民身份行为对个人和组织都有益处，但也有潜在的危害。第一，将大部分时间和精力投入组织公民身份行为的人，可能会完不成自己的主要任务。第二，在主要任务以外还做组织公民身份行为的人，可能会感受到压力、角色过载、工作—家庭冲突和精力耗竭。第三，也是最重要的一点，"好兵"（经常表现出组织公民身份行为的组织成员）比其他组织成员更容易配合非法或腐败的计划。正是由于对组织的承诺与忠诚，再加上组织公民身份行为包括坚忍不拔、积极主动的特点，他们才成为组织似乎需要的理想候选人。以让大众柴油车得以通过尾气排放测试的作弊装置为例，这种装置的开发和全球部署需要技艺、努力和投入，我们有理由认为，许多参与这场计划的人都是非常优秀的组织公民。

亲社会行为与恶行有许多相似之处。它们都有个人层面和场景层面的起因。两类行为都对个体和组织有利有弊。规范支持都

第十三章 组织中的亲社会行为

对两类行为至关重要。最大的区别是,恶行需要一套违背普遍社会规范的规范,因此需要更多的"道德体操"来调和"×是错误的"和"但在这个组织中,或这种情况下,×没问题"这两个信念。

第十四章
创造更好的组织

本章将考察群体和组织如何摆脱根深蒂固的恶行模式，成为更高效的向善力量。尽管我的关注点是正式组织，但本章阐述的许多原理同样适用于第五章和第六章讨论过的非正式群体与混合结构组织。例如，若要理解和扭转组织中的恶行，一大关键就是理解组织奉行的各种规范，并改变其中助长恶行的规范。同样的原理适用于非正式群体和专业协会等混合组织。

组织革新与进步

假如一个组织是病态的（容忍恶行）或者腐败的（恶行融入了组织的日常运行），要怎么做才能革新组织呢？组织通常会采取两种策略中的一种：（1）改革结构——调整组织的政策，设立监察部门；（2）改变行为——改变组织成员的行为，或者改变成员。总体来说，结构性改革的成效不彰。改变行为是困难的，但有证据表明，一些具体步骤有益于组织的革新与进步。

结构改革

组织为减少恶行做出的典型反应是调整政策、实践或标准。例如，几乎所有大企业都有书面的使命宣言和行为准则，而组织用于应对恶行威胁的策略之一，正是修改或强化这些说明组织**应该**如何行事的书面文档。一种更激进的反应是调整政策、架构与操作流程，以遏制恶行。最后，组织可能会设立和强化针对自身活动的外部监察措施。

使命宣言与行为准则

几乎每一家大企业都有某种形式的使命宣言。最著名的使命宣言或许是1943年的《强生信条》，起草者是公司的第三任总裁罗伯特·伍德·约翰逊（Robert Wood Johnson）。《强生信条》至今依然摆在强生总部的突出位置，是公司行为准则的基石（该行为准则的副标题是"恪守我们的信条，熟知我们的准则"）。信条

■ 害马之群：失控的群体如何助长个体的不当行为

阐述了公司对产品使用者、员工和所处社群的责任。

有些使命宣言会讲公司遵循的战略、希望开拓的市场或专精的产品门类，但几乎所有使命宣言都会包含一些近乎陈词滥调的话，比如"人是我们最重要的产品"，或者公司是多么关爱环境和社区。在许多情况下，使命宣言只不过是套话，对组织的日常运营毫无影响。

行为准则有一个更具体的用意。例如，《强生商业行为准则》阐述了公司是如何开展业务的（比如，公司如何对待反腐败与反垄断法、人权、公共采购、隐私问题等），如何做到公平对待员工的（比如，禁止歧视、防止骚扰、提供安全的工作环境等），如何确保财务诚信的（比如，知识产权和机密商业信息、公司记录和公共报告、内幕交易等问题），还有对利益冲突的界定和处理。

尽管行为准则与使命宣言可以是有益的，但很少足以保障善行，部分原因是它们讲述的价值观和规范可能只得到一部分组织成员的奉行。正如沃尔加斯特（Elizabeth Hankins Wolgast）所说，公司是**假人**。作为实体，公司是没有价值观、规范或道德意图的，也不能为自身行为负刑事责任。因此，关于公司**应该**如何行事的宣言，未必能让我们对公司行为有多少了解。当然，政策、实践和规范能够反映公司所有者与领导者的不同道德立场，甚至可能反映了组织内广受认可的规范。布拉德利（Jill C. Bradley）、布里夫和史密斯-克罗指出，我们可以给"好组织"下一个定义，而且好公司不止是不坏的公司，避免辱虐与恶行是必要的，但还不足以称得上是好公司。作者提出，好公司"说到做到"，宣称的政策与实际的组织行为之间有强对应关系。

几乎所有组织都有书面文档阐述其支持的价值观，好公司的核心特征是践行这些价值观。言行关联的最重要促进因素似乎是组织文化。使命宣言、行为准则和其他合规流程是有益的，但除非有一种坚持提倡遵纪守法的组织氛围，否则它们不可能发挥实效。

克拉维茨（Kimberley D. Krawiec）提出，组织似乎常常搞"化妆式合规"，纸面上虽然有政策，但员工不当回事，因为他们不相信政策能够或确实会执行。作者还指出，如果违规对组织有利的话，组织就更不可能会切实控制违反规则与准则的做法了。研究表明，准则和类似的正式规则产生的结果不一致。基什-格普哈特、哈里森（David A. Harrison）和特雷维尼奥的荟萃分析是迄今为止最全面的一篇综述，文中发现，有无准则对不道德选择并没有显著影响。现有证据表明，行为准则本身对组织成员的行为并无一致影响。

一些作者提出，行为准则与政策宣言往往只是为了符合法律

447

规定。实际上，行为准则对减轻组织责任的作用可能比控制恶行的作用还要大。这就是说，当组织成员受到恶行指控时，组织可以搬出批判这种行为的行为准则，以此逃避组织自身受到的谴责，不管准则对行为有没有拿得出手的影响。

讨论 14.1
《强生信条》

《强生信条》是强生公司的一次著名且重要的尝试，目的是阐述公司试图提倡和践行的价值观。信条开头就申明，公司首先要对患者、医生、护士、父母和其他使用强生产品的人负责，而非首先对公司股东负责。信条中说明了公司对保持定价合理的承诺，同时承认必须让公司的商业伙伴有机会赚取公平的利润。

信条阐述了对员工的责任，强调承认员工的价值与尊严，承诺提供薪酬优渥的工作，提供安全卫生的工作条件，并为员工提供充实且有意义工作的机会。信条阐述了公司对员工职业发展、身心健康和工作—生活平衡的承诺。信条还阐述了对强生公司所处社区与环境的责任。

> 最后，信条阐述了对公司股东的责任，承诺提供公平的投资回报，并会不断致力于创新与成长。上述承诺涵盖广泛，令人印象深刻，强生公司依然在努力遵循自己的信条。

修改组织政策与实践

行为准则代表着一种对可能发生的恶行的可能回应。修改似乎会促成恶行的具体政策或实践是一种针对性更强的回应。例如，有证据表明，软弱的公司治理（公司治理指的是，包括法律体系、董事会和高管薪酬体系在内，针对特定结果或指标而制定的治理机制）是组织腐败与恶行的一个重要因素，尤其是在欠发达经济体中。姚咏仪（Daphne W. Yiu）等人提出，正式的治理体系可以被非正式的替代品取代，比如组织之间的联合、商业集团的压力、国有企业股份等。对于在法律监管体系薄弱国家运营的组织，这些组织正式治理体系之外的机制有助于保障运营的稳定与诚信。

组织可以利用既有的实践与流程，向成员表明组织希望或偏好的行为。例如，组织可以通过绩效评估与薪酬体系的正式途径，传达组织看重的行为与活动。这些体系也能发出强有力的信号（可惜往往是负面信号），向成员说明遵守组织政策是否重要。比如，你的组织明面上有严厉禁止职场性骚扰的政策，如果有员工或其他组织成员尽管明显违反了这一政策，但还是获得了正面评价，又是升职，又是加薪，那么涉事人员和其他看到结果的组织成员可能就会迅速得出结论，认为组织没有认真对待性骚扰政策。另一方面，组织可以制定旨在减少或消除歧视和骚扰的政策，这些能够发出关于组织价值观的有力信号。

有的时候，组织采取的旨在降低恶行发生可能性的政策会产生意外后果。2017年，迈克·彭斯副总统的一条原则引发了争议，他说自己不会独自用餐，下班后也不会与妻子以外的任何女性见面。彭斯自称是一名保守的基督徒，而男女隔离的原则符合许多信仰当中的保守宗教实践（保守派犹太教徒和穆斯林都遵循类似的限制）。严格的男女隔离原则大概会降低某些形式的性骚扰和恶行发生的可能性。然而，正如托伦蒂诺（Jia Tolentino）所指出，这项原则也大大限制了女性的职业前景。女记者不能做一对一采访，女职员不能参加有一对一见面机会的下班后活动，这很可能会让她们失去完成工作和展示才华的宝贵机会。

哪怕政策小心设计、力图避免发生与上述情况类似的意外后果，组织政策本身一般也不足以确保合规。除了禁止或限制特定种类恶行（比如欺诈和性骚扰）的政策以外，组织还必须认真监督成员是否遵守政策。更重要的是，违规必须承受明显的、相应的后果。如果一个组织的成员相信，违反组织政策不会受到责难，或者违反政策的后果不过是挠痒痒，那他们就不会觉得政策对自己有约束力。

制度性监督

许多组织依赖独立董事会（比如，由组织外人员组成的董事会）或其他形式的外部监督对组织决策进行监督和外部审查。理论上独立董事会应该遏制恶行蔓延，部分原因是独立董事理应认同自己所属的组织，而不应该因对其负责监督的组织的忠诚或承诺之心而对恶行视而不见。但在现实中，独立董事会与伦理行为之间关联薄弱。

有越来越多的文献探讨组织董事会监督不力的现象。克雷斯（Jeremy Kress）指出，独立董事的时间和注意力常常会受到互相矛盾的索求。独立董事一般是一家组织的全职高管，有许多人是其他多家公司的独立董事。独立董事的遴选与薪酬方面也隐含着利益冲突。正如阮（Duc Duy Nguyen）、哈根多夫（Jens Hagendorff）和埃什拉吉（Arman Eshraghi）所说，选择董事的人往往就是他们要监督的首席执行官，他们的薪酬和续聘往往也取决于同一名首席执行官的决定。更重要的是，董事要想了解公司

■ 害马之群：失控的群体如何助长个体的不当行为

及其活动的情况，往往要依赖他们监督的首席执行官与高管。

董事会不是制度性监督的唯一机制。政府机关常常在监督特定活动、防止恶行方面发挥强有力的作用。例如，针对20世纪80年代和90年代的几次学术不端事件，美国科技政策办公室联合美国多个部委的研究诚信办公室出台严格的指导方案，以界定和减少学术不端。大学通常设有审查各类研究（比如使用人类被试的研究）的委员会和办公室，申报课题往往需要经过严密审查，以确保符合法律与伦理要求。尽管这种要求和监督的效力并不总是明确的，但加强监管，再加上非政府人士揭露学术不端的努力 [撤稿观察网（Retraction Watch）等博客和网站有助于公开明显的学术不端案件]，可能有助于遏制学术不端行为。

与行为准则或组织政策一样，外部监督机制的效力很可能取决于多种架构因素与情境因素的结合。首先，监督必须有一定的实力，必须有发现违法违规情况的机制，也必须有明显的、有实质意义的惩处机制。在这方面，严重依赖个体与集体诉讼的法律体系常常会辜负社会的期望，哪怕法律会为进入诉讼流程的个别案件提供公平的和解。许多涉及恶行（比如性骚扰、种族歧视、学术不端）的案件都会庭前和解，而且和解常常有严格的保密要求。同理，许多组织要求成员签保密协议，让恶行细节与组织做出的回应可以保持隐秘。这些保密协议违背了行为准则、政策、监督等机制发挥实效的一个重要条件，那就是，违反政策或规则必须有看得见的、明确的后果。

甚至在规则、政策、监管严格的地方，如果它们与组织的规范和文化相冲突，那也不太可能奏效。组织会传达恶行是必要、正当且/或普遍的信念，从而鼓励和支持恶行，将恶行正常化。如果一个组织的文化鼓励这些规范和信念，那么严格的规则、用心的监视、铁面无私的公开惩罚可能也不足以说服成员，使其遵守书面政策、规则或章程。用于控制恶行的政策和规则越是贴近组织的文化和规范，就越容易被成员遵守。当规范、政策或规则与组织核心成员的价值观和规范相悖时，改变组织成员行为的效果可能就会比较弱。

改变组织内的行为

改变组织内的行为有多种方式。最显而易见的方法是改变领导的行为，尤其是你希望改变的行为直接由顶层领导决策所致。在其他情况下，领导未必是恶行的来源，但可以是改变的推动力。这就是说，领导者可能意识到了组织中的一些失调行为，于是试图推行自上而下的改革。最后，组织可以开展系统性的计划，改革组织规范与典型行为模式。20世纪70年代以来，这一

■ 害马之群：失控的群体如何助长个体的不当行为

类组织发展计划一直是组织实践与相关研究的焦点，而且组织确实能够发生这种规范、价值观和行为的变化，尽管组织发展的过程往往是艰辛且不确定的。

改换上层

在一些组织中，恶行是顶层领导行为与索求的直接结果，那么撤换领导者就会是一种减少恶行的有效方法。比属刚果就体现了这个过程。

如果请你说出一个欧洲国家，它的海外殖民地是残酷无情剥削的代名词的话，你可能会说出在16世纪和17世纪主宰中南美洲的葡萄牙和西班牙。一个你大概不会立即想到的国家是比利时。一说到比利时，你可能会想到精美蕾丝、高品质啤酒或优质巧克力。但在1885—1909年，比利时国王利奥波德二世掌握着现代历史上最残暴的殖民帝国之一。就疆域、暴行与非人的无情而言，19—20世纪的利奥波德帝国毫不亚于16—17世纪的西葡殖民地。

创立于1885年的刚果自由邦本质上是利奥波德的私人财产，他以专制君主的风格 [更确切地说，是不在地主（absentee landlord）的风格] 统治着这一大片非洲土地。他贪婪成性，为了从刚果榨取财富不择手段，因而造就了一个杀人无数的残忍殖民政权。康拉德（Joseph Conrad）那本令人难忘的小说《黑暗之心》（*Heart of Darkness*）正是以这里为背景。刚果人被当作可以消耗的奴工，有800万—1000万人丧生（斯坦利2012年的一篇文章中给出的数字高达1500万）。刚果自由邦的村庄都有橡胶配额，如果割取的橡胶树汁液不达标，人质就会被带走枪杀。每名遇害者都会被砍下一只手以作确认，完不成配额的村民和警察之间很快就形成了繁荣的断手贸易。

令人惊讶的是，利奥波德成功在刚果臣民面前打扮出一副慈善家和基督教施主的形象。甚至到了他在刚果的暴行曝光之后，利奥波德依然在比利时国内受到推崇，比利时的种族主义历史直到最近才遭到清算。2020年，在比属刚果独立60年纪念活动上，现任比利时国王菲利普首次发表关于利奥波德血腥统治史的王室宣言，为之表达了遗憾。

由于多位记者勇敢而不懈的努力，利奥波德迫于国际压力，将土地交给了比利时政府。但比属刚果仍然作为殖民地属于比利时，直到1960年为止。利奥波德的统治结束后，暴力与剥削水平就急剧下降。理论上强迫劳动被法律废止，但之后几十年都没有完全消除。正如霍克希尔德（Adam Hochschild）所说，尽管在利奥波德的血腥统治结束后刚果的行政管理水平有所提升，但至少在摆脱利奥波德直接统治后的十年里，刚果本地人的死亡率

■ 害马之群：失控的群体如何助长个体的不当行为

仍然高得出奇。话虽如此，刚果自由邦还是一个绝佳的例子，既表现了源自组织顶层的恶行，也显示了罢免最高领导人会如何长久而显著地减少恶行。

刚果自由邦表明，一位领导人就有腐蚀整个组织的潜力。但就罢免腐败领导人减少组织腐败行为而言，这大概是一个极端特例。罢免腐败领导人往往也能造成组织的毁灭，当安然和世通这种组织的领导腐败被曝光时，组织直接瓦解了。罢免腐败领袖**并未**导致组织瓦解的例子在政界（比如，尼克松辞去总统职务结束了一届腐败的政府，继任者杰拉尔德·福特领导的政府明显更加诚信）和商界（比如，富国银行大规模改组董事会，取消了导致员工开设假账户的高压销售目标）都有，但腐败往往不止在一个领导人身上，组织需要做出系统性的变革才能根除腐败。

讨论 14.2
揭露黑暗之心

乔治·华盛顿·威廉姆斯（George Washington Williams）是一名南北战争黑人老兵，后来成为著名记者和历史学家。1890 年，威廉姆斯在与比利时国王利奥波德二世见面后前往刚果，发现刚果虐待遍布，奴隶制横行，不禁又惊又怕。他给利奥波德二世写了一封公开信，要求结束虐待行为。这封信引发了国际上对利奥波德统治刚果的抗议。直到当时，利奥波德都成功让世界相信他在刚果施行善政。为了平息外界对其刚果统治的批评，利奥波德成立了原住民保护委员会，对利奥波德非洲产业的暴行展开装装样子的调查，暂时让利奥波德摆脱了国际压力。

从1900年开始，记者莫雷尔（Edmund Dene Morel）重新引发了人们对刚果暴行的审视。他撰写了大量揭露原住民惨状的文章和宣传册。他还争取到许多知名人物，比如罗杰·凯斯门特（Roger Casement）、阿瑟·柯南·道尔、马克·吐温和阿纳托尔·法朗士支持他组建的刚果改革协会，对利奥波德穷追不舍，迫使国王将比属刚果卖给了比利时政府。为了回应压力，利奥波德成立了一个新的调查委员会。令他惊讶的是，委员会竟然真去做调查了。委员会帮助披露了利奥波德统治刚果的真相。

康拉德的《黑暗之心》首版发行于1899年，提升了世人对利奥波德残暴统治的认识。但是，完全与这段可耻历史和解的过程漫长而艰辛。20世纪70年代，比利时外交官和历史学家朱尔·马沙尔（Jules Marchal）第一次得

■ 害马之群：失控的群体如何助长个体的不当行为

> 知祖国在刚果的可耻历史。一个他这样地位的人也不知道本国君主在刚果的行径，这个事实生动地体现了利奥波德宣传的成功，也表明比利时政府隐瞒这段历史的意愿。马沙尔申请查看了本国档案馆中尘封已久的文献，并用假名A. M. 德拉蒂（A. M. Delathuy）发表著作，最终让比属刚果的可耻历史大白于天下。

上层改革

一个组织的领导有两种方式可以减少组织中的恶行，增加符合道德的行为：（1）以身作则；（2）推动自上而下的变革。第一，表现和示范诚实道德行为的领导会对组织成员的行为产生重大影响。领导不仅仅是榜样，还会影响下属对道德选择的理解和认识，而且更重要的是，会影响员工做出伦理道德推脱行为的可能性。

如果领导者以维护道德为己任，追随者就更可能会将伦理行为视为真正的工作要求，而不只是锦上添花。[1] 员工对顶层管理人员逐利倾向的感知也会显著影响恶行。如果领导者被认为是一个一味追求利润，为了数字好看什么都不顾的人，恶行就更可能

---

1 另一方面，发现上级做不道德行为的下属也可能会效仿，尤其是表现出道德推脱倾向的下属。

会发生，部分原因是这种领导的行为激发了员工身上自私自利的商业思维。另一方面，如果顶层管理人员明确表示，利润以外的因素（比如员工安全与福祉）同样重要，员工可能就会觉得为了逐利不择手段的压力没那么大了。

第二，领导可以努力影响组织的氛围与文化。领导可以试图贯彻合规文化，注重遵守乃至内化法律、规则与章程。与试图用赏罚手段让手下顺从的领导相比，成功让下属相信法律、规则、章程合法性（比如，公平且基于公认权利的法律）的领导更容易让下属遵规守纪。一些领导可能会企图超越单纯的服从，而是通过改变组织的伦理氛围，从而影响下属用来评价自身行为的伦理标准。

伦理氛围的定义是，组织成员对组织内道德推理的标准（比如利己主义、仁慈和坚持原则）和关注点（比如个体、群体、社会）所持有的共识。有证据表明，领导的道德行为会影响组织中的道德行为，部分原因是它凸显了伦理与亲社会行为的地位，也让员工更重视其价值。如果领导者建立了一种规范，鼓励追随者在组织中做决策时考虑伦理问题，那就会显著降低恶行发生的可能性，提升第十三章讨论过的亲社会行为发生的可能性。

领导者常常试图直接影响下属的信念、态度和规范，希望借此影响组织的伦理氛围，而非单纯以身作则。影响信念、态度与

■ 害马之群：失控的群体如何助长个体的不当行为

规范的一种方法，就是改变在组织中表述伦理问题的方式。特雷维尼奥、韦弗（Gary R. Weaver）、吉布森（David G. Gibson）和托夫勒（Barbara Ley Toffler）表明，个体在组织中公开谈论伦理是组织伦理行为的一个优质预测指标。类似地，以"道德静音"为特征的组织场景似乎会助长不道德行为。

有大量文献讨论领导者"向下涓滴"追随者的方式、感受、态度和视角问题。吴（David X. H. Wo）等人提出，社会影响并不总是自上而下的，组织中常常会出现向上涓滴（下属影响领导）、外来涓滴（组织外部影响组织内部）和横向涓滴（同侪互相影响）的现象。吴等人认为，影响的效果几乎与方向无关，而是由影响者和被影响者的动机与信息处理能力决定的。因此，我们也许不应该只考虑领导的做法，也需要考虑组织中其他人的影响，然后才能预测领导者会不会成功改变组织成员的行为。例如，有证据表明，在决定组织成员会不会举报自己看到的不端行为时，领导者的影响与同侪影响之间存在相互作用，如果员工相信自己得到了同侪和领导两方面的支持，在举报不端时就更可能有安全感。如果领导希望贯彻的规范、信念和态度至少与组织中原有的规范、信念和态度有一定的贴合度，那么行事端正的领导就更容易对组织成员产生影响。如果原有规范信念与领导希望贯彻的规范信念之间有鲜明的差异，领导可能就会遭到相当强的阻力。

对同侪影响道德行为的研究表明，考虑情境因素是重要的，它可以限制自上而下改变组织伦理规范与标准的效果。领导者可能会宣布某种价值观或信念应该成为**规范**，但支配组织行为的规范往往是由同侪设定的。例如，当群体成员（尤其是地位高的群体成员）造假时，群体里的其他人也可能会造假。皮尔斯和斯奈德（Jason A. Snyder）发现，监察员在跨设施作业（也就是改换工作地点）时，往往不是逐渐调整自己的不道德行为水平，而是几乎立即遵从工作地点或组织的不道德行为规范。在这种情况下，如果一个地方的规范是查车宽松，那么，在其他地方会被查的车在这里就会逃过检查。在试图贯彻亲社会规范时，领导者面临的一大挑战就是群体中既有的反社会规范。总体来看，通过考察同侪在不道德行为中发挥的决定性作用，研究者认为自上而下的改革企图常常会失败。若要改变组织整体的规范、标准和行为模式，则常常会涉及我们接下来要阐述的组织发展过程。

组织发展

组织发展指的是，运用行为科学成果，针对组织文化、价值观、战略和架构实施有计划的变革，以图创造更健康、更高效的组织。组织发展涉及勾画愿景，设想组织应该成为的样子，还要与个人和团队共同锻炼技能、增长知识、提高认识，实现组织愿

461

景。成功的组织发展通常需要经过一个长期的协作过程，要特别注重以人为本。

组织发展的定义大多强调以科学为基础，但组织发展实务主要是一门艺术，而非科学。组织发展的底层模型通常被称作"行动研究"。这个词为库尔特·勒温（Kurt Lewin）提出的，指的是一边开展研究，一边通过行动改变组织的组织变革过程。行动研究的起点是交互式访谈，组织发展过程由组织发展人员主导，同时作为变革对象的组织也要配合分析组织面临的问题，说明组织对改变其规范、标准和实践的尝试有何反响。行动研究的关键假设是，发展过程和作为其一部分的访谈过程不是事先固定好的，而是会随着变革一起演进。这种交互式访谈的特点在于，组织成员不是访谈的对象，而是访谈的伙伴。组织发展过程通常首先会初步诊断组织面临的问题，制定解决问题的行动，并评估行动的结果。接下来从评估结果出发，进行下一步的访谈、行动和反馈，如此循环往复，直到组织达到愿景中定义的理想状态。

组织发展通常表述为三阶段变革模型。发展的起点是**解冻**。在这个阶段，组织成员会意识到变革的必要性，并做出变革的承诺。下一步是通过前面讲过的往复过程，**改变**组织中的行为与规范。第三步是**再冻结**，新的行为得以就绪、践行和强化。成功的企业变革会带来行为和规范两方面的改变。

第十四章 创造更好的组织

麦克弗森（Campbell Macpherson）指出，组织很难发生有意义的变革，绝大部分组织变革的努力都失败了。他认为，成功的组织变革需要多个先决条件，包括：

- 愿意做出改变的文化。
- 推动发展进程的变革催化者（组织发展专家或经理）。
- 团结且坚决的领导团队。
- 对组织希望达成的目标有清晰认识。
- 明白想要实现的变革会带来何种后果。
- 组织从上到下都有高承诺度与高投入度。
- 有考察评估变革进程的计划和机会（"停下反思"）。

这张条件清单蕴含着一个悖论：除非相当大一部分组织成员都对变革做出了强承诺，否则组织变革就不可能成功。这就是说，成功的第一个前提就是"接受"。除非组织做好了变革的准备，也有变革的意愿，否则就不会有变化。领导宣布或者号召改变规范、价值观、信念和行为不会有多大用处，除非相当一部分组织成员已经接受了变革倡议。组织中有重要群体不愿意改变规范或行为，组织依然变革成功，这种例子在组织发展的文献里还不太多。

463

■ 害马之群：失控的群体如何助长个体的不当行为

治理腐败

假设一个组织已经腐化了。治理腐败的前景有多大？我在前几章就讲过，很少有组织从一开始就是腐败的，但一旦组织腐败了，它还有可能摆脱腐败的规范与实践吗？我们知道个人能够抵制腐败。多名学者讨论过"正面越轨"的概念，也就是有意以高尚的方式偏离参照群体的规范。组织彻底腐败后还能不能改变，这个问题就不太清楚了。

我们几乎可以确定，诚信组织变腐败容易，腐败组织却难变诚信。梅赫塔（Stephanie N. Mehta）指出，治理腐败成功率最高的办法是"打扫屋子"——开除坏员工，甚至改变公司的名称和性质。不过，除了全盘变更组织人员和性质以外，还有一些办法有助于治理腐败。

首先，组织必须承认和直面自己做错了。不幸的是，许多组织的第一本能是否认行为是不当的或将错误轻描淡写。例如，药业巨头默克一直否认知晓万络（Vioxx）的危害性，尽管有证据表明，默克早在2001年就向销售团队发出了题为"万络开脱指南"（Dodge Vioxx）的内部备忘录。相比之下，德士古被控种族歧视之后，公司高管迅速做出果断反应，将丑闻细节公之于众。首席执行官彼得·贝奇尔（Peter Bijur）没有否认指控或者希望

464

谴责声自行消失，而是公开表示要亲自调查指控。歧视丑闻发生后，德士古开除了一位高管，将另一位高管停职，还撤销了另外两名高层领导的退休待遇。与企图否认和掩盖不当行为的默克相比，德士古的声誉很快就从一起本来会造成重创的丑闻中恢复了过来。

在犯下严重错误之后，组织可以采取切实的步骤来修复合法性，包括努力了解错误实情、为错误做出恰当的解释、接受并承担公平的惩罚、对内对外展开持续性的善后改革。迪丰佐（Nicholas DiFonzo）等人给出证据表明，道歉和赔偿有助于修复组织的合法性（两者并行，效果尤佳）。

组织有时会用"点名羞辱"的策略来处理恶行，即公开恶行的相关信息。尽管承认错误是恢复过程的重要一环，但点名羞辱策略可能是有风险甚至反生产的。丹尼尔斯（Michael A. Daniels）和罗宾逊综述了关于组织中的羞辱的研究。文中指出，羞辱隐含的意思是一个人的行为背离了他奉行的规范或标准。因此，如果一个人根本不觉得自己做错了，那么当他的不当行为被公开时，他可能会感到愤怒而非悔恨或羞耻。即便他们在不当行为曝光时感到羞耻，也很难判断一个人会对羞耻做出何种反应。丹尼尔斯和罗宾逊认为，尽管羞耻能够让人做出亲社会行为，试图弥补过失，但也可能会引发退缩行为，比如旷工、投入度降低

■ 害马之群：失控的群体如何助长个体的不当行为

乃至酒精和药物滥用。羞辱甚至可以引发攻击性行为，不仅没有减轻原本恶行的伤害，反而造成了更多伤害。

处理组织不当行为的最有效策略聚焦于组织，而不是组织里方便承担罪责的个人。不当行为曝光时，许多组织的第一反应是归咎于少数"坏苹果"，以此让组织免受谴责。一种有效得多的策略是承担恶行的责任并设法弥补。

南非真相与和解委员会就是一个例子，表明与其将恶行归罪于可以点名羞辱的具体个人身上，不如揭露组织（在这里是一个政权）的恶行，后一种方法蕴含着修复的力量。在七年间（1996—2003年），该委员会举办了一系列公开听证会，调查南非种族隔离政权的人权侵犯行为。委员会的使命是见证和记录涉及侵犯人权的罪行实施者，有些情况下还会发布大赦，同时要补偿、平反受害者。委员会设立了和解登记所，南非人可以一个人来表达对自己在南非种族隔离政权时期参与侵犯人权的悔恨之情。

有人将真相与和解委员会描述为"一个遭受过暴力的分裂社会走出过去、迈向未来的黄金标准"。该委员会没有解决一个种族隔离社会的所有问题，但它采取的修复性正义模式比第二次世界大战后采取的报复性正义模式（比如纽伦堡审判）更有效，这一点是共识。40多个国家（比如加拿大、智利、卢旺达）成立了类似真相与和解委员会的机构。

承认错误、道歉和补偿都是治疗腐败的重要组成部分，但本身不能保证治愈腐败。腐败还必须从制度中清除。如果腐败行为得到了组织领导的鼓励、奖赏或容忍，就会成为习惯和常规，定义"我们这边的做事方法"。改变组织的习惯是很有难度的，尤其是已经成为社会化过程一部分的习惯。在社会化过程中，组织的新成员会学习组织期望和重视哪些行为。

如果腐败参与界定了人们在组织中的正常角色，那便是最恶劣的腐败。在探究组织腐败的过程中有一个反复出现的主题：本意良好的人相信自己只是在履行角色的要求，最后做出了极为不道德的行为。我之前讲过将伦理融入组织角色的重要性。若要做到这一点，可以仿照组织发展中常用的三步法。首先，作为**解冻**的一部分，组织可以认真分析目前对角色的界定，探寻角色定义如何会让人对自身行为的伦理意义视而不见（比如，让人负责做决策，却不提供信息说明他们的选择可能会造成何种结果）。诊断完成后是制定新的角色定义（**改变**），然后是**再冻结**，让组织成员尝试和践行重新定义后的角色。

梅赫塔表达了悲观的看法，发现治疗腐败的过往成果颇为惨淡。如果腐败曝光的话，腐败自爆的可能性要大于变好（比如安然和伯纳德·麦道夫投资证券公司）。另一方面，历史回顾表明

■ 害马之群：失控的群体如何助长个体的不当行为

治愈确实是有可能的。在美国的镀金时代（大约是1870—1900年），政坛和组织中遍布腐败，那里有"强盗大亨"（通过腐败手段盈利的商业大亨）和政治机器（比如纽约的坦慕尼协会）。铁路是腐败重灾区。尤利西斯·格兰特总统的名声被一连串丑闻玷污，头一件就是动产信贷丑闻（动产信贷是一家虚假的建筑公司，为美国横贯铁路开具了价值严重虚高的票据）。如今政界和商界依然有腐败，但镀金时代的猖狂行径已经成为过去，至少在大多数工业化国家是这样。治疗腐败是一个漫长、艰难、前途未卜的过程，但并非毫无希望。

企业社会责任

1970年，经济学家米尔顿·弗里德曼在《纽约时报》发表了一篇颇有影响力的文章，主张企业的唯一目的和责任就是为股东赚取利润，只要在法律和公认的"游戏规则"范围内。于是，在他看来，任何有损或偏离组织的目标，也就是股东利润最大化的活动都是不道德的。在某种意义上，弗里德曼的文章可以看作对一场他不赞同的社会运动的回应，那场运动的目标正是提倡企业的社会责任。

1971年，经济发展委员会（一家由企业领导的无党派非营利委员会，在马歇尔计划与缔造现代国际金融贸易体系的1944年《布雷顿森林协议》中扮演了关键角色）提出了企业与社会之间的社会契约概念。这份隐含契约让企业有义务以建设性的方式服务于所处社会的需要（比如提供就业和经济增长，努力改善环境与社区条件），可以被认为是当下企业社会责任运动的先驱。[1]

界定企业社会责任的一个关键概念是，组织有多个利益相关方，也就是能够影响组织决策，或者会受到组织决策影响的群体或个人。利益相关方包括企业所有人和股东，但也包括职工和雇员、员工家属、供应商、消费者和组织所处的社区。企业社会责任的一个假设是，这些群体都在组织决策中有合法的利害关系，组织在决策时有责任考虑这些群体的福祉和利益。巴泽曼指出，不同利益相关方的利益有时可能会有冲突，践行企业社会责任的许多决策也涉及对立价值观的权衡（比如利益最大化与环境质量最大化）。

法律法规常常会界定组织应负的特定责任。例如，多部法律规定工作组织有义务保障员工的健康与安全，美国职业安全与健康管理局等部门负责执行这些法律。企业社会责任的倡导者认为这些法律是重要的，但也常常号召组织担负起自己的责任，采取

---

[1] 阿吉尼斯（Herman Aguinis）更喜欢用"组织责任"这个词，认为非营利企业、政府机构、初创公司和其他非公司组织形式也对社区负有责任。

法定最低要求以外的"正确的事"。

联合国全球契约组织对组织责任的表述或许是最全面的。全球契约组织阐述了组织有契约义务遵守的十大原则，分别属于人权、劳工标准、环境和反腐败领域。表14.1是十大原则的简要说明。

表14.1阐述的十大原则是高尚的，但并未得到普遍接受。例如，原则三主张，企业应该"维护结社自由，承认劳资集体谈判的权利"。这些权利在美国的多个州都受到了持续侵犯，工会经常遭到联合遏制和资金掣肘。在大多数企业社会责任的定义中，关注的标准都比图14.1列出的十大原则更窄。

表14.1　联合国全球契约组织的十大原则

人权
原则一：企业应该尊重和维护国际公认的各项人权。
原则二：企业决不参与任何漠视与践踏人权的行为。

劳工标准
原则三：企业应该维护结社自由，承认劳资集体谈判的权利。
原则四：企业应该消除各种形式的强迫性劳动。
原则五：企业应该支持消灭童工制。
原则六：企业应该杜绝任何在用工与就业方面的歧视行为。

续　表

环境
原则七：企业应对环境挑战未雨绸缪。
原则八：企业应该主动增加对环保所承担的责任。
原则九：企业应该鼓励开发和推广环境友好型技术。

反腐败
原则十：企业应反对各种形式的贪污，包括敲诈勒索和行贿受贿。

来源：版权属于联合国全球契约组织。

企业社会责任的核心理念是"行善得福"，通常界定为**三重底线**。三重底线指的是企业社会责任的三个关键定义标准：企业利润、企业对人的影响、企业对环境的影响。许多企业社会责任的定义都强调要做一名好的企业公民，做出道德的决定，关注环境，改良社会。

格德克（Mary Jo Goedeke）和福利亚索（Christine Fogliasso）认为，企业社会责任正在迅速成为一项对企业的要求。例如，印度法律要求大企业将净利润的2%用于社会发展与环境事业。在另一些国家，组织参与企业社会责任活动的比例是如此之高，以至于已经成为常态。格德克和福利亚索宣称，所有《财富》500强企业都在不同程度上践行企业社会责任。一些组织将企业社会责任融入了日常运作中，但也有许多组织做的是边缘性企业社会责任活动，比如公益事业，这些活动与公司的战略目标或常规经营活动没有直接联系。

有一些综述文章对企业社会责任研究进行了精彩的概括，但"企业社会责任"缺乏普遍明确的定义，这一点妨碍了相关研究。关于企业社会责任的影响和有效性的问题很难给出确切回答，因为不同组织具体开展的企业社会责任活动差别太大了。或许正因如此，企业社会责任对企业绩效影响的相关研究结果不一，积极、消极、中性的结果在文献中都能找到。孙（Wenbin Sun）等人认为企业社会责任与企业绩效的关系是非线性的，具体来说是倒 U 形的。作者主张，一定范围内的企业社会责任是有益的，但"进一步承担企业社会责任会造成各种问题，比如资源耗竭和关键利益相关方心生质疑"。吴（Thomas W. H. Ng）、任启智（Kai Chi Yam）和阿吉尼斯主张，企业社会责任可能为组织带来间接收益，独立于企业社会责任对利润的影响。尤其是，企业社会责任活动可以是员工自豪感、组织认同感和承诺感的一大来源，还可能会降低离职率。

我们应该如何评估企业社会责任活动？一方面，企业社会责任是安德鲁·卡内基在《财富的福音》一文中首次提出的理念的衍生发展与实现形式。卡内基的文章被认为是现代公益事业的奠基之作。文中主张财富带来了一种积极的义务，富人有责任用多余的财富来造福社会。企业社会责任运动试图超越这条带有父权色彩的思路,主张组织是在社会中运行的,没有社会便无法运行。组织依赖于各种公共物品(比如道路、桥梁、邮政服务),组织的决策有时会对利益相关方造成深刻影响。因此,组织在行动时有义务考虑利益相关方。

从许多方面看,企业社会责任的基本理念都是吸引人的,也与弗里德曼"企业的唯一目的是为股东产生利润"的主张形成鲜明的对比。另一方面,将企业社会责任转化为实际行动则是有挑战性的。几乎所有大型组织明面上都有企业社会责任活动,但这些活动的效果往往难以判定,也很少有人做系统性的评估。

愤世嫉俗的人可能会觉得,宣扬企业社会责任只是毫无意义的模板,是在掩盖组织更险恶的活动。值得记住的一点是,卡内基写下《财富的福音》之前几年,他的公司曾派出平克顿侦探事务所的武装警卫镇压霍姆斯特德大罢工,其间造成多名罢工钢厂工人死伤。《财富的福音》有助于挽回卡内基的形象,但公允地讲,他的行动(利用自己的财富修建公共工程、图书馆、音乐厅等)对其声誉的影响很可能要大于他的文字。尽管如此,我们依然可以合理地问一问:大型组织普遍接受企业社会责任这一点到底反映了什么?是它们真心信奉联合国全球契约组织表述的理想,抑或只是粉饰自己,装点门面?最可能的答案是,两种解释都包含一部分真相。企业的社会责任活动很可能是有意义的善行

（企业自己可能也获得了好处），而连象征性接受社会责任理念都做不到的组织，就可能会遭到批判、抵制和孤立。虽然组织不太可能完全实现联合国全球契约组织表述的原则，但企业社会责任活动仍然有可能为组织及其利益相关方带来益处。

总　结

对抗腐败，减少恶行的过程有时需要采取系统性的组织变革与改良。组织通常会采取两大战略之一。最常见的方法是结构改革（比如发布新版行为准则、调整政策与实践、外部监督），但这鲜有成功，尤其是组织规范支持或容忍恶行的情况下。另一种选择是改变组织成员的行为。如果问题仅限于顶层领导，那么更换领导人就能起到作用。但在大多数情况下，试验和改变组织成员的规范、标准、价值观和信念是必不可少的。自上而下的改革可能奏效，尤其是顶层领导者积极示范所追求的规范与行为的情况下；但自上而下的改革也可能会遇到很大阻力，尤其是越轨规范已经在组织中根深蒂固的情况下。一些组织会采取综合性的组织发展措施，但这种方法的成绩很大程度上也取决于组织上下的变革意愿。

治疗腐败是困难的，但组织可以采取一组确切具体的行动来提升成功率,包括披露、致歉和补偿。认真重新界定组织中的角色,在制定决策时对伦理维度进行系统性的考量,这些做法也具有潜在收益。在进行这种改革时,解冻、改变、再冻结的组织发展三步法可能会特别实用。

最后,本章考察了现代世界中组织的目标与责任界定问题。尽管避免腐败与恶行是好的,但很可能还不够。企业社会责任运动主张,组织对多个利益相关方负有积极的责任。在最低限度上,企业要对所有者和股东,对员工及其家属,对组织所处的社区和环境负责。几乎所有大型组织都会做出一些逐利以外的活动,比如关注改善社区与环境。虽然这些活动的效果有时难以评估,但我们总体上似乎有理由相信,通过投身企业社会责任活动,组织和许多利益相关方都至少有相当的机会受益。

尾 声

我多年来一直对历史学和心理学感兴趣。从很多方面看，这本书都是我带着心理学家思维读历史的成果。许多历史书中都有对下面这些人的访谈或描述：被指控犯下战争罪的军人、参与私刑的暴徒、组织和实施欺诈计划的企业高管、出卖选票的政客等。这些文字中有一个反复出现的主题，那就是犯罪者常常不认为自己做错了任何事。几年前，我开始认真思考为什么会发生这种事。我意识到，想要理解人为什么有时会对恶行毫无悔意，许多社会心理学和组织心理学中的概念大有助益。

我们大多数人从小就被教导要遵守社会规范、规则与法律。

■ 害马之群：失控的群体如何助长个体的不当行为

那么，恶行为什么如此普遍呢？就拿我在本书中讲的内容举例，霸凌、骚扰和攻击性行为横行于许多组织。尽管个体差异对解释其中一些行为大概是重要的，但恶行经久不衰的最有力解释是，有重要的群体支持和鼓励这种行为。

我们生活和工作都是在群体中（比如工作群组、家庭、朋友圈子）。这些群体在界定我们如何看待自己应该和不应该做什么等方面发挥着重要的作用。在这本书中，我试着阐述了各种群体的规范是如何形成的，对行为有何影响。本书的一大主题是，对个体重要的群体常常会形成鼓励或至少容忍恶行的规范，而且规范一旦确定并传播开来，人们就很难无视它了。

群体常常会传递给成员的最险恶信号之一就是规则有两套，一套是对社会的，一套是对组织成员的。例如，在抽象层面上，欺骗投资人的组织高管可能明白造假和说谎是错的，但同时又相信因为组织处于竞争中，所以**他们自己**造假和说谎是可以接受的。这种信念往往是组织公认规范的产物。

作为一名组织心理学家，我一直相信对组织的承诺和忠诚是好事，我也是这么教人的，但这些态度与信念也能够在一些组织中造成严重的风险。从欺诈到战争罪行，大规模恶行往往要大型组织才能做出，对病态或腐败组织的承诺和忠诚会带来悲剧性的后果。同理，献身于一项事业或社会运动能够引发高尚的行

尾 声

为,形成值得赞赏的成果,但献身同样也能让人容忍和参与严重的罪行与恶行。组织心理学家面临的一大挑战就是帮助误入歧途的组织、社会运动和事业实现重建和改革。事实表明,这是一项艰巨的挑战。我认为,对于非正式群体、结社、社会运动和正式群体如何影响行为,这种影响又会如何变恶,我们已经有了很多了解。但对于如何解决这个问题,我们知道的要少得多;改变群体、组织和社会运动的规范比人们一度以为的要困难得多。

我用了大量时间来讨论群体和组织何以会让人走上错误的道路,但我们应该记住,群体和组织的好影响多过坏影响。非正式群体(比如朋友、家庭)和组织都是社会的重要黏合剂,在培育、支持亲社会行为与反社会行为中都扮演着重要的角色。事实上,让组织成员作恶的过程也能引导人向上求索、向外延伸,突破寻常的期望或要求。因此,难点不在于判断群体和组织是好是坏,而是辨清它们鼓励和支持积极或消极行为的方式,并利用心理学和其他社会科学提供的工具抑恶扬善。如果没有群体和组织,战争罪行是少了,但也不会有大教堂、医院和博物馆了。群体和组织**能够**鼓励恶行,但不一定会,通常也不会鼓励恶行。我希望本书能让你更好地理解他人如何影响我们的行为,以及他人影响何以既能将我们推向亲社会行为,也能将我们推向反社会行为。